Aprendívoros

Santiago Beruete (Pamplona, 1961) es antropólogo y doctor en Filosofía. Desde hace tres décadas reside en la isla de Ibiza, donde compagina su actividad docente e investigadora con la creación literaria. Ha escrito varios poemarios, colecciones de relatos, novelas y ensayos que han merecido diferentes premios nacionales e internacionales. Sus libros *Jardinosofía*, *Verdolatría*, *Aprendívoros* y el conjunto de narraciones *Un trozo de tierra* son fruto de la polinización cruzada entre literatura, jardinería, filosofía y educación.

SANTIAGO BERUETE

Aprendívoros

El cultivo de la curiosidad

DEBOLS!LLO

Papel certificado por el Forest Stewardship Council®

MIXTO
Papel
FSC® C117695
www.fsc.org

Penguin
Random House
Grupo Editorial

Primera edición: mayo de 2026

© 2021, Santiago Beruete
© 2021, Turner Publicaciones S. L.
© 2026, Penguin Random House Grupo Editorial, S.A.U.
Travessera de Gràcia, 47-49. 08021 Barcelona
Diseño de la cubierta: Penguin Random House Grupo Editorial / Claudia Sánchez
Imagen de la cubierta: Isa Loureiro

Printed in Spain – Impreso en España

ISBN: 978-84-663-9031-6
Depósito legal: B-4.326-2026

Impreso en Novoprint
Sant Andreu de la Barca (Barcelona)

P 3 9 0 3 1 6

A los profesores que siguen
cruzando el umbral del aula con
sed de aventuras
y a los alumnos seducidos por el
gozo de aprender

ÍNDICE

Tercera parte. Las ramas y las hojas: el ecosistema del aprendizaje

Cuarta parte. Los frutos o las semillas del gozo de aprender

LEER ANTES DE RECICLAR

> Quiero mejores metáforas. Quiero mejores historias. Quiero más apertura. Quiero mejores preguntas. Solo gracias a todo eso dispondremos de herramientas a la altura de las increíbles posibilidades y las terribles realidades a las que nos enfrentamos.
>
> REBECCA SOLNIT

Un día planteé a un grupo de estudiantes de diecisiete años cuál era el principal problema al que se enfrentaba la humanidad, la mayoría del grupo convino en que era la emergencia climática. Tanto da si se hacía eco de una preocupación generalizada por el calentamiento global o expresaban su íntima preocupación por el destino que les aguardaba, esa cuestión no dejaba indiferente a ninguno. Todos se sentían atañidos por el tema y llamados a actuar, lo que propició un tan encendido como estéril debate sobre los límites del crecimiento. Reproducían con sus palabras los manidos argumentos utilizados por tecnooptimistas, catastrofistas, valedores de la sostenibilidad y demás posturas. Con la insolente ingenuidad de la adolescencia, unos argüían que los robots acudirían en nuestro rescate y nos salvarían de un desastre anunciado. Otros, por el contrario, fantaseaban con ecoutopías o vaticinaban cómo sería

9

el día siguiente al holocausto climático. Cuando les recordaba que esa posibilidad no era el argumento de un videojuego, que tras el *game over* el juego no volvería a comenzar, me respondían con una mezcla de confusión y rabia que no era culpa suya.

Eran conscientes de que el maltrecho planeta que heredarán de sus mayores comprometerá sus oportunidades, hipotecará su futuro y les condenará en no pocos casos a engrosar las filas del precariado social o, por usar la expresión de Yuval Noah Harari, la clase inútil. Quizá no haya una prueba más inapelable y contundente de la lucropatía y el individualismo imperante en nuestra época que la escasa o nula sensibilidad hacia las necesidades de los que vienen detrás de nosotros. Las cifras de desempleo juvenil, que oscilan entre el 25% en los países supuestamente avanzados y más del 50% en el resto, revelan que el vigente modelo económico ha quedado obsoleto y no puede garantizar la prosperidad. La falta de solidaridad intergeneracional evidencia la honda crisis ética y la pérdida de valores que se halla detrás de la crisis ecológica. No encontraremos soluciones efectivas a esta sin abordar antes aquella, superar nuestro malsano egoísmo y dotarnos de nuevos códigos de conducta. La transición hacia un futuro sostenible, además de energética y económica, debe ser también moral. A fin de cuentas, no hay mayor innovación que un cambio de mentalidad.

Todos y cada uno de nosotros, sin excepción, estamos embarcados en un experimento medioambiental de resultados impredecibles. No podemos seguir creciendo al ritmo actual sin acercarnos al horizonte de un colapso medioambiental. El creciente impacto de la actividad humana sobre los ecosistemas terrestres y marinos está comprometiendo las condiciones de la vida en la Tierra. ¿Cuánto más podremos seguir violentando la biosfera sin provocar una catástrofe e, irónicamente, una abrupta regresión al estado de naturaleza? El riesgo de *ecocidio* es tan real que, según muchos científicos y activistas, hemos entrado en una nueva era geológica: el Antropoceno, caracterizada por la dominación de los humanos sobre el planeta. En todas las latitudes los paisajes *antropizados* suplantan a la naturaleza salvaje, que va camino de convertirse en un bien escaso, cuando no de desaparecer o alcanzar la categoría de mito o concepto metafísico. Todo empieza a ser naturaleza humana, manufacturada en mayor o menor medida. Nuestro futuro se halla limitado por la ausencia de límites.

No sé si, como sugiere Gunter Pauli entre otros expertos, la actual emergencia climática es una bendición disfrazada de amenaza, que nos impulsa a cooperar, reformar nuestro modo de pensar y comportarnos, cambiar de paradigma económico y dar un salto evolutivo. Sea como fuere, la crisis medioambiental nos concierne a todas y todos. Y por acción u omisión nos posicionamos frente a ese dilema. Sabemos en nuestro interior que no somos los dueños del planeta, pero continuamos gastando más recursos de los que disponemos y comportándonos con imprudente temeridad. Asumimos que el crecimiento económico no puede ser ilimitado, pero nos resistimos a vivir por debajo de nuestras posibilidades. Veneramos la Tierra, pero estamos en guerra con ella. Somos naturaleza, pero también su amenaza más seria.

Son muchos y muy graves los problemas socioecológicos que ponen en peligro la viabilidad de nuestra civilización: la extinción de especies, la deforestación, la acidificación de los océanos, el aire irrespirable, la escasez de agua potable y un largo etcétera. Hace demasiado tiempo que sobrexplotamos los recursos naturales y que las demandas de materias primas y fuentes de energía exceden la capacidad de regeneración de la Tierra. Si partimos de la premisa de que no es sostenible en el tiempo nuestro sistema de consumo y producción, ni por supuesto extensible a todos los habitantes del planeta, no nos queda otro remedio que cambiar para sobrevivir. El porqué está claro, pero seguimos discutiendo cómo conciliar el imperativo capitalista de maximizar los beneficios con el desarrollo sostenible, el mandato de dar al consumidor lo que pide con la acuciante necesidad de frenar el consumo per cápita, y el libre comercio global con la conveniencia de imponer restricciones a esa forma de fraude consentido que es la publicidad y el *marketing*. Estamos descubriendo con una mezcla de desconcierto y pesadumbre que una sociedad insaciable engendra individuos insatisfechos, ávidos de gratificaciones inmediatas y manipulables mediante expectativas ilusorias. Y para colmo de males, resulta cada vez más difícil no sentirse desencantado de la democracia cuando la desigualdad rebasa todos los límites y no cesa de crecer. Mientras avanzamos hacia un sistema de castas climático, la cuenta atrás prosigue.

Cada vez son más las voces autorizadas que abogan por cambiar un modelo lineal de economía, ineficiente e insostenible, basado en comprar, usar y tirar, por otro circular y regenerativo, que emule la compleja simplicidad de la naturaleza, sus principios de diseño y su dinámica cíclica, y se desligue de la obsolescencia programada y la lógica depredadora de la rentabilidad a cualquier coste. La economía circular, en la que catalizan las enseñanzas de una amplia variedad de teorías desarrolladas en las últimas décadas, está llamada a revolucionar nuestro estilo de vida y modificar radicalmente nuestros patrones de producción y consumo. Si queremos cambiar estos antes de que sea demasiado tarde y esté fuera de nuestro alcance decidir nuestro futuro, urge refundar la alianza con la naturaleza. Por muy importante que sea promover la gobernanza internacional, establecer límites planetarios al crecimiento industrial, potenciar la eficiencia energética y abogar por la sobriedad feliz y la simplicidad voluntaria, se requiere algo más para salir de la encrucijada en que nos hallamos. Además de alcanzar acuerdos deliberativos, desarrollar innovaciones ecotecnológicas y acelerar la transición hacia una economía circular, es preciso colonizar el imaginario colectivo con una nueva narrativa, que movilice las luminosas fuerzas del eros y el altruismo para salvar lo que amamos. Ese mito fundacional de una nueva era de ilustración ecológica debe satisfacer la necesidad primordial de arraigo y pertenencia de los terrícolas, dotar de sentido a los sacrificios necesarios para revertir la situación y aunar subjetividades en la tarea común de poner freno a la degradación de la biosfera. Antes de que no haya tiempo para rectificar y atravesemos el umbral de un calentamiento irresistible, debemos aprender a conciliar las necesidades de la civilización humana con el cuidado de la Tierra-patria, por usar la expresión del filósofo Edgar Morin.

Frente al coro de agoreros del cambio climático, que vaticinan una inminente catástrofe medioambiental, se alza otro de voces igualmente autorizadas que auguran el advenimiento de una nueva era de inteligencia ecológica, donde los hidrocarburos serán sustituidos por fuentes de energía renovable digitalizada y los modelos empresariales lineales, condenados al fracaso, dejarán paso a otros circulares, de cero emisiones y residuos. Michel Serres (un nuevo contrato socioecológico), William McDonough y Michael Braungart (diseño de la cuna a la cuna), Gunter Pauli (la economía azul) y Jeremy Rifkin (*New Green Deal Global*) son algunos de los visionarios de este gran salto adelante. El optimismo que destilan sus redentoras propuestas tecnoutópicas contrasta vivamente con el paralizante pesimismo de los milenaristas climáticos, que hablan de la venganza de la Tierra y el final de la historia humana e invitan al sálvese quien pueda. La ideología economicista del crecimiento indefinido va cediendo el terreno a una comprensión más profunda de la unidad de todo lo viviente. Y la visión reduccionista de que la naturaleza representa un bien de consumo más, es sustituida por la de la Tierra como un organismo vivo y autorregulado, un sistema de sistemas. Términos como *biomímesis*, *ecosofía* y *permacultura* forman parte de un mismo campo semántico, al igual que *diseño regenerativo*, *economía azul* y *esperanza activa*. A lo largo de las últimas décadas se ha ido fraguando una nueva conciencia, que trasciende el pensamiento ecológico o, mejor sería decir, lleva sus principios hasta las últimas consecuencias, y cuya mitología se está todavía construyendo.

Conocemos la trama de ese épico relato que todos estamos llamados a encarnar. Su argumento narra la odisea de la gran familia humana, conminada a cambiar para no extinguirse, a actuar junta con un propósito y transformar su espíritu de conquista en voluntad de cooperación. Mientras descubrimos las palabras justas para contar esas realidades que rebasan nuestros marcos conceptuales, podemos empezar por asumir que el animal humano no está solo. Comparte el planeta con muchos otros seres vivos, más del 90% de los cuales son plantas. "El alquimista supremo", las ha llamado la bióloga Sandra Myrna Díaz.

Un hecho en el que nunca se insistirá suficiente es que todas las formas de vida están conectadas y sostienen un incesante diálogo las unas con las otras del que todavía lo ignoramos casi todo. Sabernos emparentados genéticamente con el resto de los seres vivos nos debería servir de cura de humildad y prevenirnos contra la perniciosa arrogancia de sentirnos superiores. El compartir el ADN con los otros habitantes del planeta nos arraiga y religa, pero también comporta una gran responsabilidad. La codependencia de todos los organismos constituye al mismo tiempo una revelación espiritual y un dato empírico, un misterio insondable y el fundamento de la biología. Todos somos parte de lo mismo. Animales, plantas y humanos estamos hechos de los mismos átomos y compartimos el mismo código genético. También nos hallamos hermanados por la compasión, la simbiosis, el amor divino, la energía cósmica o como quiera que llamemos a esa mano invisible que teje la trama de la vida. Los seguidores de Adam Smith seguramente verán reflejada en los ecosistemas naturales la imagen del libre mercado, con miles de actores que interactúan siguiendo sus impulsos egoístas para lograr el bien común, y se sentirán sin duda tentados de pensar que trabajar con y como la naturaleza es el horizonte hacia el que dirigirse.

Un buen ejemplo de lo que venimos diciendo es un árbol. Este es un prodigio de ecoeficiencia, la viva imagen de la sostenibilidad y la metáfora visual de una economía circular. A diferencia de nuestra especie, este no genera residuos ni emisiones. No malgasta y tampoco consume más de lo que necesita. Sus ocasionales desechos son alimento para otros. Las ramas secas, las hojas muertas y los frutos caídos se convierten en humus fertilizante, que provee de nutrientes y ofrece cobijo a microorganismos, hongos, insectos y gusanos, cuyos restos y deyecciones enriquecen el suelo y regeneran su fecundidad. El aparente derroche de producir tantas semillas y hermosas flores, lejos de ser un gasto de energía superfluo, sirve para atraer a los insectos polinizadores y reclutar para su causa a otras especies mutualistas, entre las que se encuentran también los humanos.

No solo es pionero en el uso de materias renovables y la gestión de residuos, sino que también nos enseña cómo conseguir más con menos. Hasta la más imponente secuoya ha nacido de un pequeño grano, que cabe en la palma de una mano. En la semilla se encuentra en potencia el árbol y este produce incontables semillas. Se podría decir sin exagerar que multiplica la riqueza y ofrece más de lo que consume. Solo por eso merecería ser considerado el paradigma de la autosuficiencia y la productividad. Además de representar una fuente de inspiración para nuestros proyectos, constituye también, yendo un paso más allá, un maestro de vida. Del mismo modo que extraemos de sus frutos, hojas, corteza y raíces los principios activos para elaborar muchos remedios y medicinas, con los que curar los males del cuerpo, podríamos asimismo aprender de él valiosas lecciones sobre "la ardua ciencia de saber vivir bien" de la que hablaba Michel de Montaigne. El árbol predica con el ejemplo. Materializa una parábola sobre la sobriedad feliz, cuya moraleja reza: la plenitud es lo contrario del despilfarro.

Por lo demás, los árboles no existen aislados de su entorno. Están ligados por un pacto de dependencia mutua y una alianza de solidaridad con sus vecinos. Tan solo a los animales racionales se les ocurre extraer de la tierra bienes y riquezas sin devolver a cambio nada fácilmente reutilizable, degradando la trama ecológica de la que dependen. Mientras que la naturaleza responde al reto de la supervivencia con el florecimiento de la biodiversidad y las redes simbióticas, la industria humana apuesta por la uniformización y la lógica del máximo beneficio. Seguramente nos iría mejor si emuláramos la eficiencia funcional de los árboles, así como su actitud vital.

Habrá también quien piense que se trata solo de una simple metáfora, de poesía barata, y que se necesita mucho más para cambiar el rumbo de los acontecimientos y un modelo económico condenado al fracaso. Pero se equivocan los que pasan por alto la aversión a la incertidumbre de los humanos e ignoran su dificultad para vivir sin ficciones consoladoras. Que las personas cambien de hábitos y se comprometan con la sostenibilidad, el decrecimiento o el conservacionismo no depende de añadir más evidencias del calentamiento global, la extinción de las especies o la contaminación atmosférica, ni tampoco de elaborar argumentos más convincentes sobre la urgencia y la magnitud del problema o aportar cifras más abrumadoras sobre el aumento de la temperatura, el nivel de los océanos o la concentración de partículas nocivas en el aire o de microplásticos en las aguas de los mares. La solución ahora requiere de persuadirles con un relato, alternativo a la cultura del despilfarro y la celeridad, que corrija nuestra tendencia a normalizar lo anormal y a olvidarnos de que somos hijos de la biosfera. Para afrontar los estragos del Antropoceno necesitamos una nueva narrativa, que conjugue las enseñanzas de hoja perenne de la filosofía con la fe en la duda de la ciencia, y plantee una relación con el planeta no fundada en la rapiña y el consumo desenfrenado de los recursos, sino en el conocimiento, el cuidado y el respeto.

Una de las más hermosas historias que se ha contado la humanidad para no perder la fe en el futuro y no morir de la verdad, como diría Nietzsche, es la visión de la Tierra como un organismo vivo, autónomo y autorregulado, del cual formamos parte y del que dependemos para sobrevivir. No es casual que James Lovelock desarrollara la teoría Gaia al mismo tiempo que se difundían las primeras fotografías del planeta azul tomadas desde la exosfera por las distintas misiones espaciales. Resultan elocuentes a este respecto las palabras del astronauta Bill Anders, quien, en 1968, viajaba a bordo del Apolo 8 y tomó una de las instantáneas más emblemáticas: "Hemos hecho todo este camino para explorar la Luna y lo más importante es que hemos descubierto la Tierra". Las imágenes de esa frágil nave interestelar, por usar una expresión de la época, en la que la humanidad entera vagaba por la inmensidad del cosmos, no dejaron indiferente a nadie y contribuyeron al despertar de la conciencia planetaria. Muy pronto surgieron las primeras asociaciones ecologistas. Compartir el mismo hogar y un destino común hermanaba a la gran familia *sapiens* con el resto de los pobladores no humanos de ese paraíso terrestre o jardín planetario. Otro tanto había ocurrido un siglo y pico antes cuando la publicación de *El origen de las especies* (1859) de Charles Darwin puso en circulación la idea de que las personas eran primates evolucionados. Las primeras asociaciones de defensa de los animales se crearían poco tiempo después, presumiblemente inspiradas por la poderosa narrativa del darwinismo, que destronó al Rey de la Creación, bajó del pedestal al ser humano y lo convirtió en una criatura más del reino animal.

Según no pocos expertos, el siguiente paso será la ruptura de la línea evolutiva y el advenimiento de la *poshumanidad* o *transhumanidad* a través de la alianza de la inteligencia artificial con la ingeniería genética. Pero el cambio climático avanza más rápido que nuestras tecnologías, y sobrevivir a él no pasa por usurpar el papel de Dios Creador y escapar a la prisión del yo, accediendo a otro nivel de existencia descarnado y virtual, sino por ahondar en nuestra humanidad y superar la dicotomía naturaleza y cultura, dejando atrás nuestros prejuicios antropocéntricos. Al mismo tiempo que nos concienciamos de ser terrícolas, se va adueñando de nosotros el temor de que la Tierra se tome la revancha y se vengue de nuestros continuados expolios y desmanes. Y los *sapiens* nos convirtamos en otra especie más al borde de la extinción.

El cambio climático prolonga una larga tradición de profecías milenaristas, que auguran el final de los tiempos. La huella del carbono se suma a la larga lista de calamidades que, a lo largo de los siglos, han hecho sonar las atronadoras trompetas del apocalipsis. Su estremecedora y aciaga melodía alerta a la humanidad de que se acerca el armagedón. Esta fatídica amenaza, de la que esta vez somos responsables únicamente nosotros, nos apremia a cooperar en la salvación de la casa común del mundo. Anticipando lo que sucederá nos aliviamos de la ansiedad ante el futuro y nos engañamos con la falsa ilusión de controlar los acontecimientos. Arropamos nuestra vulnerabilidad con narraciones que dirigen y dotan de sentido nuestros actos, y hacen más soportable la realidad. En vista de que nuestra percepción del porvenir condiciona el presente, debemos ser muy cautos a la hora de elegir las ficciones conforme a las que queremos vivir. Esos indispensables relatos, que nos crean y creamos, convierten el desierto del sinsentido en un jardín habitable.

Los *sapiens* estamos diseñados para sobrevivir, pero no para conocernos a nosotros mismos. Aunque nuestra facilidad para engañarnos nos ha ayudado a lo largo de nuestra historia evolutiva a encarar las adversidades y superar los más variados retos como especie, ha terminado por convertirse en el principal escollo a la hora de percatarse de la envergadura del problema y afrontar sin demora la emergencia climática. Lo que todos debiéramos comprender es que negar las evidencias y escapar de la realidad de los mil y un modos que hemos perfeccionado a lo largo de los siglos solo empeorará las cosas. Tan inoperante y escapista es melodramatizar como resignarse, cerrar los ojos a las inequívocas señales de alarma como asumir que está fuera de nuestro alcance la solución al problema. Debemos optar entre estar a la altura de las circunstancias y cambiar sin garantías o ir detrás de los acontecimientos y acarrear las consecuencias.

A estas alturas, la conservación de la especie depende irónicamente del instinto de *conversación* o, para decirlo más claramente, de recuperar la ética filosófica del diálogo y su vieja aspiración a vivir conforme a la naturaleza. Esa es la última frontera del pensamiento crítico. Si pretendemos convertir la crisis ecológica en una oportunidad y salir airosos de la encrucijada en la que nos hallamos, debemos curarnos de la miopía antropocéntrica, vencer la tentación del autoengaño y repensar qué significa ser humano. Esa actitud, teniendo profundas implicaciones económicas y políticas, es fundamentalmente una empresa filosófica. La búsqueda sin término de la verdad tras las apariencias y la lucha contra las falsas opiniones ha sido desde antiguo el principal acicate de los amantes de la sabiduría. Tan cierto como que la crisis ecológica encubre una crisis ética y existencial es que no habrá justicia climática mientras no hagamos nuestros los valores filosóficos de la moderación, la prudencia, el espíritu crítico y la suficiencia racional.

Además de un animal lingüístico, social, político, en celo permanente, dotado de la facultad de reír, consciente de que va a morir y que trabaja para cubrir sus necesidades, el primate humano es por naturaleza y vocación un *aprendívoro*. El afán de saber constituye no solo el rasgo distintivo de nuestra especie, sino lo que dota de valor y sentido a nuestra existencia particular. Durante nuestro tránsito por este mundo todo nos interpela. Hasta tal punto es así, que, como escribió José Saramago, la vejez empieza cuando perdemos la curiosidad. Su cultivo representa el primer y último propósito de la educación, pues una vida plena significa una vida de continuo aprendizaje.

REFERENCIAS BIBLIOGRÁFICAS

BELDA, Ignacio (2018): *Economía circular. Un nuevo modelo de producción y consumo sostenible*, Madrid, Tébar Flores.

BENKLER, Yochai (2012): *El pingüino y el Leviatán. Por qué la cooperación es nuestra arma más valiosa para mejorar el bienestar de la sociedad*, Jorge Paredes (trad.), Barcelona, Deusto, Barcelona.

BRIDLE, James (2020): *La nueva edad oscura. La tecnología y el fin del mundo*, Marcos Pérez Sánchez (trad.), Barcelona, Debate.

ESCRIVÀ, Andreu (2018): *Aún no es tarde. Claves para entender y frenar el cambio climático*, Valencia, Universitat de València.

ESPALIAT, Mauricio (2017): *Economía circular y sostenibilidad. Nuevos enfoques para la creación de valor, s. l.*, CreateSpace.

HOPE, Jahren (2020): *El afán sin límite. Cómo hemos llegado al cambio climático y qué hacer a partir de ahí*, Ana Pedrero Verge (trad.), Barcelona, Paidós.

KITCHER, Philip y FOX KELLER, Evelyn (2019): *Vimos cambiar las estaciones. Cómo afrontar el cambio climático en seis escenas*, Silvia Moreno Parrado (trad.), Madrid, Errata naturae.

MANCY, Joanna y JOHNSTONE, Chris (2018): *Esperanza activa. Cómo enfrentarnos al desastre mundial sin volvernos locos*, Joan Solé (trad.), Barcelona, ediciones la Llave.

MCDONOUGH, William y BRAUNGART, Michael (2005): *Cradle to Cradle (De la cuna a la cuna). Rediseñando la forma que hacemos las cosas*, Madrid, McGraw-Hill Interamericana de España.

MORTON, Timothy (2019): *Ecología oscura. Sobre la coexistencia futura*, Fernando Borrajo (trad.), Barcelona, Paidós.

NÆSS, Arne (2017): *Une écosophie pour la vie. Introduction a l'écologie profonde*, París, Éditions du Seuil.

PAULI, Gunter (2019): *Seamos tan inteligentes como la naturaleza. Agricultura tridimensional y otras doce tendencias imparables que están revolucionando la producción de alimento y combustible, regenerando la naturaleza y reconstruyendo comunidades*, Ambrosio García Leal (trad.), Barcelona, Tusquets.

– (2011): *La economía azul, 10 años, 100 innovaciones, 100 millones de empleos. Un informe para el club de Roma*, Ambrosio García Leal (trad.), Barcelona, Tusquets.

PIGEM, Jordi (2013): *La nueva realidad. Del economicismo a la conciencia cuántica*, Barcelona, Kairós.

RIFKIN, Jeremy (2019): *El Green New Deal Global. Por qué la civilización de los combustibles fósiles colapsará en torno a 2028 y el audaz plan económico para salvar la vida en la Tierra*, Antonio Francisco Rodríguez Esteban (trad.), Barcelona, Paidós.

– (2014): *La sociedad de coste marginal cero. El internet de las cosas, el procomún colaborativo y el eclipse del capitalismo*, Genís Sánchez Barberán (trad.), Barcelona, Paidós.

SERRES, Michel (2013): *Biogée*, París, Le Pommier Poche.

PRIMERA PARTE

LAS RAÍCES
O UNA CULTURA
SIN CÓDIGO DE BARRAS

I

HUMUS, HUMANO, HUMILDAD: TRES CONCEPTOS Y UNA MISMA RAÍZ

> El colapso es el horizonte de nuestra
> generación, es el comienzo de su futu-
> ro. ¿Qué será lo próximo? Todo esto
> queda por pensar, imaginar y vivir...
> PABLO SERVIGNE Y RAPHAËL STEVENS,
> *COMMENT TOUT PEUT S'EFFONDRER*

Cultivar la tierra y el intelecto son actividades más estrechamente relacionadas de lo que en un principio cabría imaginar.

Una de las versiones más modernas del influyente mito de Prometeo narra que este titán griego crea a la mujer y el hombre a partir de barro. Moldea sus figuras con tierra empapada en agua de lluvia y, luego, les insufla el hálito de la vida. Este no es, desde luego, el único mito de la creación que presenta a los humanos como criaturas salidas de las manos de alfarero de los dioses. Sin ir más lejos, al comienzo de la Biblia se describe cómo Jehová crea a Adán modelándolo en arcilla. Esa conexión umbilical con el suelo que pisamos está presente en la propia etimología de la palabra *humano*, que procede de la voz latina *humanus*, compuesta de *humus* (tierra) y el sufijo *-anus*, que indica procedencia o pertenencia. Por eso mismo, cuando se entierra a alguien, se dice que fue inhumado.

La idea de que somos humus andante inspira la ceremonia del Miércoles de Ceniza en la tradición cristiana, con la que se da inicio a la Cuaresma. El sacerdote dibuja una cruz en la frente de los fieles con los dedos embadurnados en la ceniza resultante de quemar las palmas sacadas en procesión el Domingo de Ramos del año anterior y bendecida durante la misa. Mientras, musita en latín: "*Memento, homo, quia pulvis es, et in pulverem reverteris*" ('Recuerda, humano, que eres polvo y en polvo te has de convertir'). Creyente o no, nadie ignora que, tras la hora final, nos reintegraremos a la tierra y fundiremos con ella, como sugiere esa frase del Génesis.

El suelo fértil, que acoge a millones de organismos microscópicos, bacterias, hongos y protistas, apenas representa una película de entre veinte y treinta centímetros de grosor. La agricultura intensiva rompe su frágil equilibrio y echa a perder su vitalidad al hacer un uso sistemático de abonos, pesticidas y otras substancias químicas contaminantes. Nuestros prejuicios antropocéntricos nos impiden ver que, con esas prácticas, lejos de enriquecer la tierra, la empobrecemos, lo que nos obliga a invertir tiempo y energía en mitigar los efectos indeseados de nuestras acciones y revertir la tendencia a los rendimientos decrecientes.

Por algo se dice de alguien con formación y buenos modales que es una persona cultivada. Si bien se piensa, la subsistencia de los seres humanos constituye el fin último tanto de la enseñanza como de la agricultura. Se ha buscado intensificar los cultivos y también la producción de personas instruidas, de ahí que los sistemas educativos modernos adolezcan de males parecidos a los de la agricultura industrial: monocultivo, sobrexplotación y declive de los resultados. La forma en que producimos los alimentos para cubrir nuestras necesidades nutricionales implica cuestiones de hondo calado existencial. Resulta imposible responder a la cuestión filosófica por excelencia, cómo vivir, sin plantearse cuál es la mejor manera de cultivar nuestra comida y nuestro espíritu. Más adelante nos detendremos a hablar de ello, pero por ahora nos limitaremos a señalar que la agricultura no es una actividad natural, con excepción hecha, claro está, de la recolección. Cultivar supuso una revolucionaria innovación cultural, que marcó un antes y un después en nuestra dilatada historia evolutiva. Los miembros de nuestra especie llevaban muchos miles de años errando por la Tierra cuando, para superar la escasez de alimentos originada por la caza masiva al final del Paleolítico, se asentaron en el territorio y aprendieron a hacer crecer cultivos para su sustento.

Una de las secuelas de la revolución agraria fue la invención del alfabeto. Los primeros escribas no fueron poetas ni historiadores, sino meros contables. No cantaban las glorias de los dioses, las hazañas de los héroes o las bellezas naturales, sino que llevaban un meticuloso registro de las varas de grano y las cabezas de ganado. Hacer trazos con un punzón sobre una tablilla de barro o, mucho más tarde, rasgar con una pluma de ave entintada un pergamino guardaba un vago parecido con abrir surcos en la tierra para esparcir la simiente. Si me permiten ampliar la metáfora, el conocimiento es la cosecha del intelecto; y las bibliotecas, los graneros del saber.

La línea del progreso, que conduce del Neolítico al Antropoceno, se curva creando un bucle. La civilización, sin dejar de avanzar hacia delante, se ha ido acercando a sus orígenes o, más exactamente, a su encrucijada fundacional. Nuestra especie se enfrenta nuevamente al reto de la supervivencia en el escenario de una crisis climática, que le obliga a replantearse cómo cuidar del jardín o huerto planetario sin dejar de cultivarlo. Jared M. Diamond especuló en su obra *Colapso* con la posibilidad de que, si seguimos explotando los recursos naturales como si fueran inagotables, la Tierra podría seguir el mismo fatídico destino que la isla de Pascua (Chile), situada en medio del océano Pacífico; su ejemplo se ha utilizado para advertir de los riesgos de un potencial ecocidio. Cuando el 5 de abril de 1722 (Domingo de Pascua) los miembros de la expedición dirigida por el almirante holandés Jacob Roggeveen desembarcaron en sus costas, quedaron atónitos al descubrir diseminados por su árida y rocosa superficie los majestuosos vestigios de una cultura desaparecida: los moáis. Esas colosales cabezas talladas en toba volcánica, con grandes orejas y prominentes mentones y narices, eran los únicos testigos de un pasado esplendor, lo cual desataría especulaciones de todo tipo sobre sus enigmáticos constructores.

Si hemos de creer a Diamond, el misterioso ocaso de esa próspera civilización se explicaría porque los rapanuis habían esquilmado los recursos naturales a fin de abastecer las necesidades de la creciente población nativa. Todo lleva a pensar que la deforestación, alentada por la explosión demográfica y las exigencias religiosas de construir más y más moáis, terminó por degradar las condiciones medioambientales y precipitar la hecatombe. Seiscientos años después de la llegada de los primeros pobladores polinesios, y tras haber alumbrado una floreciente sociedad, los rapanuis se dejaron cegar por sus prejuicios y labraron su perdición. Cuando sus empobrecidos descendientes fueron contactados por Roggeveen, apenas guardaban memoria de los logros de antaño.

Se puede leer esta historia como una parábola sobre el futuro que nos aguarda si no aprendemos a conciliar las demandas de nuestra civilización con la preservación de la biosfera. La moraleja es que la clave de la supervivencia es la adaptación, y la de esta la creatividad, entendida como el talento para imaginar otro desenlace diferente al que parecemos abocados. Por el contrario, negarse a ver la realidad o adornarla para poder soportarla tiene a la larga funestas consecuencias. No invalida esta conclusión el que las últimas investigaciones rebatan la hipótesis del ecocidio en beneficio de la del genocidio. Según estos estudios, el declive de la cultura rapanui se debió sobre todo a enfermedades contagiosas introducidas por visitantes provenientes del continente y a las continuas razias de los mercaderes de esclavos, cuyos devastadores efectos pudieron agravarse por prolongadas sequías.

Sea como fuere, la historia nos enseña que al esplendor le sigue la decadencia. Con otros argumentos y protagonistas se repite una y otra vez la misma crónica. Ninguna civilización escapa a la entropía, y la sociedad industrial no constituye ninguna excepción. Es más, a juzgar por todos los indicios, parece que se encuentra en las últimas, que tiene sus días contados. La población, el consumo, la temperatura, las emisiones y los residuos van a más, y las materias primas, la biodiversidad, las reservas de agua potable y las tierras salvajes a menos. Es cuestión de tiempo que, víctima de sus propias contradicciones, colapse por culpa de la crisis medioambiental, financiera, geopolítica, energética, democrática... o por una combinación de todas ellas.

Si exceptuamos a los negacionistas del cambio climático, cuyo número decrece de día en día ante el apabullante cúmulo de evidencias de todo tipo, los terrícolas se dividen entre quienes creen que nos acercamos a un punto de no retorno y los que están convencidos de que ya lo hemos atravesado. Para estos últimos la sociedad tecnoindustrial es un enfermo terminal, al que solo cabe aplicar cuidados paliativos. Cuanto antes cobremos conciencia de que no hay vuelta atrás ni escapatoria, mejor gestionaremos la decadencia y el final, que, irremisiblemente, aguarda a nuestra civilización. Como reza el elocuente título de una de las biblias del catastrofismo climático: *Une autre fin du monde est possible. Vivre l'effondrement et pas seulement y survi-vre* [Otro final del mundo es posible: cómo vivir el hundimien-to y no solo sobrevivir]. Sus autores, Pablo Servigne, Raphaël Stevens y Gauthier Chapelle, acuñaron el término colapsología (*collapsologie*) para atraer la atención sobre el hecho de que asis-timos a la agonía de una civilización basada en los combusti-bles fósiles, y pusieron en circulación el concepto hundimiento (*effondrement*) para referirse al momento en que se abra el abis-mo bajo nuestro pies, se esfume la red de falsas seguridades que nos sustenta y una inmensa mayoría de las personas tengan dificultades para cubrir sus necesidades más perentorias.

Su escepticismo respecto a las posibilidades del desarrollo sos-tenible y las promesas del tecnosolucionismo nace de la amar-ga convicción de que ya es demasiado tarde para revertir la si-tuación. La cuenta atrás ya ha empezado y no hay manera de impedir que se produzca el colapso. Y, por consiguiente, estas estrategias son vanos intentos de aplazar lo inaplazable y meros pretextos para seguir produciendo, contaminando y enrique-ciéndose. No faltará quien piense que un mensaje tan derrotista puede convertirse en una profecía autocumplida. Los colapsó-logos se defienden de quienes les acusan de agoreros diciendo que practican un catastrofismo razonado y un pesimismo ac-tivo o, si se prefiere, un realismo informado. Por más que, en su opinión, no hay manera de impedir el desastre anunciado, podemos ralentizar el *hundimiento* siempre y cuando aspiremos a ser *vivientes* y no meros supervivientes.

Sin entrar a valorar si la colapsología es una forma de milena-rismo climático y la última expresión de la vieja tradición apo-calíptica, resulta imposible continuar como si nada sucediera. Si aspiramos a seguir aquí dentro de un siglo, urge prepararse para encarar un escenario de catástrofe medioambiental con realismo y sobriedad. Los auténticos ilusos son los que creen que pueden mantenerse al margen. Podemos interpretar la reciente pandemia del coronavirus como una advertencia de lo que nos aguarda si no cambiamos nuestra depredadora manera de habitar el planeta y no hacemos cuanto está a nuestro alcance para frenar el aumento de la temperatura. No parece descabellado suponer que asistimos a un ensayo general de lo que vendrá si no damos la espalda a la ideología del crecimiento ilimitado y continuamos degradando la biosfera. Esta es nuestra segunda piel y una protectora placenta dentro de la que se gesta la vida de cerca de nueve millones de especies. Nos debería hacer pensar que los 7,8 millones de primates humanos tan solo representamos el 0,01% de la biomasa terrestre, que parecería poca cosa salvo porque somos los responsables de la extinción en los últimos cincuenta años de la mitad de los animales salvajes y las plantas. Si no frenamos las emisiones de carbono y los vertidos tóxicos, la mascarilla se convertirá en algo más que el símbolo pasajero de una época.

A medida que la narrativa del progreso ha ido adquiriendo tintes catastrofistas, mayor es la nostalgia del pasado preindustrial y más tentadoras se vuelven las promesas de la inteligencia artificial. La tendencia a idealizar tanto el ayer como el mañana se acentúa cuanto más apremia compatibilizar nuestro sistema económico con la protección de la biosfera a fin de mantener viva la fe en el futuro. Tan escapista resulta idealizar la igualitaria sociedad paleolítica de cazadores-recolectores como ensoñar con la tecnoutopía de un mundo hiperconectado, suspirar por la descivilización como por el poshumanismo. Las eminencias grises de nuestra época se devanan los sesos buscando la cuadratura del círculo: conciliar el crecimiento perpetuo con la sostenibilidad medioambiental antes de que alcancemos un punto de no retorno. Seguramente se trata de una de esas pretensiones "tan absurdas que solo un intelectual puede creer en ellas", como escribió George Orwell.

A la vista de este desolador panorama, se ha ido abriendo paso en las mentes más preparadas la idea del "desarrollo sostenible". Ese es el mantra de nuestra época. Una aureola mágica rodea esa expresión, a medio camino entre el eufemismo y el oxímoron, que quintaesencia todas las contradicciones de nuestra civilización. Gobernantes, economistas, emprendedores y ecologistas la repiten como un abracadabra en un vano intento de despejar la incógnita de la ecuación del futuro. Ese conjuro expresa el imposible anhelo de cambiar nuestra relación con el planeta sin cambiarnos a nosotros mismos. Se trata de un intento desesperado de prolongar nuestro modo de vida un poco más. A todos aquellos que se piensan como patriotas terrícolas, pero no se imaginan transformando radicalmente sus hábitos, les ofrece una bandera que enarbolar y una consigna a que aferrarse. Nos permite vernos haciendo lo correcto, sin tener que realizar demasiadas renuncias y concesiones.

Ese dilema pone a prueba la inteligencia de la que presume el animal humano, enzarzado en una guerra sin cuartel contra la naturaleza de la que forma parte. Mientras nos sigamos empeñando en buscar soluciones tecnológicas a los problemas causados por la propia tecnología, en hacer viable un inviable estilo de vida y en justificar un injustificado crecimiento sin fin, más sombras se cernirán sobre el futuro. Las respuestas que necesitamos se encuentran en otra parte, fuera de nuestros marcos mentales y más allá de las fronteras de lo previsible, lejos de las cancillerías, las universidades, las conferencias sobre el clima…, a ras del suelo. Para ilustrar la clase de revolución que necesitamos para salvarnos de nosotros mismos contaré la historia de Masanobu Fukuoka (1913-2008).

Sus orígenes fueron campesinos. Nació en una aldea de la isla de Shikoku, situada al sur del archipiélago japonés. Su familia poseía una pequeña propiedad dedicada al cultivo de cereales y mandarinas, lo que no le impidió cursar estudios universitarios y formarse como fitopatólogo. Quien llegaría a ser con el tiempo uno de los pioneros de la agricultura alternativa, recibió una sólida preparación científica. A los veinticinco años trabajaba en el departamento de aduanas de la ciudad portuaria de Yokohama, donde se ocupaba de inspeccionar las plantas que entraban y salían del país a fin de detectar posibles insectos portadores de patógenos. Dirigía el laboratorio Elichi Kurosawa, quien había sido el primer investigador en aislar una hormona del crecimiento vegetal, la giberelina, e identificar el hongo causante de la infección de los cultivos de arroz conocido como "*bakanae*". Su figura ejerció un decisivo magisterio sobre Fukuoka, quien, por aquel entonces, vivía entregado a su actividad investigadora, tratando de dilucidar la etiología de la gomosis, una enfermedad fúngica que afecta a los troncos, las ramas y los frutos de los cítricos. Pese a su pasión por el trabajo, no desdeñaba salir por la noche y disfrutar de las diversiones que ofrecía Yokohama a un joven inquieto como él.

Su vida podría haber seguido un curso muy diferente si no hubiera contraído una pulmonía aguda, tal vez por culpa de sus excesos, que le condujo a las mismas puertas de la muerte. Después de que le dieran de alta en el hospital de la policía, se sumió en un estado de abatimiento rayano en la depresión nerviosa. No podía dormir ni concentrarse en el trabajo. Intentando dejar atrás sus sombríos pensamientos y encontrar la salida de su laberinto mental, se acostumbró a dar largas caminatas al acabar la jornada laboral, hasta que una noche se desplomó exhausto en una colina junto al tronco de un gran árbol, donde le sorprendió el amanecer. El día ya era viejo para él cuando el sol empezaba a despuntar por el horizonte. Mientras contemplaba cómo la brisa disipaba la neblina que cubría el puerto, escuchó sobre su cabeza un aleteo y una garza se posó a su lado. Pasados unos instantes, el ave remontó el vuelo y desapareció de su vista llevándose los últimos jirones de la noche y su pesadumbre existencial. Su espíritu se alivió e iluminó. Se le reveló el sinsentido de todo y le invadió una súbita y desconocida ligereza.

Muchos años después, Fukuoka recordaría aquel amanecer como el instante en que su trayectoria vital dio un giro de 180°. Aunque seguía siendo una persona vulgar y corriente, tenía un propósito. Puede que todavía no supiese con seguridad cuál, pero comprendió que una etapa había acabado. A la mañana siguiente acudió como todos los días laborables al laboratorio y presentó a sus jefes su dimisión irrevocable y, seguidamente, comunicó a sus amigos la noticia. Ni unos ni otros supieron cómo tomarse su repentina decisión de dar la espalda a todo e ir en pos de no se sabía muy bien qué. Tras la expresión de desconcierto de sus rostros se advertía la preocupación por su estado mental y su futuro. Aquel hombre joven, volcado en sus investigaciones y, hasta entonces, aparentemente satisfecho, lo dejaba todo sin más explicaciones.

A partir de entonces, Fukuoka viajó sin rumbo fijo, a la aventura, durante meses. Se perdió en aldeas que no figuraban en los mapas y en las tumultuosas calles de Tokio. Al oírle hablar, algunos lo tomaban por un excéntrico y otros por un vago. Y no faltaban tampoco quienes creían que estaba mal de la cabeza. Anduvo de aquí para allá, a la deriva, como una semilla que arrastra el viento, sin encontrar dónde arraigar, hasta que, después de dar muchos tumbos, regresó a la granja familiar y se instaló en una cabaña. En el curso de esa peregrinación en busca de sí mismo no encontró un maestro, por lo que acabó convirtiéndose en autodidacta.

A su vuelta a casa su padre le confió el cuidado de los mandarinos del huerto. Desoyendo la costumbre de podar los árboles en forma de "vaso de sake" para facilitar la recolección de los frutos, el inconformista Fukuoka dejó que creciesen libremente. Lamentablemente, las ramas acabaron entrecruzándose y los insectos no tardaron en atacar a los frutales, con el triste resultado de que un buen número de ellos se secaron. Pasarían años antes de que comprendiese la diferencia entre abandonar las plantaciones a su curso natural y conseguir que la naturaleza haga su trabajo, realizando tan solo pequeñas intervenciones de una estudiada simplicidad, menos invasivas y certeras cuanto más meditadas. En *La revolución de una brizna de paja* (1978), un pequeño libro que crece en el recuerdo, donde resume su experiencia de tres décadas como cultivador, escribió: "Si una sola yema de un árbol frutal es cortada con unas tijeras, esto puede provocar un desequilibrio que no podrá ser corregido. [...] Cuando las ramas crecen de forma natural se extienden alternativamente alrededor del tronco y las hojas reciben uniformemente la luz solar. Si se rompe esa secuencia, las ramas entran en conflicto, se ponen unas encima de las otras, se enredan, las hojas se marchitan en los lugares en que el sol no puede penetrar. Esto es el origen de que los insectos causen daños. Si el árbol no se podó, al año siguiente aparecerán más ramas secas".

La Segunda Guerra Mundial le sacó de su retiro voluntario, pues fue nombrado investigador jefe de control de insectos y enfermedades de la prefectura de Kochi. Desde su cargo de supervisor del departamento de agricultura científica contribuyó a incrementar la producción de alimentos. Una vez acabadas las hostilidades, retornó a su vida campesina, resuelto a poner en práctica las técnicas de lo que llamaba "agricultura natural" para diferenciarla de la tradicional y la científica. Durante las siguientes tres décadas no abandonó su granja y apenas mantuvo contacto con gente de fuera de su propia comunidad, mientras, inmune al desaliento, perfeccionaba su método de no-hacer y comprobaba empíricamente que no se precisaba arar, abonar o fumigar para obtener una cosecha abundante. A su entender, la misión del agricultor no consistía en estimular la fertilidad del terreno, sino en evitar echarla a perder con prácticas tan innecesarias, amén de perjudiciales, como el laboreo, la extinción de insectos o la poda. Cuando la tierra se hace dependiente de fertilizantes, herbicidas, plaguicidas y demás productos químicos, se rompe el equilibrio, se degrada vitalidad del suelo y se incrementan los costes de producción. Desde la perspectiva de que es la naturaleza y no el ser humano quien cultiva la comida, cuanto menos se intervenga y más se preserven las condiciones naturales, mejores resultados se obtendrían.

El caso es que Fukuoka se las ingenió para prescindir de roturar el suelo a fin de oxigenarlo plantando una estudiada combinación de cereales (centeno, arroz y cebada). También encontró el modo de ahorrarse la engorrosa tarea de desherbar y abonar las tierras de labor controlando el crecimiento de algunas, injustamente llamadas, malas hierbas como el trébol blanco japonés, que, una vez cortadas, servían para acolchar y nutrir el suelo. Por si esto fuera poco, evitaba el empleo de productos fitosanitarios plantando crisantemos y diferentes plantas aromáticas, que repelen los insectos. Incluso encontró una solución, no por modesta menos efectiva, para simplificar la siembra y no tener que cavar y trasplantar. Fabricaba unas bolitas de arcilla, que contenían simiente y estiércol en proporciones variables según los casos, y las esparcía a voleo sobre el terreno. Ese método de cultivo, inspirado en el budismo zen y el taoísmo, requiere menos labor que cualquier otro, pero obtiene rendimientos equiparables o superiores a las explotaciones más rentables y mecanizadas, con la ventaja de que no genera desechos ni consume combustibles fósiles y mejora de estación en estación la fertilidad de los campos. La siembra directa sin laboreo, la rotación de cultivos complementarios, el aprovechamiento de las hierbas silvestres como el mantillo y el equilibrio entre comunidades de insectos le permitían a Fukuoka ahorrar no solo maquinaria, abonos y plaguicidas, sino también energía y tiempo.

Tras la aparente simplicidad de sus propuestas se encierra un poderoso mensaje: ahorrar tareas resulta más eficiente y práctico que trabajar duro. Nuestra inteligencia se mide no solo por los esfuerzos que hacemos, sino también por los que economizamos. Para decirlo de forma simple, sudar más de la cuenta no representa ningún mérito. La lección más valiosa que podemos aprender de Fukuoka es que colaborar con la naturaleza produce a la larga más beneficios que intentar someterla. Esa filosofía del mínimo impacto y esfuerzo contrasta vivamente con nuestra avidez de novedades y consumo desmedido. En la sociedad de la abundancia, apegada a la superstición del crecimiento ilimitado y fascinada por la innovación tecnológica, estar atareado y a la última suele ser algo bien visto, cuando no un mandato social, mientras que una actitud contemplativa y una campante sobriedad se consideran una prueba de pereza y dejadez, además de una improductiva pérdida de tiempo. Estas enseñanzas adquieren un significado muy relevante para los ciudadanos del siglo XXI.

Si la única solución efectiva al cambio climático pasa por poner fin a nuestro frenesí productivo y consumista como aseguran muchos, entonces no hay solución. La experiencia nos enseña que la mayoría prefiere no pensar en el futuro a reducir sus necesidades. Y el gobierno que lo intente, una de dos: perderá las elecciones o las credenciales democráticas. El único modo de conseguir que los ciudadanos deseen lo que les conviene pasa por persuadirles, poco importa si con pruebas o narrativas, de sus beneficios. Ni qué decir tiene que solo se puede convencer a quien sabe escuchar y razonar. Si todavía hay esperanza, es porque somos aprendívoros. Nuestra supervivencia depende más que nunca de qué sembremos en el espíritu de las nuevas generaciones y cómo cultivemos sus mentes. La profesión de educador cobra un nuevo protagonismo en tiempos de ecocidio. Resulta imposible exagerar la importancia de la escuela en la metamorfosis de nuestra insostenible sociedad tecnocapitalista. La educación que necesitamos para salvarnos de nosotros mismos y transformar este mundo alienado y alienante debe inspirarse en el cultivo. Solo poniendo los pies en la tierra podremos dar el siguiente salto evolutivo.

La biografía del llamado abuelo de la permacultura tiene un aire de fábula. Merece la pena recordar las andanzas y desventuras de ese sabio con las uñas sucias de tierra, para entender la génesis de una idea llamada a transformar no únicamente la agricultura, sino también la educación y, en consecuencia, la economía, la política y la cultura. La única manera de invertir la inercia degenerativa en todos estos campos consiste en sustituir la lógica de la competencia por la de la colaboración y buscar en vez del máximo beneficio económico el mínimo impacto medioambiental, armonizando nuestras necesidades vitales con nuestros recursos materiales. Cuando nos resignamos a hacer lo imprescindible y vivir con menos, todo se convierte en una bendición. La única manera de dominar la naturaleza es obedecerla. Se trata de una teoría conservadora al servicio de una praxis revolucionaria, que encierra el germen de una esperanza duradera para nuestro mundo al borde del colapso.

Una de las pocas estrategias que nos pueden ayudar a encarar el final del mundo como lo conocemos es la permacultura, una corriente con muchos afluentes: agroecología, agricultura orgánica, biodinámica y regenerativa, entre otras. El debate acerca de cómo producir alimentos saludables para una población de terrícolas en imparable aumento encierra otro no menos decisivo: cómo cultivar la mente y nutrir el intelecto de los menores a fin de que conserven la salud física y psíquica en un mundo enfermo de codicia y fascinado por la acumulación de riqueza. Del mismo modo que se puede revitalizar la tierra sin necesidad de añadir fertilizantes ni aplicar fitosanitarios, haciendo que unas plantas velen de otras y favoreciendo determinadas asociaciones de insectos y rotaciones de cultivos, se puede crear un fértil entorno de aprendizaje, estimulando la curiosidad natural de los alumnos y retroalimentando sus ganas de saber. Una comunidad escolar o universitaria, que tomase como modelo la permacultura, funcionaría como un ecosistema, donde todos sus integrantes se benefician mutuamente y generan una esfera de influencia en su entorno.

Me pregunto, como muchos antes que yo, qué sociedad tendríamos si el cultivo de un huerto, la meditación y el trabajo cooperativo y comunitario formaran parte del currículo escolar, si preparásemos a los niños y adolescentes para reconocer sus emociones, tener en consideración al otro, escuchar atentamente, resolver conflictos, contemplar sin prejuicios y pensar de manera crítica; si el conocimiento no se racionara ni administrara por edades, niveles y cursos; si no se pusieran etiquetas ni calificaciones y tampoco se concedieran títulos o diplomas; si la escuela materializara nuestras ideas vitales en lugar de reflejar nuestras carencias y penurias. En estos tiempos de incertidumbre, en que se multiplican las causas de inquietud y se desvanecen las seguridades, una de las escasas certezas que todavía se mantienen en pie es la importancia de una buena educación para vivir con plenitud. Solo si cambiamos los hábitos mentales de los menores, se sentirán afortunados de poder vivir con menos. La formación no puede ser la panacea a todos los males sociales, pero si queremos cambiar la realidad debemos empezar por enseñar de otro modo. Una educación inspirada en los principios de la permacultura maximizaría la reflexión y minimizaría los deberes, y animaría a prestar atención y observar con detenimiento antes de actuar.

REFERENCIAS BIBLIOGRÁFICAS

DIAMOND, Jared (2016): *Armas, gérmenes y acero. Breve historia de la humanidad en los últimos trece mil años*, Fabián Chueca (trad.), Barcelona, Debolsillo.

– (2012): *Colapso. Por qué unas sociedades perduran y otras desaparecen*, Ricardo García Pérez (trad.), Barcelona, Debate.

FERNÁNDEZ CASADEVANTE "KOIS", José Luis y MORÁN, Nerea (2015): *Raíces en el asfalto. Pasado, presente y futuro de la agricultura urbana*, Madrid, Libros en acción.

FORTIER, Jean-Matin (2020): *El jardinero horticultor. Manual para cultivar con éxito pequeñas huertas biointensivas*, Sidney Flament Ortún y Bruno Macías (trads.), Girona, Atalanta.

FUKUOVA, Masanobu (2013): *La revolución de una brizna de paja. Una introducción a la agricultura natural*, Zaragoza, EcoHabitar.

– (2012): *Sowing Seeds in the Desert: Natural Farming, Global Restoration and Ultimate Food Security*, Larry Korn (ed.), Shou Shin Sha (trad.), Vermont, Chelsea Green Publishing & White River Junction.

HÉRIARD, Gilles (2019): *De quelles agricultures les hommes ont-ils besoin?*, Alezón, Éditions du bien commun.

KINGSNORTH, Paul (2019): *Confesiones de una ecologista en rehabilitación*, David Muñoz Mateos (trad.), Madrid, Errata naturae.

HOLMGREN, David (2017): *Permacultura. Principios y senderos más allá de la sustentabilidad*, Zaragoza, EcoHabitar.

MacCORMACK, Patricia (2020): *The Ahuman Manifesto: Activism for the End of the Anthropocene*, Londres, Nueva York, Oxford, Nueva Delhi, Sidney, Bloomsbury Academic.

OLIN WRIGHT, Erik (2019): *Cómo ser anticapitalista en el siglo XXI*, Cristina Piña Aldao (trad.), Madrid, Akal.

RABHI, Pierre (2015): *L'agroécologie, une éthique de vie, entretien avec Jacques Ca-plat*, París, Actes Sud.

– (2013): *Hacia la sobriedad feliz*, Marisa Morata Hurtado (trad.), Madrid, Errata naturae.

– (2011): *Manifeste pour la terre et l'humanisme. Pour une insurrection des consciences*, Arlés, Éditions Actes Sud.

– (2010): *Vers la sobriété heureuse*, Arlés, Éditions Actes Sud.

SERVIGNE, Pablo y CHAPELLE, Gauthier (2019): *L'entraide, l'autre loi de la jungle*, París, Éditions Les Liens qui Libèrent.

SERVIGNE, Pablo y STEVENS, Raphaël (2015): *Comment tout peut s'effondrer. Petit manuel de collapsologie à l'usage des générations présentes*, París, Éditions du Seuil.

SERVIGNE, Pablo; STEVENS, Raphaël y CHAPELLE, Gauthier (2018): *Une autre fin du monde est possible. Vivre l'effondrement (et pas seulement y survivre)*, París, Éditions du Seuil.

II

LA INTELIGENCIA NATURALISTA

> En lugar de renegar de los árboles,
> ¿no deberíamos seguir su ejemplo?
> Silenciosos y dignos, viejísimos y, sin
> embargo, con gran porvenir, bellos y
> útiles, autónomos y no violentos, ¿no
> son acaso los árboles el modelo que ne-
> cesitamos?
>
> FRANCIS HALLÉ, *ALEGATO POR EL ÁRBOL*

Uno de los test proyectivos más conocidos es el del árbol, desarrollado a principios de la década de los años cincuenta del siglo pasado por el psiquiatra suizo Karl Koch. Esa prueba, que se puede aplicar desde edades muy tempranas, abre una ventana por la que asomarse al pasado de las personas y las honduras de su psique. Se invita a una persona a que, valiéndose de unos lápices de colores y una goma de borrar, realice el dibujo de un árbol en una lámina de papel en blanco. No se imponen restricciones ni reglas. A pesar de lo aparentemente simple, inocuo y poco intrusivo del ejercicio, o quizá por ello, el ejecutante de forma inevitable proyecta su personalidad en la imagen trazada, que alberga una gran densidad simbólica. Su examen ofrece a quien sepa interpretarlas valiosas pistas sobre los rasgos de su personalidad, sus conflictos internos y su estado anímico. Hasta el más mínimo detalle del dibujo es relevante. Unas raíces proporcionadas y bien dispuestas nos hablan, por ejemplo, de seguridad emocional y arraigo familiar, mientras que, si estas no figuran, pueden indicar carencias afectivas, fragilidad anímica y miedo al abandono. No hace falta ser un experto psicólogo para intuir el sentido de una copa densa y redondeada, con ramas que se alzan hacia el cielo, en comparación con otra pequeña, cuyas ramas se hallan desnudas de hojas o se inclinan hacia abajo. Pero los profesionales asocian el primer caso con un carácter extrovertido y optimista; y el segundo, con un temperamento retraído y taciturno.

El psiquiatra alemán Graf Wittgenstein planteó la sugerente posibilidad de que esta prueba sirviese no solo para evaluar la personalidad actual del sujeto, sino también para calcular la edad a la que vivió algún maltrato, abuso u otra experiencia traumática, que se manifiesta en el dibujo como un agujero en el tronco, una rama rota o un nudo en la corteza. Su técnica se basa en medir la distancia que hay entre la raíz o el suelo y el punto más elevado de la copa, y luego dividir esa longitud, expresada en milímetros, por el número de años que tiene el autor del dibujo. Esa cifra se conoce como el índice de Wittgenstein (IW).

Sin entrar a valorar la utilidad de esta prueba como herramienta de psicodiagnóstico, la sola idea de que nos retratemos al dibujar árboles evidencia nuestra relación umbilical con estos. Un lazo atávico, del cual no siempre somos conscientes, nos liga a ellos, porque nuestros orígenes se encuentran en las selvas tropicales. Somos descendientes de simios arborícolas y los árboles han moldeado nuestra fisonomía y nuestro cerebro. Buena prueba de ello es nuestra visión frontal, en color, estereoscópica, adaptada a un hábitat boscoso. Lo mismo podría decirse de nuestros largos brazos con manos prensiles, de dedos finos y uñas en vez de garras, y pulgares opuestos, muy útiles para colgarse y balancearse de las ramas. Algunos paleoantropólogos defienden la tesis de que la braquiación, practicada por los primates, predispuso a nuestros ancestros homínidos a caminar erectos. Comoquiera que sea, los humanos siguen dependiendo de los árboles para sobrevivir y no a la inversa. Teniendo en cuenta que estos aparecen hace 380 millones de años, mientras que el género *Homo* tan solo lleva 2,5 en el planeta, no parece exagerado afirmar que han tutelado nuestro azaroso deambular por el mundo.

Un eco de ese pasado resuena en nuestra mente cuando nos internamos en un bosque. Lamentablemente esta experiencia ya no forma parte de la vida cotidiana, ni de la mitología sentimental, de muchos de los ciudadanos del siglo XXI. Abundan los niños y adolescentes que han visto más árboles en la pantalla que en la realidad. No tienen inconveniente en reconocer que no les gusta sudar o embarrarse y les preocupa sufrir una caída o hacerse un rasguño. Resulta perturbador pensar cómo se va empobreciendo la mundología de las nuevas generaciones, mientras se enriquece su competencia digital. A tal punto nos hemos alejado de nuestros orígenes que el test del árbol ya no se puede aplicar con la misma solvencia que pocas décadas atrás. Los especialistas están dejando de utilizar esa prueba porque el árbol ofrece resultados más incompletos, esquemáticos y menos relevantes que la figura humana o la familia. La paradoja es que, según muchos psicólogos, los niños crecen más sanos si les damos la oportunidad de jugar al aire libre. El contacto con la naturaleza favorece su desarrollo físico y psíquico y previene contra los trastornos mentales, en especial el déficit de atención con hiperactividad. Son cada vez más las escuelas e institutos que enverdecen sus zonas de recreo y patios plantando árboles, creando huertos, jardines botánicos y tejados vivos, construyendo invernaderos y levantando paredes de cultivo. El movimiento global de las ecoescuelas intenta corregir la tendencia a olvidarnos de lo que ya sabíamos: el poder benéfico y revitalizador de la naturaleza, y su reivindicación como fuente de vivencias y medio de aprendizaje.

Las principales amenazas a las que se enfrenta el homínido social que llevamos dentro ya no son los depredadores, la escasez de alimento o las inclemencias meteorológicas, sino la insatisfacción crónica, la ansiedad por el estatus, el aislamiento, las conductas adictivas, la depresión y no sé cuántos males más de la civilización. Durante el 95% de nuestra historia evolutiva los *sapiens* hemos sido cazadores-recolectores nómadas, y tan solo hace entre 5.000 y 10.000 años que nos asentamos en el territorio. Nuestra anatomía corporal y arquitectura cerebral no han tenido tiempo aún de adaptarse al modo de vida que llevamos, caracterizado por el sedentarismo, la sobrealimentación y un feroz individualismo en detrimento de los lazos tribales. Muchos de nuestros problemas más acuciantes derivan precisamente del desajuste entre nuestra naturaleza humana y la realidad social. El occidental medio pasa el 90% de su tiempo o más encerrado en cubículos y, según todas las informaciones disponibles, cada vez más frente a las pantallas de dispositivos electrónicos de todo tipo. Si la experiencia de escapar de la gris realidad formaba parte de la fascinación que ejercía internet en sus inicios, hoy irónicamente bajamos a la realidad para sacar la cabeza del absorbente mundo digital.

Hay sobradas razones para poner en entredicho la épica triunfal del progreso. La creciente infelicidad de los ciudadanos empaña la creencia, no por generalizada menos infundada, en que, pese a algunos altibajos y vaivenes, nos dirigimos gracias a los logros de la ciencia y la tecnología hacia un mundo más próspero y justo. Los hechos ponen a prueba nuestra fe en el futuro. Los revisionistas de la revolución neolítica cuestionan la narrativa oficial y consideran la agricultura como un intento desesperado de sobrevivir a la crisis ecológica, provocada por la sobrexplotación de los recursos. Más que un salto adelante de la humanidad, el cultivo de cereales representó "el mayor fraude de la historia", como lo ha llamado Yuval Noah Harari. El igualitarismo tribal de los nómadas cazadores-recolectores dio paso a un mundo de siervos y amos, donde la propiedad privada y la acumulación de excedentes agropecuarios sentaron las bases de la desigualdad económica. Gran parte de los discursos teológicos, políticos y económicos posteriores pueden entenderse como una justificación de lo injustificable: unos merecen tener más que otros, así como un intento de legitimar intelectual, espiritual y socialmente la explotación y la violencia en nombre de la religión, la ley y la raza.

Si el baremo para medir la calidad de vida son las comodidades materiales, la renta disponible, la esperanza de vida o las alternativas de consumo, deberemos dar la razón a quienes aseguran que nunca se había vivido mejor, con más paz y prosperidad, pero el progreso de la civilización no es tan claro si atendemos a los niveles de satisfacción vital y los trastornos mentales. Por lo mismo que la riqueza material no es sinónimo de felicidad, cumplir las exigencias sociales tampoco garantiza la realización personal. La economía de la insatisfacción rige nuestras sociedades en teoría del bienestar, en la práctica de la ansiedad. Se nos pide que nos ganemos el derecho a gozar de una buena vida sacrificando todo aquello que podría dárnosla: tiempo, libertad y, por supuesto, naturaleza. Pero esta retorna con el mismo ímpetu con que la despachamos.

Podemos aplicar a las ciudades y las escuelas el test del árbol. Cuanto mayor es su cantidad per cápita, más elevado es el grado de satisfacción de los urbanitas y escolares, de lo que salen beneficiados la convivencia y el aprendizaje. No es una invención mía: existe una relación proporcional entre el índice de masa forestal y el desarrollo humano. Es cosa sabida que los barrios con paseos arbolados y parques son más valorados y atraen a vecinos con mayor poder adquisitivo. Cualquier intento de reinventar la ciudad, pasa por asilvestrarla. La esperanza de que la revolución tecnológica confluya con la ecológica y, más pronto que tarde, las redes informáticas se fusionen con las de distribución de energía, haciendo realidad la utopía poética del bosque urbano y la ciudad jardín, inspira a los tecnonaturalistas. Muchos arquitectos y diseñadores se han dejado cautivar en los últimos tiempos por la idea de un *Smarter Planet*, por usar la expresión publicitaria acuñada por la compañía tecnológica IBM, sin reparar en sus riesgos.

Uno de los mayores peligros que entraña poner la ética ecológica al servicio de la lógica mercantil es la desacralización de los bosques. La ingeniería medioambiental tiende a olvidar nuestra afinidad espiritual con los árboles y a conceder más valor a la gestión ecoeficiente que a la escucha admirativa. Más que una reserva de biodiversidad, un yacimiento de biomasa o un sumidero de carbono, un bosque es un poderoso desacelerador de mentes, que tonifica los sentidos y resintoniza la conciencia. Constituye un espejo en el que contemplar nuestra naturaleza humana y reconocer quiénes somos y de dónde venimos.

En 1900 únicamente el 10% de la humanidad vivía en ciudades. Hoy es más del 50%. En las próximas tres décadas el 70% de los terrícolas se habrán convertido en urbanícolas. A ese ritmo de concentración urbana, la Tierra va camino de transformarse en una ciudad global. Por más que hayamos optado mayoritariamente por la vida metropolitana, no ha disminuido en nosotros la nostalgia arborícola, si acaso todo lo contrario. Las ecotopías urbanas, la economía circular, el diseño biomimético y una buena parte de los proyectos más innovadores de nuestra época llevan su sello. Sin casi darnos cuenta, estamos deshaciendo el camino y regresando a nuestros orígenes, al jardín o el bosque del que un día fuimos expulsados. Acaso porque nos han moldeado como especie, sentimos un amor incondicional por los árboles. En su compañía somos mejores personas, nos sentimos más dichosos y pensamos con más claridad. A pesar de la tala masiva y la imparable deforestación, o precisamente por eso mismo, nos resulta imposible imaginar un futuro esperanzador sin ellos.

Las nuevas *ecópolis*, *biourbes* y *green cities* materializan en nuestros días el viejo sueño de la ciudad ideal. Si hemos de creer a los expertos, nos quedan tres décadas para descarbonizar la atmósfera antes de que atravesemos el umbral de un calentamiento irreversible, y esté fuera de nuestro alcance decidir nuestro futuro. En semejantes circunstancias, no es extraño que los países compitan por construir ciudades bosque, o comoquiera que las llamemos, donde el trazado de las calles, la red de transportes y la gestión de los residuos se rijan por criterios de ecoeficiencia. Algunos de esos proyectos se inscriben en lo que Deyan Sudjic denominó con acierto la arquitectura del poder. La paradoja es que las ecópolis, financiadas en muchos casos por empresas tecnológicas punteras como IBM, Cisco, Microsoft o HP, se han convertido en nuestros días en instrumentos propagandísticos y estandartes de la opulencia, así como en un medio de legitimar la desigualdad, traicionando los ideales de crecimiento sostenible y saludable que dicen defender. Tras la retórica renaturalizadora se enmascara en ocasiones la especulación inmobiliaria, el aprovechamiento turístico o, incluso, la codicia corporativa. Esta nueva forma de entender la ciudad posibilita la conjunción de los opuestos: conciliar la fe en el progreso tecnológico con el anhelo de retornar a la naturaleza, la bulimia constructiva con la verdolatría y el activismo con el consumismo. El debate acerca del aspecto que debería tener la urbe ecoeficiente del futuro refleja las contradicciones del "capitalismo fósil" y la incertidumbre sobre el porvenir. Es todavía pronto para saber cuál de esos experimentos tendrá continuidad y qué lecciones aprenderemos de sus logros y fracasos, pero corren el riesgo de convertirse en burbujas de riqueza, búnkeres climáticos, islas de sostenibilidad en un mar de contaminación, cuando no en *disneylandias* de emisiones cero.

Reducir los costes energéticos, depurar el aire y amortiguar los ruidos y las altas temperaturas son razones más que suficientes para reforestar las metrópolis, además estamos descubriendo que los árboles también contribuyen a mejorar la convivencia, reducir las tasas de criminalidad y aumentar el rendimiento laboral y escolar. El urbanismo contemporáneo va al encuentro de la naturaleza, toma como ejemplo el bosque e intenta replicar el proceso de fotosíntesis. No es casual que Howard Gardner incorporase a su influyente teoría de las inteligencias múltiples la naturalista. Esta englobaría no solo la perspicacia para percibir diferencias y similitudes entre los seres vivos, propia de grandes naturalistas como Linneo, Von Humboldt o Darwin, sino también la clarividencia para captar las conexiones existentes entre todo lo viviente y la sensibilidad para alcanzar una comprensión unitaria de la vida en la Tierra. Teniendo en cuenta que el principal reto que se le plantea a nuestra generación es cómo sobrevivir a la amenaza de la hecatombe medioambiental, la inteligencia naturalista, junto a la lógico-matemática, lingüística-verbal, espacial, corporal-kinestésica, musical, intrapersonal e interpersonal, está llamada a desempeñar un papel decisivo en el diseño del futuro. Si no queremos convertirnos en otra especie más en extinción, además de acelerar la transición hacia un mundo con energía 100% renovable, necesitamos también aprender a pensar como terrícolas y hablar la lengua adánica de los árboles, anterior a Babel y la ruptura de la alianza con la naturaleza.

Nadie sabe a ciencia cierta si asistimos a la fase terminal de la civilización de los combustibles fósiles o al amanecer de una era ecológica, si avanzamos en la dirección del poshumanismo tecnológico o de un mundo glocal hiperconectado digitalmente, si el día de mañana viviremos en ecópolis o en una nueva edad oscura. Sea como fuere, no podemos reprimir nuestro instinto, sin árboles nos convertirnos en unos extraños para nosotros mismos y enfermamos. Necesitamos acogernos bajo su sombra protectora.

HACERSE ÁRBOL

> ... y en el espacio expone un misterio
> del tiempo.
> PAUL VALÉRY, *DIÁLOGO DEL ÁRBOL*

Tenemos la misma edad,
pero el tiempo no ha discurrido igual para los dos.
Tu copa luce cada vez más frondosa,
como apacible y densa tu sombra.
El joven que había en mí, por el contrario,
ha comenzado a perder pelo y llenarse de arrugas.

Mientras iba y venía, corría mundo y buscaba mi lugar,
has permanecido en tu sitio, inmune al temor y la esperanza.
Allí donde te plantó el abuelo
cuando su hija me trajo al mundo.

El día no muy lejano en que lo abandone,
los más cercanos saben dónde esparcir mis cenizas.
Alimentaré con mis despojos tus raíces, hermano árbol,
y nos hundiremos muy alto.

REFERENCIAS BIBLIOGRÁFICAS

FREINET, Célestin (1994): *Parábolas para una pedagogía popular*, Elisenda Guarro (trad.), Barcelona, Planeta DeAgostini.

HALLÉ, Francis (2019): *Alegato por el árbol*, Lander Rentería (trad.), Bilbao, Libros del Jata.

KÖHLER, Manfred, BRIZ, Julián y DE FELIPE, Isabel (eds.) (2017): *Agricultura urbana en altura/Vertical Urban Agriculture*, Madrid, Editorial Agrícola Española.

HARARI, Yuval Noah (2015): *Sapiens. De animales a dioses: Una breve historia de la humanidad*, Joandomènec Ros (trad.), Barcelona, Debate.

HASKELL, David George (2017) *Las canciones de los árboles. Un viaje por las conexiones de la naturaleza*, Guillem Usandizaga (trad.), Madrid, Turner.

– (2014): *En un metro de bosque. Un año observando la naturaleza*, Guillem Usandizaga (trad.), Madrid, Turner.

JAY GOULD, Stephen (2003): *La falsa medida del hombre*, Joandomènec Ros, Ricardo Pochtar y Antonio Desmonts (trads.), Barcelona, Crítica.

JUNGER, Sebastian (2017): *Tribu, Sobre vuelta a casa y pertenencia*, María Eugenia Frutos (trad.), Madrid, Capitán Swing.

LOUV, Richard (2019): *Vitamina N. Guía esencial para una vida rica en naturaleza*, Carlos Acevedo Díaz (trad.), Barcelona, Kairós.

– (2018): *Los últimos niños en el bosque. Salvemos a nuestros hijos del déficit de naturaleza*, Begoña Vall (trad.), Madrid, Capitán Swing.

QUING, Li (2018): *El poder del bosque. Shinrin-Yoku: Cómo encontrar la felicidad y la salud a través de los árboles*, Jorge Rizzo (trad.), Barcelona, Roca Editorial.

NEIHARDT, John G. (2018): *Alce negro habla*, Héctor Arnau (trad.), Madrid, Capitán Swing.

RYAN, Christopher (2020): *Civilizados hasta la muerte. El precio del progreso*, Lucía Barahona (trad.), Madrid, Capitán Swing.

STORA, Renée (comp.) (1980): *El Test del Árbol*, Barcelona, Paidós.

SUDJIC, Deyan (2017): *El lenguaje de las ciudades*, Ana Herrera (trad.), Barcelona, Ariel.

– 2007: *La arquitectura del poder. Cómo los ricos y poderosos dan forma a nuestro mundo*, Isabel Ferrer Marrades (trad.), Barcelona, Ariel.

TASSIN, Jacques (2019): *Pensar como un árbol*, Clara Sabrià (trad.), Barcelona, Plataforma Editorial.

VIDALOU, Jean-Baptiste (2020): *Ser bosques. Emboscarse, habitar y resistir en los territorios en lucha*, Silvia Moreno Parrado (trad.), Madrid, Errata naturae.

III

'JARDINOSOFÍA' FRENTE A 'DIGITALOPATÍA'

> Sería catastrófico que nos convirtié-
> ramos en una nación de personas técni-
> camente competentes que han perdido
> la capacidad de pensar de manera crí-
> tica, de analizarse a sí mismas y de res-
> petar la humanidad y la diversidad de
> los demás.
>
> MARTHA NUSSBAUM,
> *EL CULTIVO DE LA HUMANIDAD*

Numerosos estudios a lo largo de los años han buscado determinar cuáles son las cualidades del maestro o
profesor ideal: motivación, creatividad, entrega emocional, habilidades sociales, talento para comunicar, etcétera.
Admitiendo la enorme diversidad que se da en la profesión, de-
finiría a este como un artesano de la enseñanza o, dicho de otra
manera, alguien para quien su meta es el trabajo bien hecho.
Aspira a la excelencia sin caer en el perfeccionismo ni fomentar
el elitismo, y centra su ejercicio docente en el alumnado y no
en el cumplimiento de la programación. De ahí también que
nunca repita lo mismo y disfrute con el proceso de aprendizaje
más que con el resultado. Su pasión por lo que hace lo acerca a
la figura del jardinero, quien ha adquirido sus destrezas con la
práctica, y no es un trabajador por mucho que se esfuerce por

cuidar su vergel. Probablemente era esto lo que tenía en mente John Dewey, considerado por muchos el padre de la pedagogía moderna, cuando escribió: "El empleo que se mantiene impregnado de juego es arte". La regla de oro del arte de educar es pedir solo lo que se da. Esa idea se puede formular en términos jardineros diciendo: "Hay que plantar la semilla antes de recoger el fruto". Consciente de que no es el profesor quien enseña, sino el alumno el que aprende, el buen *jardinópeda* procura por todos los medios a su alcance que, sembrando dudas y abonando la curiosidad, germine en las personas a su cargo el deseo de saber. Al formar parte de una institución, en mi caso la escolar, conviene tener muy presentes las palabras de Richard Sennett: "El impulso a hacer un buen trabajo puede dar al sujeto un sentido vocacional; las instituciones mal organizadas ignoran el deseo de su personal de dar sentido a su vida, mientras que las organizaciones bien articuladas sacarán provecho de esa circunstancia".

La función de la escuela ha sido hasta ahora preparar a las nuevas generaciones para tener éxito en el futuro. Pero cómo hacerlo cuando el mundo del mañana resulta tan impredecible, cuando ya no hay principios claros ni certezas duraderas, y la propia realidad de los hechos se ha vuelto sumamente volátil. El presente discurre de forma tan vertiginosa que las profecías caducan antes de que acabemos de formularlas. Nunca el porvenir había estado tan lleno de posibilidades e interrogantes, ni los docentes se habían sentido tan desconcertados respecto a cómo educar a sus alumnos para los retos que les aguardan.

Resulta difícil saber si la digitalización de las actividades productivas nos conduce hacia un mundo tecnolúdico, donde disfrutaremos de más tiempo libre y una renta básica universal, o a una nueva sociedad estamental distópica, con formas de esclavitud laboral que hoy no podemos ni imaginar. Tampoco está claro si internet y las redes sociales nos aíslan y ensimisman, convirtiéndonos en consumidores individualistas; o, por el contrario, propician nuevas formas de estar y hacer juntos y la emergencia de una supermente colaborativa. Otro tanto cabría decir de la gobernanza del planeta. Quién sabe si avanzamos hacia la implosión del sistema democrático por culpa del creciente populismo o a un Estado global y una paz perpetua, como la que soñó Immanuel Kant. También la enseñanza se halla en una encrucijada y se enfrenta al dilema de desarrollar algoritmos de aprendizaje cada vez más personalizados o mejorar la selección y formación psicosocial del profesorado.

Según algunos expertos, vivimos en una época de paz y prosperidad como nunca había conocido la humanidad; y a decir de otros, asistimos a la decadencia de la cultura liberal y nos acercamos al final de un ciclo civilizatorio. Un aumento vertiginoso de la esperanza de vida y las cifras de alfabetización avalan el optimismo de los primeros; y el crecimiento exponencial de la desigualdad y la amenaza del cambio climático, el pesimismo de los segundos. Frente a catastrofistas que creen que, de seguir así las cosas, nos abocamos a un colapso medioambiental, se alza la voz de los tecnooptimistas, que presagian una nueva era de ilustración ecológica, la renaturalización de la Tierra y el aumento de la conciencia planetaria. Hay sobradas razones para defender una posición y la contraria.

Comoquiera que sea el día de mañana, la escuela debe enseñar a los alumnos a vivir en la incertidumbre, capacitarles para encontrar el equilibrio en medio del caos y conservar la serenidad pese a estar sometidos al continuo asedio del *marketing* personalizado y la manipulación digital de sus emociones y pensamientos. El afán de control de los poderes económicos, políticos y religiosos no es nuevo. Estos siempre han procurado colonizar o, por usar una expresión de nuestro tiempo, *hackear* la mente de las personas, secuestrar su atención y convertirlos en rehenes de su ideario sirviéndose del miedo, la codicia o el odio. Es cierto que, en nuestros días, los instrumentos de dominación se han perfeccionado hasta extremos jamás vistos, pero no lo es menos que la información circula más libremente y las sociedades se han vuelto más abiertas. La mejor manera de evitar que nuestros alumnos se conviertan en esclavos de muchos amos y consumidores entontecidos es ejercitarlos en el pensamiento crítico, entendido como la capacidad de poner en duda las ideas establecidas y hacerse preguntas incómodas en una búsqueda sin término de la verdad sobre uno mismo y el mundo. De lo contrario, se sumarán a las filas de los que han perdido el respeto a la complejidad y se contentan con soluciones rápidas y simplistas en lugar de pensar. Demasiadas personas confunden opiniones con hechos, y están dispuestas a traicionar la realidad por lealtad a sus convicciones. Solo creen lo que les conviene creer, y hacen oídos sordos a cuanto impugna sus prejuicios y contradice su visión del mundo para no tener que cambiar. Ahora bien, la única manera de tomarse en serio el oficio de vivir consiste en no darse demasiada importancia y someter nuestras acciones e ideas a un permanente escrutinio.

Abordando el mismo tema desde otro ángulo, a nadie se le escapa que el pensamiento creativo puede orientarse tanto a maximizar beneficios como a buscar soluciones imaginativas a los grandes desafíos del siglo XXI; a encontrar nuevas posibilidades de negocio tanto como a establecer conexiones originales entre distintas áreas del saber; a alcanzar logros materiales y el éxito profesional tanto como el bienestar y el *bienser*. No deja de ser llamativo que se requieran las mismas cualidades para vivir filosóficamente que para triunfar en el mundo profesional. Creatividad, pensamiento crítico, iniciativa, adaptabilidad, comunicación efectiva y espíritu cooperador son los rasgos que definen tanto a un amante de la sabiduría como al candidato más cualificado para trabajar de mando directivo. En un mundo donde los conocimientos rápidamente quedan desfasados y caducan de hoy para mañana a causa de los avances tecnológicos, importa más que la acumulación de saber la habilidad para ponerlo en práctica y, sobre todo, la predisposición para adquirirlo. El deseo de aprender, junto a la capacidad de pensar creativamente, son el mejor aval para quien aspire a abrirse paso en el mundo laboral y tener una buena vida. En un futuro cercano será imposible competir con las máquinas, más eficaces y menos falibles que los humanos, a la hora de realizar trabajos rutinarios, tanto si son manuales como cognitivos. Las personas que desempeñen tareas susceptibles de automatizarse deberán buscar una nueva fuente de ingresos o se verán condenadas a la precariedad en el empleo. Únicamente se hallan a salvo de la digitalización y la robotización aquellas profesiones que exigen flexibilidad cognitiva, habilidades sociales y un enfoque ético. El valor de razonar para vivir y sobrevivir en un mundo posindustrial, posmoderno, de la *posverdad* y, de seguir así las cosas, pronto también *poshumano*, está fuera de toda duda.

Cuando en cierta ocasión le preguntaron al sabio griego Antístenes, uno de los más ilustres discípulos de Sócrates y fundador de la escuela cínica, qué había aprendido de la filosofía, este respondió sin titubear: "A hablar conmigo mismo". Esa sencilla frase encierra más sabiduría que el más grueso de los tratados. Vivimos en un mundo superpoblado de palabras e imágenes, en el que, paradójicamente, cada vez resulta más costoso sostener un diálogo genuino con uno mismo y los otros. La escucha, la atención y el tiempo se han convertido en bienes tan escasos que la simple idea de contar con un interlocutor de calidad representa ya un lujo. Y, sin embargo, no hay mejor remedio contra la insatisfacción y el sinsentido que corroe nuestra alegría de vivir y pone en grave riesgo nuestro ecosistema biológico y espiritual que la ética del diálogo.

En la era de los sucedáneos virtuales de la amistad y el amor urge recuperar la comunicación. Hemos descubierto con una mezcla de pasmo y angustia que podemos compartir nuestras intimidades en las redes sociales sin dejar de sentirnos solos. Hay algo desconcertante y aterrador en el hecho de que, cuanto más conectados estamos, mayor es nuestra sensación de incomunicación. Acaso porque, sepultada bajo una avalancha de datos irrelevantes, la verdad se torna irreconocible y la autenticidad se confunde con la impostura. Como escribió Sherry Turkle: "Nuestra tecnología nos está silenciando, nos está, en cierto modo, *curando de hablar*". Atrás quedan los días en que los pensadores atribuían a las tecnologías un papel liberador. Las pruebas de que la revolución digital tiene su lado oscuro están a la vista si queremos verlas. Algunas de las señales de alarma, a las que sería imprudente permanecer ciego, son el creciente aumento de la dispersión mental, el ensimismamiento, la impulsividad y la insatisfacción. Las cosas están llegando tan lejos que resulta imposible hablar de un uso inteligente de las tecnologías sin una formación filosófica. Y no me refiero a adquirir conocimientos sobre autores y obras, sino a adoptar un modo de vida reflexivo, liberado de expectativas irrealizables y vanas ilusiones, sin peros ni paras, con pocas certezas y aún menos necesidades. La filosofía como estrategia intelectual es útil, pero como enseñanza práctica es necesaria. Ese es el mensaje de la famosa afirmación socrática "Una existencia sin reflexión no merece la pena ser vivida".

No necesitamos más tecnología para resolver los problemas causados por la propia tecnología, sino más conciencia crítica a la hora de emplear unas herramientas digitales que van camino de convertirnos en sus herramientas. Es cierto que estas pueden facilitar nuestras relaciones interpersonales y el aprendizaje, pero no lo es menos que empobrecen nuestra experiencia. Así como ver no es lo mismo que mirar, conversar tampoco es sinónimo de hablar. Un diálogo genuino exige atención plena y escucha activa. Compromete nuestras habilidades comunicativas y emocionales. Chatear es una burda imitación de una charla cara a cara. Navegar por internet no se parece, ni de lejos, a viajar. La experiencia de la soledad no es comparable a estar absorto mirando el móvil y la lectura de un libro tiene poco o nada que ver con repasar *e-mails*, *tuits* o *whatsapps*. Y, desde luego, tener la mente ocupada con mensajes dista mucho de pensar, por no mencionar los emoticonos, una caricatura de nuestro lenguaje corporal, y los emojis, un ridículo sustituto de nuestras habilidades comunicativas. A nadie le puede extrañar el narcisismo imperante en nuestra sociedad cuando pasamos más horas frente a las pantallas que mirándonos a los ojos. Que al apagar los dispositivos electrónicos veamos nuestro oscuro reflejo en el cristal encierra un profundo significado para el que quiera entenderlo así. Tampoco debería sorprendernos que la realidad se parezca cada vez más a un país extranjero y nos resulte más difícil soportarla. Huimos de la conversación cara a cara, sustituimos el amor y la amistad por simulaciones digitales, y luego nos sorprendemos de que la ansiedad social y la depresión adquieran tintes trágicos y la proporción de plaga. Hemos renunciado a los beneficios de la escucha, la introspección y el silencio, y con ellos a las fuentes de la alegría verdadera. En esa fuga de nosotros mismos a la búsqueda de la felicidad nos estamos abocando a una soledad más profunda que la de estar solos.

El Observatorio de las Naciones Unidas lleva tiempo alertando de la pandemia de depresión que, como una mancha de aceite, se extiende por las sociedades tecnológicamente avanzadas. El consumo de psicofármacos, que ayudan a controlar el estrés y la ansiedad, se ha disparado en las últimas décadas, y la oferta de tratamientos y terapias que prometen el bienestar no cesa de crecer. Hay que buscar la explicación a tanta zozobra existencial en la pérdida de los lazos comunitarios y el sentido de la existencia. La secularización de las creencias y el descrédito de los grandes relatos y sus promesas de redención han cedido el terreno a la religión del consumo, que rinde culto al yo y celebra sacrificios en honor a divinidades con nombres como estatus, belleza, felicidad. Ese credo individualista nos ha fragilizado y vuelto vulnerables al asedio de las tecnologías, que pugnan por captar nuestra atención, apoderarse de nuestro tiempo y colarse en nuestra intimidad. La sordera emocional de muchos jóvenes y no tan jóvenes es la consecuencia de la sobrexposición al ruido ambiental y las inanes conversaciones. Mientras los datos se convertían en el nuevo petróleo y la privacidad en una reliquia del pasado, los ciudadanos de las mal llamadas sociedades del conocimiento se han vuelto crédulos sin fe,ególatras de masas y coleccionistas de heridas, incapaces de soportar la frustración, la espera y la verdad. Las aplicaciones de psicoterapia en el móvil, las plataformas de contactos y citas, las redes sociales y un sinfín de persuasivos programas informáticos nos invitan a creer que son el remedio a la soledad y el aburrimiento, cuando este es el carburante de la imaginación creativa y aquella la condición de posibilidad para un verdadero encuentro con el otro. Lo nuevo no es siempre sinónimo de progreso, y algunas de las posiciones más retrógradas se encubren tras la apariencia de modernidad. Es posible que a estas alturas ya se hayan dado cuenta de adónde quiero ir a parar. Propongo retroceder a los orígenes para saltar más lejos, extraer savia nueva de las lecciones de los viejos sabios y rescatar la caja de herramientas filosóficas para afrontar los retos de un futuro calidoscópico e incierto, donde lo único permanente es el cambio. Sin dejar de lado las nuevas tecnologías de la comunicación, abogo por seguir cultivando las viejas tecnologías de la comunicación, con siglos de existencia. Me refiero, por supuesto, al análisis, el razonamiento y la discusión. Ese "arduo arte de saber vivir bien", como definió Michel de Montaigne a la filosofía, sigue ofreciendo remedios útiles contra el sufrimiento y eficaces técnicas para fortalecer y pulir el espíritu. A la eterna pregunta de cómo actuar, esta responde con desapego material (*áskesis*), libertad interior (*autarquía*) e imperturbabilidad anímica (*ataraxia*). Nos anima a contemplar la realidad sin anteojeras ni paliativos, suspender el juicio sobre las cosas sin la ansiosa espera de bienes o males futuros y ampliar nuestro horizonte mental, cuestionándonos a nosotros mismos y nuestra visión del mundo. La historia nos ha enseñado que, sin la guía de la filosofía, solo podemos extraviarnos por el camino que conduce hacia una existencia dichosa y plena.

Ahora que hemos descubierto que más datos no significan más formación, más conectividad menos aislamiento y mayores facilidades materiales una menor vulnerabilidad, quizá sea la hora de retomar el camino de los sabios. Frente al retorno de lo irracional disfrazado de avances tecnológicos y la pujante *digitalopatía* que nos vuelve ineptos para la vida real y nos encapsula en una burbuja autocomplaciente, la filosofía nos anima a tener fe en la duda y adoptar una actitud apasionadamente escéptica, no totalmente integrada en el mundo, pero tampoco totalmente alejada de él. Invita a despojarse de expectativas, esperanzas y pretensiones, y aligerar de certidumbres el equipaje que llevamos durante nuestro breve paso por este mundo. Llega más lejos quien carga con menos lastre. No poseemos nada que nos puedan arrebatar.

Se necesita poco para ser feliz. La dificultad estriba en descubrir qué incluye ese poco y desprenderse del resto. Algo que todos sabemos, pero parecemos haber olvidado, es que la genuina sabiduría no se puede adquirir en una tienda *online* o en un centro comercial, sino que cada uno debe engendrarla. Las costas de ese valioso aprendizaje son las renuncias y decepciones. Aprender a menudo consiste en desaprender sesgos, prejuicios, ideas heredadas... Y ni qué decir tiene que no existe la sabiduría, sino únicamente algunas personas más sabias. Así pues, la filosofía no es una etapa superada del conocimiento, como piensan algunos, sino la credencial distintiva del animal humano, un mono sabio, que se interroga sobre su lugar en el universo y el sentido de su existencia. Si queremos hacer honor a nuestro apelativo *sapiens*, debemos seguir dando más importancia a las preguntas que a las respuestas.

Si fuera posible resumir en una sola palabra el ideal de la filosofía, esta seguramente sería *eudaimonía* (εὐδαιμονία). Algunos han interpretado este vocablo griego como felicidad, pero una traducción más exacta sería 'el florecimiento interior'. Antaño como hoy, ese es el verdadero cometido de la educación. Cualquier educador que honre su trabajo, se enfrenta a la tan hermosa como ardua tarea de contribuir a que sus educandos alcancen la máxima excelencia dentro de sus posibilidades, y se conviertan en las personas que podrían llegar a ser. No por nada *eudaimonía* significa literalmente contar con un buen *dáimon* o espíritu guardián.

La única manera de hacer frente a la barbarie de las tecnologías disruptivas es desarrollar una pedagogía bioinspirada, que retome las enseñanzas de hoja perenne de la filosofía y recupere el sentido del asombro y el gozo de aprender. Si queremos que la educación no solo sirva para preparar grandes profesionales, sino también para formar seres humanos equilibrados, responsables y satisfechos con sus vidas, debe ayudar a los alumnos a ser más dueños de sus mentes y libres para elegir.

REFERENCIAS BIBLIOGRÁFICAS

BAUMAN, Zygmunt y LEONCINI, Thomas (2018): *Generación líquida: Transformaciones en la era 3.0*, Irene Oliva Duque (trad.), Barcelona, Paidós.

BAUMAN, Zygmunt (2013): *Vida líquida*, Albino Santos Mosquera(trad.), Madrid, Austral.

– (2010): *Los retos de la educación en la modernidad líquida*, Barcelona, Gedisa.

CARSON, Rachel (2012): *El sentido el asombro*, M.ª Ángeles Martín R.-Ovelleiro (trad.), Madrid, Ediciones Encuentro.

DESMURGET, Michel (2020): *La fábrica de cretinos digitales. Los peligros de las pantallas para nuestros hijos*, Lara Cortés Fernández (trad.), Barcelona, Península.

GARDNER, Howard (2003): *La inteligencia reformulada. Las inteligencias múltiples en el siglo XXI*, Genís Sánchez Barberán (trad.), Barcelona, Paidós.

GOLEMAN, Daniel (2006): *Inteligencia social. La nueva ciencia de las relaciones humanas*, David González Rega (trad.), Barcelona, Kairós.

HAN, Byung-Chul (2016): *La salvación de lo bello*, Alberto Ciria (trad.), Barcelona, Herder.

– (2016): *La sociedad del cansancio*, Arantzazu Saratxaga, Barcelona, Herder.

– (2013): *La sociedad de la transparencia*, Raúl Gabás (trad.), Barcelona, Herder.

HARARI, Yuval Noah (2016): *Homo Deus. Breve historia del mañana*, Joandomènec Ros (trad.), Barcelona, Debate.

LLEDÓ, Emilio (2018): *Sobre la educación. La necesidad de la Literatura y la vigencia de la Filosofía*, Barcelona, Taurus.

ORDINE, Nuccio (2013): *La utilidad de lo inútil. Manifiesto*, Jordi Bayod (trad.), Barcelona, Acantilado.

PATINO, Bruno (2020): *La civilización de la memoria de pez. Pequeño tratado sobre el mercado de la atención*, Alicia Martorell (trad.), Madrid, Alianza.

PEIRANO, Marta (2019): *El enemigo conoce. Manipulación de ideas, personas e influencias después de la economía de la atención*, Barcelona, Debate.

RECALCATI, Massimo (2016): *La hora de clase. Por una erótica de la enseñanza*, Carlos Gumpert (trad.), Barcelona, Anagrama.

SENNET, Richard (2009): *El artesano*, Marco Aurelio Galmarini (trad.), Barcelona, Anagrama. .

– (2000): *La corrosión del carácter. Las consecuencias personales del trabajo en el nuevo capitalismo*, Daniel Najmías (trad.), Barcelona, Anagrama.

STEPHENS-DAVIDOWITZ, Seth (2019): *Todo el mundo miente. Lo que Internet y el big data pueden decirnos sobre nosotros mismos*, Martín Schifino (trad.), Madrid, Capitán Swing.

TURKLE, Sherry (2019): *En defensa de la conversación. El poder de la conversación en la era digital*, Joan Eloi Roca (trad.), Barcelona, Ático de los Libros.

IV

EL VERDOR DEL OLVIDO

> Gracias a mi experiencia con el LSD y
> a mi nueva perspectiva de la realidad,
> empecé a ser consciente de las maravi-
> llas de la creación, de la magnificencia
> de la naturaleza, de los animales y de
> las plantas. Me volví muy sensible a lo
> que le ocurre a todos estos seres vivos y
> a todos nosotros.
>
> ALBERT HOFMANN

Muy pocos pondrían objeciones a la premisa de que no conocemos el mundo físico, sino tan solo nuestras representaciones de él, pero nos cuesta asumir en todo su alcance las hondas implicaciones de semejante aseveración, y no es la menor de ellas que, en palabras del neurocientífico David Eagleman, la realidad es "un relato que se escenifica dentro del auditorio herméticamente cerrado del cráneo", una creación subjetiva o, por qué no decirlo, una alucinación. Y lo mismo podría afirmarse de nuestro yo, conciencia o mente. Son el resultado de la actividad cerebral. El mundo tal y como lo experimentamos no existe fuera de nuestra cabeza, como afirmó el filósofo Immanuel Kant en el siglo XVIII. O, para decirlo con sus propias palabras, no conocemos cómo son los objetos en sí, sino únicamente cómo se presentan a nuestros sentidos. Buena prueba de ello es que basta ingerir apenas unos miligramos de una substancia de origen vegetal como la mescalina (peyote y otros cactus) o fúngica como la psilocina (hongos psilocibinos) para alterar nuestra percepción del mundo exterior y de nosotros mismos. Esos alucinógenos, incluso tomados en dosis homeopáticas, son tan poderosos que permiten saltar la valla de la conciencia, ir más allá de los límites de la razón y adentrarse en un territorio vedado a la lógica, donde la separación entre lo objetivo y lo subjetivo se difumina y el yo se disuelve temporalmente. Bajo sus efectos nos convertimos en otras personas, y el aparentemente sólido edificio de la realidad se resquebraja y, por sus rendijas, se cuela el misterio y lo sagrado. Puede que se trate de aberraciones de la percepción, pero esas alucinaciones o visiones de una lucidez deslumbrante llegan a inducir un cambio de conciencia y una conversión o despertar espiritual. No resulta extraño que muchos consumidores vuelvan de esos viajes interiores transformados y convencidos de haber recibido una revelación.

En el budismo zen se compara la conciencia con un jardín interior, porque, al igual que este, requiere un mantenimiento constante y se halla delimitado, cercado. Asimismo, ambos procuran desbordar los marcos establecidos, romper las barreras visuales y conquistar el horizonte. Desde que los *sapiens* son *sapiens*, una de las maneras de liberar nuestra mente de la clausura y otear el territorio que se extiende más allá del sentido común ha sido ingerir plantas u hongos con propiedades psicoactivas. Esas experiencias, rayanas en la locura, nos han permitido asomarnos por la ventana, empañada por un vaho de ebriedad, fuera de la caja craneana y cobrar una perspectiva de campo más amplia. Lo mismo podría decirse, en otros contextos, de nuestra afición a vallar y domesticar trozos de naturaleza para el deleite humano.

Una forma de narrar la historia del jardín es describir este como "una caja de luz", por usar las palabras del extraordinario paisajista Fernando Caruncho, una caja que contiene lo más precioso y va perdiendo una a una sus paredes. El universo del animal humano es del tamaño de su jardín. Esa naturaleza domesticada y cercada para su deleite refleja la cosmovisión de cada época. Así, durante el Medievo el *hortus conclusus* monástico y el *hortus deliciarium* palatino encerraban entre sus altos muros un fragmento del paraíso terrenal perdido o una migaja del cielo prometido. El Renacimiento tumbó uno de los cuatro tabiques de esa caja sagrada y el jardín se abrió al paisaje. Las vistas panorámicas se incorporaron a su diseño en las villas italianas. El Barroco amplió, gracias a las perspectivas, el campo de visión, extendiendo los confines del parque a la francesa más allá del horizonte. Con la ayuda de la geometría y la óptica, la arquitectura vegetal hizo realidad el sueño autocrático de conquistar el infinito. La Ilustración no cejó en este empeño de borrar las barreras visuales. El jardín paisajista inglés llevó esta vocación de fundirse con el paisaje y escapar de las coordenadas espaciotemporales hasta sus últimas consecuencias. William Kent pronunció en 1817 las palabras que marcaron el final del muro perimetral y el inicio de un nuevo capítulo de esta narración: "Salté la valla y vi que la naturaleza entera era un jardín". Escuchar al genio del lugar significará para los románticos respetar la naturaleza. A nuestros contemporáneos les embargará un delicioso horror cuando, en la década de los años sesenta del pasado siglo, se divulguen las primeras imágenes tomadas desde el espacio exterior por la misión del Apolo 8 y redescubran la Tierra como un jardín de escala planetaria. En las siguientes décadas irá cobrando fuerza, primero en la ciencia ficción y después en las ficciones científicas, la idea de ajardinar o *terraformizar* exoplanetas para dar cabida a una población de terráqueos que crece exponencialmente. Es difícil saber qué credibilidad conceder a esos proyectos de *cosmojardinería*, que especulan con la posibilidad de crear una atmósfera viable para la vida merced a sembrar su superficie con microorganismos fotosintéticos. Pero la sola imagen de esos planetas floridos, convertidos en los parterres de un parque que se expande como el universo, resulta conmovedora.

Tan cierto como que los jardines son un documento de la singularidad de una cultura y un lugar es que su belleza nos embriaga y transporta más allá de la gris realidad. De ahí que esas islas de verdor hayan sido siempre lugares con vocación meditativa y contemplativa, donde tener experiencias inefables que desafían el lenguaje como revelaciones, epifanías filosóficas e iluminaciones espirituales. Desde Agustín de Hipona, que sintió la llamada de la fe en un jardín como cuenta en sus *Confesiones*, al protagonista de *La náusea* de Jean-Paul Sartre, quien cae súbitamente en la cuenta de que "existir es estar ahí, simplemente ahí", mientras descansa en un banco del parque de Bouville, son muchos los personajes relevantes que han experimentado en los paraísos terrestres desde la soledad esencial hasta la unión con todo lo viviente, desde el desbordamiento de la individualidad hasta la plenitud del corazón.

Los jardines acogen y propician estas "experiencias cumbre" porque, como hemos dicho, son cajas de resonancia de nuestras aspiraciones y anhelos, cerradas al exterior y abiertas al infinito. Muchas de las impresiones asociadas a los estados alterados de conciencia: sinestesia sensorial, comunión animista con la naturaleza, disolución del yo, tiempo detenido, sentimiento oceánico de unidad..., forman parte de la experiencia del jardín, que, planteándolo con audacia, posee una dimensión psicodélica. Una aureola fosforescente envuelve este término, que significa en griego 'manifestación de la mente' y fue acuñado en 1954 por el psiquiatra Humphry Osmond en el curso de un intercambio epistolar con el escritor Aldous Huxley. Por aquel entonces, él redactaba su legendaria obra *Las puertas de la percepción*, donde recreaba sus vivencias con la mescalina, una substancia alucinógena extraída de dos cactus mexicanos: el peyote y el San Pedro. Una geografía espiritual hasta entonces explorada únicamente por místicos y algunos pocos artistas visionarios se convirtió en la década de los sesenta en el destino de un turismo psicodélico de masas, ávidas de vivencias nuevas que dieran sentido a sus existencias y, siguiendo el mantra del célebre gurú de la contracultura Timothy Leary, les permitieran "conectar, sintonizar y escapar" (*"turn on, tune in, drop out"*). Las drogas alucinógenas en general y en particular el LSD fueron el carburante de un movimiento, cuyo rito iniciático consistió en "colocarse", por decirlo con una expresión vulgar pero elocuente. En esos viajes interiores la añoranza del absoluto se confundía con el afán de escapar de la gris realidad; y el anhelo de un mundo mejor, con el deseo de retornar a la naturaleza. Las plantas se convirtieron en los mensajeros de unos dioses que habían abandonado los cielos y se habían refugiado en el secreto jardín de la conciencia. Sus fuerzas ocultas y facultades proféticas liberaron a toda una generación de las cadenas de la rutina y el conformismo. Gracias a las drogas no pocos descubrieron lo que de espíritu tiene la química.

Para ilustrar lo que quiero decir contaré la historia de cómo se descubrió la substancia preferida por los *psiconautas* de la época: el LSD. El ácido lisérgico es el elemento común a todos los alcaloides del cornezuelo (*Claviceps purpurea*), un hongo parásito del centeno y otras gramíneas silvestres. Antes de que se descubrieran sus aplicaciones medicinales, este fue el causante de intoxicaciones y envenenamientos masivos durante la Edad Media. El pan horneado con harina de centeno infectado provocó por toda Europa brotes epidémicos de ergotismo o peste gangrenosa y convulsa, bautizada popularmente como fuego sacro, *mal des ardents* o *ignis acer*, debido a las altas fiebres que padecían los afectados. Pasarían siglos hasta que se encontrara la relación entre esta enfermedad mortal y el cornezuelo, y eso que, desde antiguo, las comadronas acostumbraban a hacer uso de ese hongo para aumentar las contracciones uterinas y acelerar el parto. Durante la primera mitad del siglo XIX los científicos intentaron obtener los principios activos de esta poderosa droga, pero hasta bien entrado el siglo XX no lograrían aislar el ácido lisérgico.

Fue en 1938 cuando Albert Hofmann (1906-2008), un químico suizo que trabajaba para los laboratorios farmacéuticos Sandoz, sintetizó por primera vez el LSD-25 (la dietilamida de ácido lisérgico, *lyserg-säure-diathylamid* por sus siglas en alemán) mientras investigaba sobre las propiedades medicinales del ácido. Tras las primeras pruebas clínicas con animales, los resultados no estuvieron a la altura de las expectativas y la experimentación se abandonó. Pasarían cinco años antes de que, llevado por el presentimiento de que la molécula número 25 de aquella larga serie de ensayos podría poseer alguna cualidad relevante, reemprendió su estudio y elaboró de nuevo aquel derivado sintético del ácido lisérgico. Quiso la casualidad que, durante sus manipulaciones en el laboratorio, asimilara accidentalmente, tal vez por vía cutánea, una cantidad de esa substancia insignificante pero suficiente para provocarle una creciente sensación de desorientación y mareo. En vista de que los síntomas no remitían y su confusión iba en aumento, solicitó a su ayudante que lo acompañara a su domicilio. Cubrieron el trayecto en sus bicicletas, y por más que no cesaba de pedalear, Hofmann tenía la angustiosa impresión de no avanzar. Aquel recorrido duraría en su cabeza una eternidad y pasaría a la historia como el primer viaje de ácido, dando nombre a la experiencia. Al llegar a casa, empezó a tener vívidas alucinaciones, por lo que, preso del espanto, hizo venir urgentemente a su médico de cabecera, convencido de que se encontraba a las puertas de la muerte o la locura. El facultativo buscó inútilmente algún indicio de patología, pero lo único llamativo de su estado físico eran unas pupilas anormalmente dilatadas.

Tuvieron que pasar seis largas horas antes de que se recuperara del "colocón" y regresara a la realidad convertido en otro. El protagonista de esta historia recreó ese momento estelar en varios libros y una infinidad de entrevistas y apariciones públicas con estas u otras palabras parecidas:

> Después de algún tiempo con los ojos cerrados, comencé a disfrutar de una fantástica explosión de colores y formas que daba gusto observar. Luego me dormí, y al día siguiente ya estaba perfectamente. Me sentía fresco y renacido. Era una mañana de abril y salí al jardín. Había llovido durante la noche, y tuve la sensación de que lo que veía era la tierra y la belleza de la naturaleza tal y como era justo tras su creación. ¡Era una experiencia maravillosa! Había vuelto a nacer, y veía la naturaleza bajo una luz nueva.

Esta descripción de su jardín, a la que solo cabe calificar de psicodélica incluso antes de la invención de la palabra, ejercería un decisivo influjo sobre la generación *flower power*, configuraría su imaginario colectivo y acabaría convirtiéndose en un cliché literario. En cuanto a Hofmann, aquella experiencia resultó transformadora para el hombre de ciencia, y marcó un antes y un después en su biografía. Bastaron 0,25 miligramos de tartrato de dietilamida de ácido lisérgico, disuelto en apenas 10 centímetros cúbicos de agua, para hacer de él un hombre profundamente espiritual, defensor de la unidad de todo lo viviente y un pionero de la ecología profunda. Desde el primer momento, fue plenamente consciente de la importancia de su hallazgo y del potencial que tendría en farmacología y neurología una sustancia capaz de provocar tal alteración de la conciencia en unas dosis tan bajas, por no mencionar que no dejaba resaca y permitía conservar la memoria detallada de lo vivido. Por la misma época en que, en el desierto de Los Álamos (Nuevo México), un equipo de renombrados físicos e ingenieros construían en secreto la primera bomba atómica, que pondría fin a la Segunda Guerra Mundial, muy lejos de allí, en la neutral Suiza, ese joven químico daba accidentalmente con la fórmula del LSD. La icónica imagen del hongo nuclear reverbera en la de los hongos alucinógenos, emblema y desencadenante de la explosión psicodélica, cuya onda expansiva ha llegado hasta nuestros días.

En 1947 la compañía Sandoz empezó a comercializar el LSD-25 con el nombre de Delysid como un fármaco para el tratamiento psiquiátrico. Estuvo a la venta hasta 1966, en que fue retirado del mercado tras una agresiva campaña que demonizaba su uso recreativo. En 1971 se convirtió finalmente en una substancia ilegal en Estados Unidos y no tardó en serlo en el resto de los países, lo que no impidió que se siguiese consumiendo clandestinamente.

Hofmann estaba convencido de que el uso de psicodélicos, a los que, con una devoción tal vez excesiva, consideraba drogas sagradas, ofrecía una forma de trascendencia que podría ayudar a superar la honda crisis moral que ahogaba a la sociedad contemporánea. El LSD era la llave que permitía abrir las puertas de la percepción, purificar la mirada y contemplar una verdad más profunda y relevadora. Ahí radicaba su verdadera importancia. Son ilustrativas de esta conversión espiritual a la que aspiraba las siguientes palabras entresacadas de su obra *La historia del LSD* (1979), publicada cuando ya había superado los setenta años:

En el campo y en el bosque, y en el mundo animal que allí se guarece, incluso en cada jardín, se hace visible una realidad que es infinitamente más real, antigua, profunda y maravillosa que todo lo creado por la mano del hombre, y que perdurará cuando el mundo muerto de las máquinas y el cemento armado haya desaparecido y se haya derrumbado y oxidado. En el germinar, crecer, florecer, tener frutos, morir y rebrotar de las plantas, en su ligazón con el sol, cuya luz son capaces de transformar bajo la forma de compuestos orgánicos en energía químicamente ligada, de la cual luego se forma todo lo que vive en nuestra Tierra..., en esta naturaleza de las plantas se revela la misma fuerza vital, misteriosa, inagotable, eterna, que nos ha creado también a nosotros y luego nos vuelve a su seno, en el que estamos protegidos y unidos con todo lo viviente.

Y llegados a este punto, conviene recordar que la práctica totalidad de las culturas han utilizado las plantas y las setas como catalizador espiritual y se han servido de ellas para comunicarse con los antepasados y adivinar el futuro. En todas las épocas y bajo todos los cielos, los humanos, que alguien definió como un ombligo mal curado, han ingerido hojas, raíces, flores, bayas con propiedades alucinógenas a fin de trascender la individualidad y religarse umbilicalmente con la naturaleza y el cosmos. No es casual que en la lengua náhuatl, utilizada por los indígenas mazatecos del sur de México, se designe a los hongos alucinógenos como "carne de los dioses".

Es cosa sabida que, en el mundo grecolatino, los participantes en los Misterios de Eleusis, entre los que se encontraban Pausanias, Platón, Cicerón y otras muchas figuras relevantes, ingerían como parte del ritual sagrado una pócima, llamada *kykeon*, que contenía cornezuelo. Más difícil es saber hasta qué punto la experiencia de la disolución del yo y la muerte simbólica, experimentadas por el iniciado durante el trance, pudieron inspirar a algunos filósofos de la Antigüedad visiones intelectuales tan originales como el mundo de las ideas o la concepción del cuerpo como cárcel del alma.

Salvando las distancias y los siglos, las drogas psicodélicas de origen vegetal o fúngico desempeñaron un importante papel en la revolución mental que, mucho tiempo después, conduciría a la aparición de los ordenadores personales y el descubrimiento del ciberespacio. La contracultura californiana de los años sesenta es un río con muchos afluentes: los *beatniks*, los *hippies*, el *underground*, la antipsiquiatría, el neorientalismo..., que fluye trazando vueltas y revueltas a lo largo de toda la segunda mitad del siglo xx, mientras fertiliza con sus turbias aguas el imaginario colectivo de varias generaciones. Ingerir LSD, fumar hierba, programar *software*, viajar a la India, practicar el amor libre, participar en marchas o sentadas antimilitaristas, escuchar rock eran otras tantas maneras de rebelarse contra una sociedad materialista e inauténtica, resistir al conformismo y el adocenamiento e intentar cambiar el mundo. Aquellos jóvenes melenudos siguieron consumiendo las drogas con un sentido sacramental, solo que los rituales cambiaron.

Esta dimensión espiritual de las drogas con efectos alucinógenos ha llevado a que, para distinguirlas de las utilizadas con fines recreativos, algunos expertos prefieran hablar de "enteógenos" (que en griego significa literalmente 'dios dentro de nosotros') para referirse a unas substancias que permiten tener a las personas una vivencia de lo numinoso tan intensa que transforma su conciencia. Esta experiencia extático-visionaria, no por sobrecogedora menos catártica, lleva a trascender las coordenadas espaciotemporales, los límites corporales y borrar las barreras entre lo objetivo y lo subjetivo. A los iniciados se les revela en un estado de ebriedad una verdad más profunda y universal, que late tras las apariencias y mora en su interior. Y tras experimentar la unión mística con la divinidad y la armonía cósmica, renacen a la vida confortados por esas visiones y liberados del temor a la muerte. Sigue siendo un profundo misterio por qué el ácido lisérgico, la psilobicina y otros alcaloides de origen vegetal o fúngico poseen una composición química afín a los neurotransmisores y, por usar una expresión moderna, pueden *hackear* nuestros circuitos cerebrales y acoplarse a los receptores de la dopamina. Hay muchos puntos oscuros y seguramente seguirá habiéndolos acerca de por qué evolucionaron hasta ser capaces de alterar nuestra psique e inducir estados alterados de conciencia trascendentes, pero una cosa está clara: resulta difícil exagerar la importancia de las experiencias alucinatorias en el arte, la religión y la filosofía. De ahí también que, como ya sucedió en los años sesenta, diferentes psicoterapias alternativas intenten aprovechar el potencial transformador de las drogas psicodélicas para abordar con relativo éxito el tratamiento de la esquizofrenia, el alcoholismo o la depresión, e incluso asistir a los enfermos terminales y mejorar los cuidados paliativos.

La intención con que se ingieren los alucinógenos determina su efecto. Tanto es así que, dependiendo del contexto, las expectativas o el marco social, las mismas vivencias se pueden interpretar como un delirio tóxico o una experiencia transformadora, una psicosis transitoria o unas vacaciones de uno mismo, una epifanía espiritual o un cuadro de despersonalización, la locura o el éxtasis. Comoquiera que sea, esos estados alterados de conciencia nos recuerdan que la realidad no es tan sólida e irrebatible como habitualmente suponemos, sino una ilusión cognitiva consensuada con otros yos. Superan nuestra capacidad de comprensión y nos sumen en la perplejidad más absoluta. Y no olvidemos que el asombro no es solo la emoción fundacional de la filosofía y el acicate por excelencia de la curiosidad científica, sino también otra manifestación del temor reverencial ante el misterio de la existencia y lo desconocido que nutre la fe religiosa. No por nada, "estupefaciente" se dice de una substancia que altera la conciencia y produce estupefacción. A medida que nuestra cultura se ha vuelto más materialista, individualista y laica, las drogas han perdido su significado espiritual y su dimensión sagrada para transformarse en válvulas de escape de la ansiedad social y tóxicos recreativos, objeto de un consumo escapista.

No faltará tampoco quien piense que una sociedad enferma requiere drogas para no perder el juicio. El incremento exponencial en el consumo de ansiolíticos y antidepresivos es un indicio revelador de hasta qué punto resulta difícil mantenerse cuerdo en las sociedades supuestamente del bienestar. Si concedemos crédito a las estadísticas, las personas que toman medicamentos con efectos psicoactivos superan ampliamente a las que se someten a psicoterapia, y su número solo es comparable a las que, dicho sea sin ninguna ironía, se automedican con sustancias prohibidas. La distinción entre drogas legales e ilegales siempre ha sido bastante borrosa, y ha dependido más de criterios políticos o culturales que objetivos. Del mismo modo que, como escribió Paracelso, la dosis convierte el remedio en veneno, la receta transforma los estupefacientes en medicinas. El elevado consumo de psicofármacos y drogas pone de manifiesto, más que nuestra capacidad para aliviar el sufrimiento, nuestra creciente dificultad para soportarlo.

Según las previsiones de los expertos de la Organización Mundial de la Salud, la mitad de los escolares occidentales padecerá a lo largo de su vida adulta depresión u otros graves problemas mentales a causa del estrés. Los primeros indicios de esa pandemia ya están a la vista para quien quiera percibirlos.

Cada vez son más los niños y adolescentes diagnosticados de todo tipo de síndromes, trastornos, dificultades de aprendizaje y necesidades socioemocionales, y que requieren atención psicológica especializada. Seguramente somos más conscientes que nunca del sufrimiento anímico y sus secuelas, pero eso no basta para explicar la creciente medicalización de los menores. No voy a argumentar contra el consumo de ansiolíticos, antidepresivos u otros psicofármacos, ni a sugerir que un diagnóstico y cuidados tempranos no resulten recomendables, me limitaré a señalar que los padecimientos y zozobras internas reflejan las alienaciones sociales. Es más que comprensible que a muchos de los adultos les invada la incertidumbre ante el futuro, y se sientan insatisfechos por no poder cumplir unas ilusorias expectativas de felicidad, estatus y logros materiales. Abrumados por unas aspiraciones irrealizables, pero a las que tampoco pueden renunciar, sucumben a la pesadumbre y la angustia, y buscan que los medicamentos y las drogas les rediman de sí mismos.

REFERENCIAS BIBLIOGRÁFICAS

BARICCO, Alessandro (2019): *The Game*, Xavier González Rovira (trad.), Barcelona, Anagrama.

BARTRA, Roger (2019): *Chamanes y robots. Reflexiones sobre el efecto placebo y la conciencia artificial*, Barcelona, Anagrama.

ESCOHOTADO, Antonio (2015): *Aprendiendo de las drogas*, Barcelona, Anagrama.

– (1999): *Historia general de las drogas*, Madrid, Espasa.

EAGLEMAN, David (2017): *El cerebro. Nuestra historia*, Damià Alou (trad.), Barcelona, Anagrama.

EVANS, Richard y HOFMANN, Albert (2015): *Plantas de los dioses. Orígenes del uso de los alucinógenos*, Alberto Blanco (trad.), Ciudad de México, Fondo de Cultura Económica.

HOFMANN, Albert (2018): *LSD. Cómo descubrí el ácido y qué paso después en el mundo*, Roberto Bein (trad.), Barcelona, Arpa Ideas.

– (2018): *LSD. My problem child. Reflections on Sacred Drugs, Mysticism, and Science*, Jonathan Ott (trad.), Oxford, Beckley Foundation, Oxford University Press.

– (1995): *Mundo interior, mundo exterior. Pensamientos y perspectivas del descubridor del LSD*, José Almaraz (trad.), Barcelona, La Liebre de Marzo.

HUXLEY, Aldous (1977): *Las puertas de la percepción. Cielo e infierno*, Miguel de Hernani (trad.), Barcelona, Edhasa.

KURZWEIL, Ray (1999): *La era de las máquinas espirituales. Cuando los ordenadores superen la mente humana*, Marco Aurelio Galmarini (trad.), Barcelona, Planeta.

LÓPEZ SÁEZ, José Antonio (2017): *Los alucinógenos*, Madrid, CSIC/Libros de la Catarata.

McKENNA, Terence (1994): *El manjar de los dioses: la búsqueda del árbol de la ciencia del bien y del mal. Una historia de las plantas, las drogas y la evolución humana*, Barcelona, Paidós.

OCAÑA, Enrique (1993): *El Dionisio moderno y la farmacia utópica*, Barcelona, Anagrama.

POLLAN, Michael (2018): *Cómo cambiar tu mente. Lo que la nueva ciencia de la psicodelia nos enseña sobre la conciencia, la muerte, la depresión y la trascendencia*, Manuel Manzano (trad.), Barcelona, Debate.

RACIONERO, Luis (2006): *Filosofías del underground*, Barcelona, Anagrama.

SACKS, Oliver (2019): *El río de la conciencia*, Damián Alou (trad.), Barcelona, Anagrama.

– (2013): *Alucinaciones*, Damián Alou (trad.), Barcelona, Anagrama.

SMART, Andrew (2018): *Más allá de ceros y unos. Robots, psicodelia y conciencia*, Iván Barbeitos Garvía (trad.), Madrid, Clave Intelectual.

WASSON, Gordon; HOFMANN, Albert y RUCK, Carl A. P. (1980): *El camino de Eleusis. Una solución al enigma de los misterios*, Felipe Garrido (trad.), Ciudad de México, Fondo de Cultura Económica.

WILBER, Ken (ed.): *Cuestiones cuánticas. Escritos místicos de los físicos más famosos del mundo: Heisenberg, Schrödinger, Einstein, Jeans, Planck, Pauli, Eddington*, Pedro de Casso (trad.), Barcelona, Kairós.

V

MICROHUERTOS Y MACROORGANISMOS

> La sociedad moderna ha perfeccionado
> el arte de hacer que la gente no se sienta
> necesaria.
>
> SEBASTIAN JUNGER, *TRIBU*

S egún el relato bíblico de la creación, la principal ocupación de los padres de la humanidad en el paraíso terrenal fue la jardinería, lo que llevó a más de un estudioso a afirmar que ese es el oficio más antiguo. Tan peregrina idea contó con mucha aceptación siglos atrás, razón por la que en una vidriera de la catedral gótica de Canterbury se puede ver la figura de Adán cavando la tierra como un campesino cualquiera. Independientemente de si la revolución agraria marcó el inicio de la civilización y representó el primer paso en el camino del progreso o, por el contrario, conllevó un empeoramiento en la calidad de vida de los cazadores-recolectores paleolíticos y una solución desesperada a la escasez alimento, lo cierto es que los humanos no fueron los primeros moradores del planeta que practicaron la agricultura. Cuando surgieron los primeros Estados en las cuencas fértiles de los grandes ríos, las hormigas cortadoras de hojas eran ya unas consumadas horticultoras.

Muchos millones de años antes de que nuestros antepasados nómadas se asentaran en el territorio y comenzaran a domesticar las plantas y los animales, estos hacendosos insectos ya cultivaban hongos para alimentar colonias densamente pobladas. Llevan una eternidad perfeccionando la técnica de trocear hojas, flores, ramitas y acarrearlas en procesión camino del hormiguero. Una vez allí, mastican los pedacitos hasta formar una pasta, que abonan con sus excrementos. Luego extienden ese fértil mantillo en sus huertos a fin de que prospere el hongo *Leucoagaricus gongylophorus*. Este, que no se encuentra en ningún otro lugar del planeta, produce algo parecido a un nutritivo fruto, que ingieren las hormigas. Por si todo esto no fuera ya bastante increíble, esos hortelanos invertebrados portan bacterias simbióticas en sus exoesqueletos, las cuales producen una sustancia antibiótica. Y llegado el caso esparcen ese plaguicida natural sobre sus cultivos para protegerlos de los parásitos. Pero aún hay algo más asombroso. Cuando las mandíbulas de las obreras cortadoras de hojas se desgastan a causa del esfuerzo, ceden su puesto a otros miembros más jóvenes del hormiguero y asumen tareas físicamente menos exigentes. Conviene recordar que estas infatigables trabajadoras son capaces de seccionar y transportar cargas equivalentes a cincuenta veces su tamaño y peso corporal, lo que ha contribuido decisivamente a que gocen de una merecida fama de laboriosas y tenaces, aireada por fábulas y leyendas de toda clase.

Las hormigas son los auténticos granjeros del mundo de los insectos. Además de cultivar su comida como las cortadoras de hojas, las hay que, como las recolectoras, construyen graneros subterráneos, en los que almacenan semillas de plantas herbáceas para las épocas de escasez; y otras que, como las arbóreas, crean jardines de plantas epifitas (orquídeas, bromeliáceas y gesneriáceas) en la bóveda forestal de las pluviselvas, donde pastorean rebaños de pulgones y otros insectos *chupasavias*. A cambio de poder pacer despreocupadamente en esos frondosos

vergeles a buen recaudo de depredadores, parásitos o competidores, estos suministran a sus protectoras un néctar: una nu-
tritiva ligamaza azucarada que excretan cuando estas les tocan
con sus antenas. Eso no quita que, en caso de necesidad o simplemente para controlar la población de ese extraño y verduzco
ganado, se zampen algunas cabezas.

Después de los humanos, las hormigas y sus primas las ter-
mitas, devoradoras de madera, forman las sociedades más complejas del planeta. Esas gigantescas colonias de hasta varios
millones de miembros, perfectamente organizados en castas, se
parecen más a las plantas que a los animales. Al igual que aquellas, a falta de un sistema centralizado de toma de decisiones
o cerebro, se comunican mediante señales químicas y pueden
desprenderse de partes sin poner en peligro su continuidad biológica. Aun cuando la vida de una hormiga rara vez se alarga
más allá de dos o tres años, los hormigueros no tienen fecha de
caducidad. Sus miembros son recambiables. Se renuevan como
si fueran las células de un macroorganismo. Todavía se hace
más patente ese parecido si comparamos los patrones de crecimiento de las raíces de las plantas y los itinerarios que trazan
las hirvientes formaciones de hormigas en busca de alimento. Si
este se distribuye homogéneamente sobre el territorio, ambos
adoptan una forma de estrella regular. Cuando los nutrientes se
hallan diseminados, se despliegan ramificándose, dando lugar a
estructuras arbóreas o con apariencia de abanico.

Tanto las similitudes existentes entre las colonias de insectos sociales y los bosques como el mutualismo entre plantas,
hongos, bacterias e insectos indican que no hay una separación
tajante entre los distintos reinos de la naturaleza. Esta brecha
se estrecha aún más si pensamos que algunas comunidades de
indígenas del Amazonas y otros apartados lugares de la geografía terrestre, todavía a salvo de la economía de mercado,

consideran a los árboles y las plantas "personas". En sus mentes todas las formas de vida, humana o no, se hallan tan estrechamente hermanadas que la noción del yo carece de sentido y la identidad personal, disociada del entorno, resulta por completo inconcebible. La comunidad de los seres vivos no la constituyen entidades separadas que compiten por sobrevivir o cooperan altruistamente, sino un entramado de seres, dioses y espíritus. La realidad visible e invisible se entreteje y funde con el paisaje. Desde esta perspectiva animista, se puede ser una persona sin necesidad de ser un *individuo*, palabra latina que significa etimológicamente 'indivisible'.

El concepto legal de "persona no humana", que empezó a aplicarse a los grandes simios con el bienintencionado propósito de proteger a estos animales con altas capacidades cognitivas, sociales y de comunicación del maltrato y convertirlos en titulares de derechos fundamentales como la vida o la libertad, y no solamente en simples bienes jurídicos, podría extenderse a otros seres vivos. Dado que la conciencia de sí mismo, la sensibilidad y la inteligencia para modificar su entorno no es algo privativo de los humanos, ni siquiera de los mamíferos, parece lógico reconocer una personalidad legal también a árboles singulares, bosques y ecosistemas enteros. Nueva Zelanda ha sido el primer país en dar un paso en esta dirección al conceder recientemente el estatuto de persona jurídica al parque natural de Te Urewera (2014) en la isla Norte y al río Whangami (2017), venerado por los maoríes. La Administración ha encomendado a unos guardianes legales la posibilidad de "actuar y hablar en nombre de estos y proteger su salud y bienestar". Si una corporación empresarial se beneficia del tratamiento de persona jurídica, con tanta o más razón se le debería reconocer ese estatuto legal a un ecosistema, un área natural o, incluso, la Tierra.

Se ha comparado a los hormigueros con los bosques. Los miembros de ambas comunidades de seres vivos constituyen las partes de un todo. De igual manera que los tejidos filamentosos de los hongos y bacterias del suelo se simbiotizan con las raíces de los árboles formando una malla por la que circula la información y el alimento, las distintas integrantes de una colonia de hormigas, aunque férreamente jerarquizadas en castas, interactúan coordinadamente las unas con las otras en aras del bien común. Carecer de un control centralizado no representa en ambos casos un inconveniente para resolver problemas complejos, realizar tareas especializadas y adaptarse a entornos en permanente cambio. Esa inteligencia modular, emergente y difusa de los macroorganismos contrasta vivamente con la cerebralización del animal humano, empeñado en reivindicar siempre su individualidad, dejar constancia de su existencia y enseñorear su yo. A muchos de nuestros congéneres la idea de ser como los demás y que los demás sean como uno, en lugar de consolarles, les causa espanto. Ahora bien, las investigaciones en neurociencia llevan a pensar que la identidad individual es una ficción elaborada por el cerebro, un puro espejismo de la mente consciente y una ilusión consoladora que nos permite seguir creyendo en la realidad, de cuya narrativa somos autores y protagonistas.

Llegados a este punto, conviene recordar que muchas de las experiencias humanas más trascendentales y liberadoras tienen que ver precisamente con dejar de ser uno mismo, olvidarse del yo y sobrepasar los límites corporales. Las personas que alcanzan esos gozosos éxtasis estéticos, espirituales o carnales vislumbran con una claridad cegadora la afinidad de todos los seres, la unidad latente tras la diversidad y la fluida continuidad de lo existente. Esa inefable sensación oceánica de fusión con la naturaleza y participación mística en la vida, en la que el tiempo queda abolido y el presente se vuelve eterno, constituye el estado supremo de la experiencia religiosa. Vistas así las cosas, primero se desdibujan las supuestas fronteras entre los reinos de la naturaleza; luego se desvanecen las separaciones entre los organismos que, lejos de estar aislados, participan en la vasta simbiosis sin principio ni fin de todo lo viviente y, por último, se desvanece la singularidad del animal humano y las últimas certezas del ego. El argumento de la historia natural no es la supervivencia del más apto en una lucha sin cuartel, sino el progreso hacia la plenitud. Nos gusta pensar que somos únicos y diferentes, pero todas las formas de vida están íntimamente conectadas por lazos de dependencia mutua, que no parece exagerado llamar amor o compasión. Se nos ha enseñado a encontrar buenos argumentos para decir yo y sentirnos superiores, pero lo cierto es que formamos parte de una trama.

Este mensaje de gran calado espiritual se contrapone radicalmente al culto irracional al individualismo, exacerbado por esa forma de fraude consentido que es la publicidad. Se nos incita a distinguirnos de los otros siguiendo las modas. Pocas personas son conscientes de la perversión que supone estimular el deseo mimético con el argumento de sé tú mismo. La servidumbre consumista de comprar para ser nos aleja de la felicidad que nos promete y nos condena a la insatisfacción, el mal del siglo. Mientras persiguen fantasías inalcanzables de belleza, riqueza, juventud, popularidad..., los consumidores entontecidos terminan viendo a sus semejantes como competidores y a los otros seres vivos como mercancías. Percibir el mundo así supone profanar su belleza y misterio, y quedar desconectados de los otros y de uno mismo.

Sería tentador dar al adjetivo *atribulado* un nuevo significado y, forzando la etimología, calificar así al estado de ánimo que embarga a las personas sin tribu. La pérdida del sentimiento de arraigo explica muchas cosas, y no es la menor de ellas que cada vez más gente se siente aislada, paradójicamente, en las populosas ciudades contemporáneas. Siguiendo el imperativo capitalista, los habitantes de esos hormigueros urbanos se han convertido en consumidores individualistas. Y atrapados entre unas expectativas que no pueden satisfacer y a las que tampoco saben renunciar, se abocan a una soledad más profunda e irrespirable que carecer de compañía. Nunca se está más solo que cuando se pierde el diálogo con uno mismo. Cada vez son más las personas que, en busca del calor del grupo y la aceptación de los otros, encuentran el vacío y caen en el ensimismamiento. Es un hecho que venimos a este mundo solos y nos vamos solos, pero no es menos cierto que, entre una cosa y la otra, *solo* nos tenemos los unos a los otros. Si uno lo medita con cuidado, los grupos son más inteligentes que el más inteligente de sus miembros.

REFERENCIAS BIBLIOGRÁFICAS

ANGUS, Ian (2016): *Facing the Anthropocene: Fossil Capitalism and the Crisis of the Earth System*, Nueva York, Monthly Review Press.

ARIAS MALDONADO, Manuel (2008): *Sueños y mentiras del ecologismo: Naturaleza, sociedad y democracia*, Barcelona, Siglo XXI.

GHOSH, Amitav (2016): *The Great Derangement: Climate Change and the Unthinkable*, Chicago, Londres, The University of Chicago Press.

HARARI, Yuval Noah (2018): *21 lecciones para el nuevo siglo XXI*, Joandomènec Ros (trad.), Barcelona, Debate.

KLEIN, Noemi (2015): *Esto lo cambia todo. El capitalismo contra el clima*, Albino Santos Mosquera (trad.), Barcelona, Paidós.

LOVELOCK, James (1989): *Gaia: A New Look at Life on Earth*, Oxfod, Oxford University Press.

MORIN, Edgar (1993): *Terre-Patrie*, París, Éditions du Seuil.

PINKER, Steven (2018): *En defensa de la Ilustración. Por la razón, la ciencia, el humanismo y el progreso*, Pablo Hermida Lazcano (trad.), Barcelona, Paidós.

RULL, Valentí (2018): *El Antropoceno (¿Qué sabemos de ?)*, Madrid, CSIC / Libros de la Catarata.

SCHMITZ, J. Oswald (2017): *The New Ecology: Rethinking a Science for the Anthropocene*, Princeton, Oxford, Princeton University Press.

SERRES, Michel (2004): *El contrato natural*, José Pérez Vázquez (trad.), Valencia, Pre-Textos.

WILSON, Edward O. (2015): *La conquista social de la Tierra*, Joandomènec Ros (trad.), Barcelona, Debate.

– (1999): *Consilience. La unidad del conocimiento*, Joandomènec Ros (trad.), Barcelona, Galaxia Gutenberg.

VI

'EL BARÓN RAMPANTE'
O DE LA EDUCACIÓN SILVESTRE

> ¡Oh, señor, si alguna vez hubiera podi-
> do escribir la cuarta parte de lo que vi y
> sentí bajo aquel árbol, con qué claridad
> habría hecho ver todas las contradic-
> ciones del sistema social, con qué fuer-
> za habría expuesto todos los abusos de
> nuestras instituciones, con qué senci-
> llez habría demostrado que el hombre
> es naturalmente bueno y que solo por
> las instituciones se vuelven malvados
> los hombres!
>
> JEAN-JACQUES ROUSSEAU, *CARTA
> A MALESHERBES* (12 DE ENERO DE 1762)

Todos los libros están emparentados con los árboles, pues están hechos de papel y letras. Pero solo en algunos contados casos el bosque respira a través de sus hojas, como en *El barón rampante* (1957), la célebre novela de Italo Calvino. Nos encontramos en el Siglo de las Luces, en una villa de fábula con el poético nombre de Ombrosa. El barón Arminio Piovasco di Rondò echa de la mesa con cajas destempladas a su hijo primogénito por negarse a comer caracoles. Haciendo gala de una obstinada rebeldía, Cosimo abandona el comedor con aire desdeñoso y, tras calarse el tricornio y ceñir el espadín, sale al jardín familiar y, con la insolencia y el candor propios de los doce años, trepa a una nudosa encina en señal de protesta y declara que jamás volverá a pisar el suelo. Si no hubiera perseverado en esa salida de colegial, el resto de sus días, sus andanzas y desventuras hubieran seguido un curso muy distinto, y seguramente su hermano pequeño, Biagio, no hubiera sentido la necesidad de trasladarlas al papel. Su relato seduce al lector porque el protagonista de la historia encarna a la vez al buen salvaje y al librepensador, al anacoreta, que se exilia voluntariamente del mundo, y al explorador de una *terra ignota*, ese "universo de savia" que, en palabras del narrador, constituye el bosque de Ombrosa, una sucesión de algarrobos, pinos, olivos, higueras...

La figura del barón rampante entronca con la de los eremitas dendritas (de *dendron*, 'árbol' en griego), que, cansados de las calumnias del mundo, se retiraron para consagrarse a una vida contemplativa de penitencia y oración a la soledad de los desiertos y los bosques, donde habitaban en las cavidades de los árboles y cabañas hechas con ramas y raíces a ras del suelo o en las copas. Esta es una de las tantas tipologías que adoptó la anacoresis en el cristianismo primitivo. Mientras que los estilitas se encaramaban a lo alto de las columnas de los templos romanos en ruinas, los emparedados se recluían en una tumba o una angosta celda y los estacionarios se condenaban a la inmovilidad absoluta o *statio* sobre una roca o cualquier otro fondeadero espiritual, los dendritas optaban por hacer de un árbol su ermita. Algunos de esos ascetas enramados figuran en el santoral, como san Gerlaco (siglo XII), que escogió como morada el tronco hueco de una encina; san David de Tesalónica (siglo IV), que se recluyó en un almendro durante tres años; san Antonio de Padua (siglo XIII), quien se instaló al final de su vida en una choza construida entre las ramas de un nogal o san Zoerardo (siglo X), que se recogía a descansar en un roble. No faltan tampoco entre esos casos de piedad ejemplar mujeres –raras entre esas extrañas flores de santidad–, como santa Edigna von Puch (siglo XI), que se cobijó durante treinta y cinco años en las entrañas de un tilo. Tras la muerte de sus devotos huéspedes, estos árboles solían convertirse en lugares venerados y reliquias sagradas.

Entre todas esas mujeres y hombres "ebrios de Dios", por usar la expresión de Jacques Lacarrière, destaca la figura de san Antonio Abad, a quien El Bosco retrató sentado en su celda árbol en un célebre lienzo (*Las tentaciones de san Antonio Abad*, 1510-1515), expuesto en el Museo Nacional del Prado. Abundan los cuadros dedicados a su persona, así como a otros solitarios emboscados. Los paisajes con ermitaños, emblemáticos de la pintura del Renacimiento y el Barroco, constituyen los primeros ejemplos de una representación sublime de la naturaleza en el arte occidental. Esas escenografías espiritualizadas, en las que lo apacible se confunde con lo terrible, traslucen un delicioso horror. Durante el seiscientos y el setecientos la figura del ermitaño, que personifica el ideal religioso de la Contrarreforma y su radical norma de conducta, se convierte en un motivo recurrente no solo en las artes plásticas, sino también en la literatura. Si bien el mensaje de extrema pobreza y soledad voluntaria de la eremítica pierde vigencia con la llegada de la Ilustración, su iconografía inspirará uno de los dispositivos visuales más representativos de los parques pintorescos: el eremitorio. Esas toscas construcciones de obra, madera o piedra, habitadas en algunos casos por anacoretas de carne y hueso a sueldo o, incluso, autómatas, menos costosos de mantener, emulan los refugios de los primitivos Padres del desierto.

A la estirpe del barón rampante pertenecían también los salvajes que habitaban en las exuberantes selvas del Nuevo Mundo y el continente africano, y los impenetrables bosques de Norteamérica. Las noticias que traían a Europa los exploradores de esas lejanas tierras de ultramar hablaban de indios que construían cabañas en los árboles y se paseaban por ellos como Pedro por su casa. A estos había que sumar los prófugos de la justicia, los desertores y los niños silvestres que, en los países civilizados, se refugiaban en la espesura de los bosques. La descendencia del barón rampante ha llegado hasta nuestros días. Sus tataranietos son los activistas que, en protesta por la deforestación, se atan a los troncos, atrincheran en las ramas o hacen fuertes en las copas.

La nómina de esos valientes conservacionistas, convertidos en ocasiones en víctimas de la brutalidad policial o la violencia de los madereros, sería muy larga para incluirla aquí, pero en ella ocuparía un lugar destacado Julia "Butterfly", quien ostenta el récord de permanencia en las alturas. En 1997 esta veinteañera pasó 738 días encaramada a una centenaria secuoya californiana, a la que bautizaría como Luna, para boicotear la tala del bosque circundante. Esa proeza, que fue posible gracias al apoyo de sus compañeros de lucha, mantuvo en vilo a los medios de comunicación de medio mundo, que en algunos casos la convirtieron en un símbolo de la resistencia frente a la degradación medioambiental y en otros en la caricatura de una *abrazaárboles*. Con ese apelativo algunos periodistas pretendían ridiculizar a las personas en las que había prendido la conciencia ecológica. Estas no tardaron en hacer bandera del insulto y adoptar ese despectivo apelativo como nombre de guerra, convirtiéndose en los herederos de una vieja tradición, que se remontaba a décadas, incluso, siglos atrás.

En 1974 un grupo de campesinas de la aldea de Reni, perteneciente al Estado de Uttar Pradesh, en el extremo norte de la India, se ataron a los árboles para impedir la desaparición de un bosque que las autoridades competentes habían subastado. Conscientes de que la deforestación era la causa de las periódicas inundaciones y desprendimientos que asolaban los poblados de la región, mantuvieron su resistencia pasiva hasta lograr su propósito. Ese movimiento, liderado por Gaura Devi, adoptó el nombre *chipko*, voz que en la lengua hindi significa justamente 'abrazar'. Su ejemplo cundió en otras comunidades campesinas dentro y fuera del país, que adoptaron su forma de protesta pacífica. Ese espontáneo gesto de desobediencia civil se inspiraba en la histórica gesta de Amrita Devi. Corría el año 1730 cuando el maharajá de Jodhpur ordenó talar un bosque para obtener la madera con que construir su nuevo palacio. Según cuenta la leyenda con visos de realidad, esa mujer, perteneciente a la secta de los *bishnois*, conocida por su veneración reverencial hacia la naturaleza, se abrazó a un árbol para salvarlo del hacha y otros muchos fieles la imitaron. Los soldados ejecutarían a 362 antes de que el maharajá se apiadase y pusiera fin a la masacre. Los *bishnois* siguen conmemorando hoy en día el sacrificio de sus mártires.

Volvamos ahora al barón rampante, quien, por todo lo dicho, podría parecer un espíritu afín a Emilio, protagonista de la novela homónima de Jean-Jacques Rousseau y, como él, un ilustre *abrazaárboles*. Tanto uno como el otro se forman al margen de las instituciones educativas, con la única guía de unos preceptores nada autoritarios, que delegan en sus alumnos la iniciativa de su aprendizaje. Si bien ambos personajes viven apartados de la sociedad y en un estrecho contacto con la naturaleza, tienen dos maneras muy diferentes de *cultivarse*. Emilio es alentado por su tutor, un *alter ego* del filósofo, a alcanzar sus propias conclusiones a partir de la experiencia directa. Esa práctica hará escuela y marcará el posterior desarrollo de la ciencia de la enseñanza. El naturalismo pedagógico se convertirá en un ideario con muchos apóstoles. Las múltiples corrientes englobadas bajo el término Nueva Escuela beben en la doctrina de Rousseau y su defensa del aprendizaje autónomo del niño. La intervención educativa no debe coartar sus inclinaciones naturales ni interferir en el ejercicio de su libre actividad. No se trata de imponer y castigar, sino de inspirar y acompañar.

La publicación de *Emilio, o De la educación* (1762), un acontecimiento comparable a la Revolución francesa según Kant, marcará el paso del adultocentrismo tradicional a un paidocentrismo que subestima la formación de hábitos, el aprendizaje memorístico y la transmisión de conocimientos. Unas líneas de la obra pueden ayudarnos a entender esa nueva perspectiva: "Nuestra manía magistral y pedantesca es siempre la de enseñar a los niños cuando aprenderían mucho mejor por sí mismos, olvidando todo lo que nosotros hubiéramos podido enseñarles". Sus palabras resuenan con especial fuerza en los oídos de los ciudadanos del siglo XXI atenazados por la automatización del trabajo, el miedo al ecocidio, el despotismo algorítmico y la desigualdad socioeconómica.

El bucolismo posmoderno entronca con la pastoral de Rousseau. Son herederos ideológicos de ese "ecologista del yo", como lo calificó George Steiner, los practicantes del baño de bosque, el arte del paseo y la hortiterapia, así como los defensores de la simplicidad voluntaria, el veganismo y la escuela activa. Siguen también su estela quienes denuncian el déficit de naturaleza de las nuevas generaciones, promueven el *homeschooling* y abogan por una educación liberadora. Es fácil dejarse seducir por la idea de que lo natural es bueno y lo artificial malo, y abrazar su evangelio de la bondad innata del ser humano. *Emilio* contiene la simiente del adanismo educativo, el antiurbanismo y el retorno a la pureza de los orígenes, que inspiran algunas de las tendencias no por actuales necesariamente avanzadas.

Llegados a este punto, podríamos fantasear con un diálogo a la manera de los clásicos entre ambos personajes de novela, en el que, a la sombra acogedora de un plátano, departen sobre cómo sería una buena educación.

–Al menos estamos de acuerdo en algo –sentencia el barón visiblemente satisfecho, a horcajadas de una rama–. Crece lo que siembras.

–Por eso mismo es mejor no plantar ideas dogmáticas y prejuicios absurdos en las mentes –asegura Emilio a los pies del árbol–, sino dejar que sigan los dictados de su voluntad soberana.

–Llamas cultivar a lo que tan solo es abandono –replica Cosimo. Y, tras una pausa, continúa argumentando–. Si dejas sus espíritus en barbecho, qué garantías tienes de que no se vuelvan improductivos. Cómo podrán expresar su propia singularidad y pensar por sí mismos sin adquirir hábitos. Además, cuánto tiempo tardarán en colonizar sus entendimientos las malas hierbas de la irracionalidad.

–Eso que tú llamas "malas hierbas" son tan solo sus impulsos espontáneos.

–Pero si no los podas, jamás llegarán a ser dueños de sí mismos.

–Nacemos libres –observa Emilio categórico, con una sonrisa llena de recovecos–, pero muy pronto nos vemos sometidos, y acabamos convertidos en siervos de muchos amos.

–No hay peor esclavitud que la ignorancia...

–Esta no ha hecho daño a nadie. Nos encadena no lo que no sabemos, sino lo que creemos saber.

–La libertad no es un punto de partida, sino de llegada –puntualiza el barón sin lograr disimular su irritación–. Y lo mismo podría decirse de la bondad. Las personas no nacen autónomas y benévolas, sino que llegan a serlo gracias al esfuerzo continuado, la valentía y la humildad.

La conversación podría desarrollarse en estos términos, sin que, jamás de los jamases, llegaran a ponerse de acuerdo.

En *El barón rampante* también se plantea el tema del autodidactismo y cómo conciliar los deberes sociales con las inclinaciones naturales. Cosimo asume la tarea de autoeducarse, pero, a diferencia de Emilio, llevado por su avidez de conocimiento devora libros, corre aventuras y aprende de todo y todos, muy especialmente de los que le hacen dudar, contradicen su visión del mundo y retan su inteligencia, como la *devoracorazone*s Viola, el bandolero y empedernido lector Gian dei Brughi, el abate jansenista Fauchelafleur, el Caballero Abogado o el jesuita Don Sulpicio entre otros. Su audacia intelectual se halla en las antípodas del fervor pedagógico del discípulo del filósofo. Si, para este, la cultura mata la espontaneidad y coarta la libertad, para aquel es el carburante de la curiosidad natural y la condición de posibilidad del gozo de vivir. Con el discurrir de los años, el anticonvencional Cosimo se convertirá en un hombre de vasta cultura, carácter benévolo, apreciado por todos y razonablemente feliz: la viva representación de un sabio en estado natural.

Ningún personaje de novela encarna mejor esa atávica nostalgia de regresar a nuestros orígenes arborícolas que el barón rampante. Desde que a los doce años se encaramara a los árboles y se negara a descender, hizo de la manía de habitar en las alturas su filosofía. El caso es que vivir filosóficamente requiere no estar totalmente integrado en el mundo y tampoco alejado de él, ni del todo dentro de la realidad, hasta el punto de perder la perspectiva de campo, ni del todo fuera, de manera que tus semejantes te sean indiferentes. Para ilustrar lo que quiero decir reproduciré una parte del diálogo que, durante una visita a París, sostuvo Biagio con Voltaire, quien, con su proverbial sarcasmo, le interroga así acerca de "ese famoso filósofo que vive en los árboles como un mono":

—Pero ¿es por aproximarse al cielo que vuestro hermano permanece allá arriba?

—Cosimo sostiene que quien quiere mirar bien la tierra debe mantenerse a una justa distancia.

El barón rampante representa la prueba de que *asilvestrado* puede y debe ser un sinónimo de *ilustrado*. Su historia cuestiona la falsa antinomia entre cultura y naturaleza sobre la que se ha erigido nuestra civilización. Cuánto más tardaremos en entender que somos los huéspedes de los árboles. No olvidemos que, gracias a ellos, resulta habitable la casa del mundo. Por la cortesía debida a nuestros anfitriones en esta Tierra deberíamos poner fin a la deforestación y plantar bosques en las ciudades. Como dice un viejo proverbio chino:

—¿Cuál es el mejor momento para plantar un árbol?
—Hace veinte años.
—¿Y el segundo mejor momento?
—Ahora...

Solo me resta decir que estas páginas también solían ser un árbol. Antes de abandonarlo, quisiera recordar mis frustrados intentos de seguir los pasos del barón rampante, que acabaron dando con mis huesos en la literatura. A la misma o parecida edad a la que Cosimo trepó a aquella encina me caí de lo alto de un frondoso ciruelo en el jardín de mi abuela. Mientras comía claudias sentado a horcajadas en una rama alargué demasiado la mano en pos de una de esas preciadas frutas, me desequilibré y di de bruces contra el suelo, con tan mala fortuna que el testarazo me hizo perder primero el conocimiento y luego la memoria. La amnesia traumática duró varias semanas, que compartí con unos desconocidos que decían ser mis padres y hermanos.

Ese episodio me dejó un desconcierto crónico y un espacio en blanco en la memoria. Pasarían años antes de que encontrara la última pieza que completaba el puzle. Antes del accidente había escondido, junto a todos mis ahorros, algunas valiosas pertenencias en algún lugar, pero no lograba recordar dónde ni exactamente qué. Era ya un adolescente barbilampiño cuando, ayudando a mi abuela a cavar un hoyo para plantar un rosal, descubrí por casualidad una herrumbrosa caja metálica de galletas que contenía el tesoro extraviado. A la vista del montón de mugrientas monedas y baratijas, no hubiera sido una gran pérdida. Aunque ese hallazgo no estaba a la altura de mis expectativas, no me sentí decepcionado. Tal vez porque había descubierto algo mucho más valioso de lo que imaginaba: mi vocación por la escritura, fruto del deseo de rellenar con la imaginación el hueco en mi memoria dejado por la amnesia. Antes de dar con él, ese tesoro había adquirido en mi mente tintes fabulosos. Y aquella imprudente caída acabó convirtiéndose en un hito en mi mitología sentimental. Seguramente, quien no se ha subido a los árboles de niño queda incapacitado para la literatura.

REFERENCIAS BIBLIOGRÁFICAS

"BUTTERFLY" HILL, Julia (2001): *The Legacy of Luna: The Story of a Tree, a Woman, and the Struggle to Save the Redwoods*, Nueva York, HarperOne.

CALVINO, Italo (2018): *El barón rampante*, Esther Benítez (trad.), Madrid, Siruela.

– (1989): *Seis propuestas para el nuevo milenio*, Aurora Bernárdez (trad.), Madrid, Siruela.

– (1977): *Nuestros antepasados*, Esther Benítez (trad.), Madrid, Alianza.

HEGLAND, Jean (2020): *En el corazón del bosque*, R. M. Bassols (trad.), Madrid, Errata naturae.

HUSEEY, Christopher (2013): *Lo pintoresco. Estudios desde un punto de vida*, Javier Maderuelo (ed.), Maysi Veuthey (trad.), Madrid, Biblioteca Nueva.

LACARRIÈRE, Jacques (1975): *Les hommes ivres de Dieu*, París, Fayard.

MANCUSO, Stefano (2020): *La nación de las plantas*, David Paradela López (trad.), Barcelona, Galaxia Gutenberg.

OUTEIRO FERREÑO, Eduardo; OLMEDO, Alfredo y RUIZ DE SAMANIEGO, Alberto (1 de abril/10 de julio de 2011): *Cabañas para pensar*, La Coruña, Fundación Luis Seoane.

ROUSSEAU, Jean-Jacques: (2011): *Emilio, o De la educación*, Mauro Armiño (trad.), Madrid, Alianza.

STEINER, George (2011): *Gramáticas de la creación*, Andoni Alonso y Carmen Galán (trads.), Madrid, Siruela.

TODOROV, Tzvetan (1987): *Frágil felicidad. Un ensayo sobre Rousseau*, María Renata Segura (trad.), Barcelona, Gedisa.

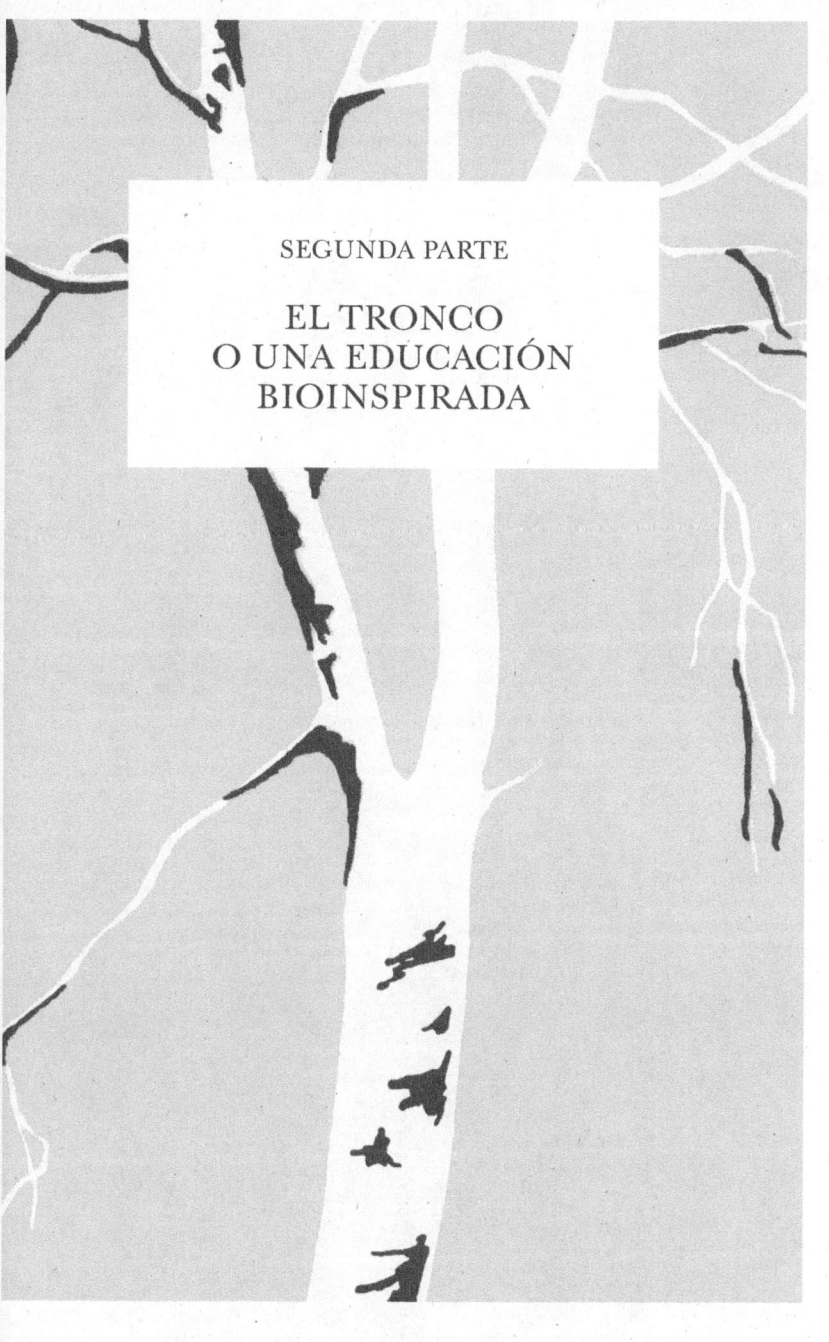

SEGUNDA PARTE

EL TRONCO
O UNA EDUCACIÓN
BIOINSPIRADA

VII

QUÉ SIGNIFICA SER UNA PERSONA CULTIVADA

> Un jardín es un gran maestro. Enseña
> paciencia y vigilancia. Enseña diligen-
> cia y ahorro y, sobre todo, enseña una
> total confianza.
>
> GERTRUDE JEKYLL

> No conceder atención a la belleza del
> mundo es quizá un crimen de ingrati-
> tud tan grande que merece el castigo de
> la desdicha.
>
> SIMONE WEIL

No parece exagerado comparar nuestras reacciones a la emergencia climática y sus sombrías proyecciones con las que tienen los individuos cuando se les diagnostica una enfermedad terminal o se les anuncia una pérdida irreparable: negación, ira, negociación, depresión y aceptación. La práctica totalidad de las posiciones frente a la crisis ecológica se pueden encuadrar dentro de algunas de estas cinco fases, descritas en su día por la tanatóloga Elisabeth Kübler-Ross. Están los que cierran los ojos a las inequívocas señales de alarma del calentamiento global y los que creen que ya es demasiado tarde para actuar y, cayendo en el fatalismo, se rinden a la apatía o el nihilismo. Para otros, el decrecimiento económico o la tecnología son la respuesta. Y no faltan tampoco los que se rebelan ante la injusticia climática, hasta el punto incluso de justificar actos de ecoterrorismo.

No es, desde luego, la primera vez que la especie humana se encuentra en lo que parece un callejón sin salida y se enfrenta a un desafío ecológico. Y, así y todo, consigue salir airosa del desastre anunciado haciendo valer su ingenio. Son muchos los antropólogos que consideran la revolución neolítica una solución de conveniencia más que un hito en el camino del progreso. Según estos estudiosos, nuestros antepasados cazadores-recolectores se convirtieron en depredadores tan eficientes gracias al empleo de armas de piedra que provocaron la extinción de sus recursos cinegéticos, y no les quedó más remedio que domesticar animales y plantas para garantizar su sustento. No por nada Jared Diamond llamó a la revolución agraria "el peor error de la historia de la raza humana", pues no solo engendró la floreciente cultura urbana y dio nacimiento al Estado, sino que también permitió la acumulación de excedentes agropecuarios y, con ellos, la desigualdad y la explotación.

En una época más reciente, a mediados del siglo xx, el desafío ecológico se presentó en forma de explosión demográfica. La imposibilidad de alimentar a una humanidad, que crecía exponencialmente, amenazaba con tensar, si cabe aún más, el inestable equilibrio de la Guerra Fría y provocar una tercera conflagración mundial y un holocausto nuclear. Esas alarmistas predicciones, contenidas en el informe *Los límites del crecimiento* (1972) que realizó el Instituto Tecnológico de Massachusetts a petición del Club de Roma, no se cumplieron debido a dos acontecimientos que nadie supo augurar. El primero de ellos fue el descubrimiento de los fertilizantes químicos, que, unido a los avances en la selección de semillas, posibilitó la Revolución Verde y un espectacular incremento de la producción agrícola en los años setenta del pasado siglo. Y el segundo acaeció en 1989, cuando la imprevista caída del muro de Berlín precipitó el derrumbe de la URSS y el final de la política de bloques entre la OTAN y el Pacto de Varsovia. Al futuro le gusta burlarse de nuestros presagios y poner a prueba nuestra capacidad de imaginación.

Podemos seguir preguntándonos cómo será el mañana cuando, según la UNESCO, la población mundial crece a razón de ochenta millones al año. La explosión demográfica conlleva asimismo un proceso de concentración urbana como nunca se había conocido. En 2005 el número de residentes en las ciudades superó ya a los del campo. A este ritmo, en tres décadas el 70% de los terrícolas se habrán convertido en urbanícolas. En poco tiempo todos los miembros de nuestra especie pasarán a ser también nativos digitales, entraremos en una nueva era de la inteligencia artificial y los cambios aún se acelerarán más si cabe, impulsados por el empleo y desarrollo de las nuevas tecnologías. Tan cierto como que gracias a ellas hemos podido evaluar los efectos del calentamiento global y el deterioro de la biosfera y también hemos alumbrado la concepción del Antropoceno es que las máquinas no nos salvarán de nosotros mismos. Solo podremos imaginar un futuro diferente al que parecemos condenados y romper con el bucle melancólico de la explosión demográfica, la degradación del medioambiente, la industrialización desenfrenada y el declive de los valores, si nos desprendemos de nuestras ficciones antropocéntricas y asumimos que el ser humano tiene una relación umbilical con la Tierra. Tras el polimorfismo y la diversidad de los seres vivos se encubre la unidad esencial de lo viviente. Personas, animales, vegetales, bacterias, hongos, algas... compartimos los mismos átomos y el mismo código genético. Estar emparentados a nivel molecular con el resto de los pobladores del planeta, más del 90% de los cuales son plantas, infunde un poderoso sentimiento de arraigo y pertenencia.

El que muchas áreas del conocimiento se hayan rebautizado en los últimos tiempos con los prefijos *eco-* o *bio-* (*eco*urbanismo, *bio*ética, *eco*psicología, etcétera) indica un cambio de mentalidad y anuncia el mundo posantropocéntrico al que nos dirigimos. A medida que una civilización basada en los combustibles fósiles cede el terreno rápidamente a otra de la inteligencia ecológica, se hace imperiosa también la necesidad de formar a las nuevas generaciones conforme a una pedagogía bioinspirada, cuya filosofía podría resumirse en cultivar y cultivarse. El reto de suministrar alimentos limpios y de proximidad a los habitantes de un mundo cada vez más superpoblado solo es comparable al de preparar a las personas para vivir en la incertidumbre del cambio permanente, sin caer en las redes del consumismo desaforado, la lucropatía imperante y la ansiedad social. Hoy ser una persona *cultivada* significa no solo saber manejar las nuevas herramientas informáticas, llamadas a desempeñar un papel decisivo en la transición hacia una sociedad descarbonizada, sino también y sobre todo cobrar conciencia de la biosfera.

Puede que la noción de desarrollo sostenible constituya un oxímoron. Esa ficción consoladora nos permite mantener la ilusión antropocéntrica de que la solución al cambio climático depende únicamente de nosotros. Salvar la Tierra suena épico, como un nuevo relato de redención y salvación, pero resulta poco realista, y no solo porque los mismos ciudadanos que salen a la calle a protestar estarían poco dispuestos a un radical descenso de su nivel material de vida, o porque la imposición de límites al crecimiento industrial haría temblar los cimientos del sistema económico y pondría en peligro el orden mundial, por no mencionar los insalvables obstáculos geopolíticos. La desigual incidencia del calentamiento global entre las naciones hace que la noble aspiración a una gobernanza global sea irrealizable y dificulte enormemente la cooperación internacional y la probabilidad de alcanzar acuerdos sobre el pago de la deuda climática y el reparto de las responsabilidades derivadas de una economía del carbono.

Nos gusta creer que el futuro del planeta se halla en nuestras manos, porque avala uno de nuestros prejuicios más arraigados, compartido por una buena parte de los movimientos ecologistas: los seres humanos somos los protagonistas de la historia natural. Tendemos a olvidar que las plantas poblaban la Tierra muchos millones de años antes de que nosotros irrumpiéramos en escena. Y si no somos capaces de frenar la degradación de la biosfera, no tardarán en colonizar las ruinas de nuestra civilización como si tal cosa, lo cual daría un sentido nuevo a uno de nuestros mitos fundacionales: la expulsión del jardín del Edén.

Un buen ejemplo de lo que quiero decir nos lo ofrece el accidente de Chernóbil. El 26 de abril de 1986 estalló el cuarto reactor de la central nuclear Vladímir Ilich Lenin, situada en las inmediaciones de esa ciudad ucraniana, por aquel entonces perteneciente a la Unión Soviética, debido a fallos en su construcción y la negligencia del personal técnico. Tras el aterrador desastre se evacuó en un radio de treinta kilómetros a los habitantes de la zona, llamada a partir de entonces de "exclusión", para ponerlos a buen recaudo de la nube de isótopos radiactivos liberada a la atmósfera y que, en un primer momento, arrasó la flora y la fauna local. Apenas unas pocas décadas después la zona de exclusión se ha regenerado, hasta el punto de que, en su interior, plantas y animales proliferan como en una reserva natural. A la vista de estos hechos, cabría preguntarse si la presencia humana no es más dañina que la propia radiactividad.

Otro emblemático caso de *resiliencia* nos lo ofrecen las palmeras, capaces de aguantar los embates de los tsunamis, ciclones y tifones más devastadores. Cuando el temporal cesa, ellas suelen ser las únicas que se mantienen en pie rodeadas de escombros y ruinas, en medio de un escenario de pesadilla. A diferencia de la mayoría de los árboles, no poseen un tronco de madera propiamente dicho, sino un flexible estipe, formado por fibras longitudinales y esponjosas de diferentes densidades que favorecen la elasticidad y permiten absorber el empuje de los vientos huracanados sin quebrarse. Podríamos aportar muchos otros ejemplos del vigor y capacidad de regeneración de la naturaleza, la cual vuelve con el mismo empeño con que la despachamos. Baste recordar cómo la selva engulle el asfalto de la autopista panamericana a su paso por la Amazonía, los bosques renacen de sus cenizas tras un asolador incendio y la vegetación coloniza y se enseñorea con asombrosa rapidez en las construcciones abandonadas.

Solemos pensar que representamos una amenaza para la Tierra, pero sobre todo lo somos para nosotros. Puede que en tan solo cuatro mil años hayamos pasado de crear el alfabeto a enviar correos electrónicos, y de caligrafiar con un punzón en tablillas de barro cocido a la sombra de las palmeras a secuenciar el ADN en laboratorios, pero eso no representa ninguna garantía de permanencia del ser humano. A decir de muchos expertos, nos quedan tan solo tres décadas para descarbonizar la biosfera antes de que sea demasiado tarde para cambiar de rumbo. La inteligencia vegetal está llamada a desempeñar un papel decisivo en el diseño de ese futuro posantropocéntrico. No en vano, las plantas han superado a lo largo de su historia evolutiva muchos más desafíos ecológicos que nosotros. Quién puede dudar de que saben lo que hacen, tienen memoria, se comunican, resuelven problemas y tienen sensibilidad. Incluso se ha demostrado científicamente que cuentan con sentidos de los que los humanos carecemos y habilidades que nos han sido negadas, por no mencionar su talento para manipularnos a fin de lograr sus fines reproductivos. Tendemos a considerar las plantas inferiores, o a nosotros superiores, aun cuando casi todos nuestros fármacos, drogas y venenos son de procedencia vegetal y dependemos de ellas para sobrevivir.

Ahora estamos, por fin, en condiciones de responder a la pregunta que encabeza este capítulo. Convertirse en una persona cultivada sería el objetivo de una pedagogía bioinspirada, que ayudase a los nativos ambientales, parafraseando el falaz tópico actual, a cobrar conciencia de la biosfera y entender la trama del relato del que formamos parte, infundiéndoles el deseo de comprometerse con una causa más grande que el amor a uno mismo. Esa educación tal vez no sirva para alcanzar un estatus superior u obtener unos mayores ingresos, pero ayudará a controlar los impulsos destructivos que sabotean nuestro futuro. Es una tarea fundamental de la escuela contribuir a refundar la alianza con la naturaleza y, para ello, debe enseñar a los jóvenes a vivir filosóficamente, es decir, a contemplar con admiración y asombro el planeta, a maravillarse de su belleza y dejarse cautivar por su misterio. Esa es la emoción fundacional de la filosofía y el acicate de la curiosidad.

REFERENCIAS BIBLIOGRÁFICAS

ARIAS MALDONADO, Manuel (2018): *Antropoceno. La política en la era humana*, Barcelona, Taurus.

BARRAU, Aurélien (2019): *¡Ahora!: El desafío más grande de la historia de la humanidad*, Amaya Bozal Chamorro (trad.), Madrid, Espasa.

BAUMAN, Zygmunt (2017): *Retrotopía*, Albino Santos Mosquera (trad.), Barcelona, Paidós.

BLOM, Philipp (2019): *El motín de la naturaleza. Historia de la Pequeña Edad de Hielo (1570-1700), así como del surgimiento del mundo moderno, junto con algunas reflexiones sobre el clima en nuestros días*, Daniel Najmías (trad.), Barcelona, Anagrama.

BREGMAN, Rutger (2016): *Utopía para realistas. A favor de la renta básica universal, la semana laboral de 15 horas y un mundo sin fronteras*, Javier Guerrero Jimeno (trad.), Barcelona, Salamandra.

COLEMAN, Daniel (2009): *Inteligencia ecológica*, David González Raga (trad.), Barcelona, Kairós.

GRAY, John (2013): *El silencio de los animales. Sobre el progreso y otros mitos modernos*, José Antonio Pérez de Camino (trad.), Ciudad de México, Sexto Piso.

KLEIN, Naomi (2015): *Esto lo cambia todo. El capitalismo contra el clima*, Albino Santos Mosquera (trad.), Barcelona, Paidós.

LATOUCHE, Serge (2007): *Petit traité de la decroissance sereine*, París, Mille et une Nuits.

LATOUR, Bruno (2019): *Dónde aterrizar. Cómo orientarse en la política*, Pablo Cuartas (trad.), Barcelona, Taurus.

LOUV, Richard (2017): *Los últimos niños en el bosque. Salvemos a nuestros hijos del trastorno por déficit de naturaleza*, Begoña Valle (trad.), Madrid, Capitán Swing.

– (2012): *Volver a la naturaleza. El valor del mundo natural para recuperar la salud individual y comunitaria*, Antoni Cardona (trad.), Barcelona, RBA.

KÜBLER-ROSS, Elisabeth (2010): *Sobre la muerte y los moribundos. Alivio del sufrimiento psicológico*, Neri Daurella (trad.), Barcelona, Debolsillo.

LOVELOCK, James (2019): *Novacene*, Londres, Penguin Books.

– (2007): *La venganza de la Tierra. La teoría Gaia y el futuro de la humanidad*, Mar García Puig (trad.), Barcelona, Planeta.

SCRANTON, Roy (2015): *Learning to Die in the Anthropocene: Reflections on the End of a Civilization*, San Francisco, City Lights Books.

WALLACE-WELLS, David (2019): *El planeta inhóspito. La vida después del calentamiento*, Marcos Pérez Sánchez (trad.), Barcelona, Debate.

VIII

POR QUÉ ES MÁS IMPORTANTE
DUDAR QUE CREER

> La duda es la madre de la invención.
>
> GALILEO GALILEI

S e ha escrito que vivimos en una sociedad hiperconsumista, líquida, tecnofrénica, posindustrial, del vacío, del cansancio, de la posverdad y no sé cuántos calificativos más, a cada cual más desconcertante y parcial. Todos esos atributos apuntan en la misma dirección: la *credulidad*. Esa es la palabra clave de nuestra época y el humus fertilizante en el que enraízan las semillas del fanatismo contemporáneo. Nuestra tolerancia a la mentira está socavando la confianza en la realidad. Siempre ha habido más personas dispuestas a creer la verdad que a buscarla, pero nunca como ahora las falsedades han resultado tan atractivas y las certidumbres tan volátiles.

Es casi un tópico afirmar que el pensamiento crítico nos vacuna contra el fanatismo. Seguramente la mayoría de nosotros daríamos por buena esta idea, si bien nos cuesta calibrar su alcance y no acabamos de entender las hondas implicaciones de vivir sin certezas duraderas, pletóricos de dudas y libres de dogmas. Una cosa es combatir los prejuicios ajenos y otra muy distinta cuestionar los propios. No es fácil llevar el espíritu de controversia del ágora pública al fuero interno, y ser capaz de llevarte la contraria a ti mismo, hacerte preguntas incómodas y afrontar tus contradicciones. Quien no debate consigo mismo difícilmente estará dispuesto a escuchar a otro, y mucho menos si es un oponente.

El objeto de una educación digna de ese nombre es mantener a raya el fanático que todos llevamos dentro, sometiendo su soliloquio infantil a la disciplina del diálogo y saciando su hambre de conocimiento con interrogantes en vez de con respuestas. Una de las cosas más importantes que los docentes sabemos, pero que en el trajín del día a día olvidamos, es que la curiosidad es el carburante del aprendizaje, y la habilidad para despertarla el rasgo distintivo del buen pedagogo. Este es, sobre todo, un contador de historias, un encantador de mentes a las que intriga con la sorpresa del saber y alimenta con la glucosa narrativa del asombro. Conviene no olvidar que esta es la emoción fundacional de la filosofía. Según Aristóteles, los seres humanos comenzaron a hacerse preguntas llevados por el estupor ante el hecho insólito de estar vivos, de que hubiera algo en lugar de nada, y las cosas fueran como son y se hallaran en permanente cambio. El caso es que los niños son filósofos que no saben que lo son. Curiosos e inconformistas por naturaleza, se lanzan a pensar sin pensárselo dos veces. Ese espontáneo instinto reflexivo se debilita paulatinamente y, por desgracia, acaba perdiéndose al llegar a la edad adulta por culpa de una educación que reprime el pensamiento divergente, no tolera la osadía intelectual y ve con desconfianza las iniciativas críticas, traicionando muchos de los ideales que dice defender.

La explicación a por qué cedemos con tanta facilidad a la tentación del dogmatismo y el autoengaño tal vez haya que buscarla en nuestra historia evolutiva. Estamos diseñados para sobrevivir, no para poner en duda nuestros principios, pensar y conocernos a nosotros mismos. Las ficciones colectivas representan una ventaja adaptativa: favorecen la cohesión del grupo y dotan de sentido al sacrificio personal. Pensemos por un momento en aquellos que arriesgaron sus vidas en guerras, alentadas por mentiras consoladoras como la patria, Dios o una sociedad sin clases, pero invenciones al fin y al cabo. La dificultad para erradicar las falsas creencias suele ser proporcional al consuelo que procuran. Ese principio de tolerancia a la mentira establece que, en el caso de disonancia cognitiva, las personas valientes cuestionan sus convicciones y las cobardes niegan la realidad. Cuanto mayor es la aversión a la incertidumbre, mayor incomodidad produce pensar por uno mismo y mayor es también el conformismo.

Del mismo modo que existen patologías físicas y mentales, las hay también morales. Estas no aquejan al cuerpo y la psique, sino al hábito de dudar, e incapacitan para el diálogo, la actividad humana por excelencia. La aversión a la disparidad de pareceres, la alergia al humor, los ataques de importancia y el fervor misionero suelen ser síntomas inequívocos de que alguien ha contraído el contagioso virus del fanatismo. La confusión entre opiniones y hechos provoca esa peligrosa fiebre ideológica, que lleva a la conversión de la discrepancia en antagonismo y a la demonización del rival.

La duda nos emancipa de la obligación de tener razón, e impide que una idea se adueñe de nuestra mente y nos embargue la peligrosa sensación de superioridad moral, que ofusca nuestra capacidad de juicio, anula la autocrítica y brinda la justificación para cometer los más terribles desmanes y abusos. Un buen ejemplo de cómo la indignación puede atizar las llamas de la barbarie lo encontramos en la política racial del III Reich. Podría decirse, simplificando mucho las cosas, que los judíos primero se convirtieron en malos alemanes, luego dejaron de ser ciudadanos y, por último, perdieron la condición de personas. Esa expulsión ideológica del género humano disipó los últimos escrúpulos morales antes de organizar con frialdad burocrática y eficiencia técnica su exterminio. Hannah Arendt debía de tener en mente el poder subversivo de dudar cuando escribió que "en los regímenes totalitarios, el mero hecho de pensar era ya peligroso".

La única cura efectiva contra el fanatismo es una educación crítica. Esta nos anima a cuestionarnos a nosotros mismos y a los otros, para escapar de las pasiones y prisiones del pensamiento y ampliar nuestro horizonte mental. Nos alerta contra la dañina y absurda pretensión de tener razón y, contrariamente a lo que cabría suponer, nos invita a no creer en las ideas. Su mejor enseñanza es justamente el descreimiento y la incredulidad. El no saber con certeza inmuniza contra la arrogancia y el ensimismamiento, y nos previene contra el olvido del otro. La ética del diálogo, que promueve la filosofía, anima a razonar porque precisamente nadie está en lo cierto, en pos de una verdad que se aleja a nuestro paso, mientras nos aproxima a nuestro interlocutor.

Nadie sale indemne de un diálogo genuino. Conversar puede y debe ser un acto creativo y, sobre todo, una búsqueda, a la par que la celebración de la diferencia. Es un hecho que, aun cuando cada uno vaya a lo suyo, solo nos tenemos los unos a los otros. Resulta indiferente quién tenga razón, poco importa de qué boca salga el argumento más acertado o la mejor verdad, lo importante es comprobar que no estamos solos y experimentar la afinidad tras la diferencia. El esfuerzo de comprender al oponente nos impide instalarnos en el absurdo convencimiento de creernos mejor que él. Por el contrario, quien se da demasiada importancia está generalmente poco dispuesto a aprender y también suele tener poco que enseñar.

Si queremos "fabricar cerebros originales", por usar una expresión del agrado del premio nobel de biología Santiago

Ramón y Cajal, no basta con llenar la mente de los alumnos con contenidos, también hay que alentar en ellos la discrepancia y el espíritu contestatario. Además de enseñar a gestionar la frustración y aplazar la recompensa mediante la cultura del esfuerzo y la superación, una educación digna de ese nombre debe promover el intercambio de pareceres y el permanente escrutinio de lo que se da por supuesto y sabido. Esta solo posee una fuerza transformadora cuando libera a los individuos de la obligación de ser lo que hay que ser y les ayuda a visualizar en quién podrían convertirse. No se trata tanto de informar como de formar. Ese debate se encuentra en el corazón mismo de este libro, que, por lo demás, se hace eco de las dificultades para conciliar los ideales educativos con las realidades escolares. Si elogiamos el valor de pensar por uno mismo, pero luego promovemos un aprendizaje memorístico, ¿cómo esperamos que los estudiantes le tomen gusto a devanarse los sesos? Si les evaluamos sobre todo por su capacidad de seguir nuestras enseñanzas, ¿cómo podrán escapar a las restricciones mentales y elaborar un criterio propio? Si no toleramos que se desmarquen de nuestras ideas ni contradigan nuestra visión del mundo, ¿cómo romperán los grilletes del conformismo?

A medida que la retórica economicista y mercantil ha ido impregnando el lenguaje pedagógico y dominando los debates educativos (rendimiento, competencias, productividad, eficacia, innovación, excelencia, fracaso...), más nos cuesta admitir el valor de interrogarse a uno mismo y a los otros. Y sin embargo ningún aprendizaje resulta más útil y rentable para abrirse camino en la vida y afrontar con éxito la toma de decisiones que poner en tela de juicio los principios en que se nos ha educado. Ningún método es más innovador que el anticuado de someter a discusión y debate las ideas recibidas para hacerlas nuestras o rechazarlas. Para aprender primero hay que desaprender.

Cegados por prejuicios que ignoramos arrastrar, tendemos a olvidar lo evidente: pensar significa preguntar y seguir preguntando.

La flexibilidad mental para bregar con la complejidad del mundo, sin caer en la tentación del pensamiento único, se adquiere dudando. Deberíamos educar a nuestros alumnos para que sean librepensadores y no creyentes, para que se vean a sí mismos como interlocutores y no como portadores de la verdad. La superioridad de ese singular animal que habla es justamente su capacidad para interrogarse a sí mismo y el mundo, poner en entredicho las creencias y tener dos ideas opuestas al mismo tiempo en la mente sin renunciar a actuar correctamente.

Dialogar es el verbo más importante del lenguaje filosófico, porque expresa la voluntad de descentrarse, de salir de la propia cabeza al encuentro con el otro, en pos de una verdad mejor que la de cada uno. Esa voluntad de trueque, esa afición al intercambio, se contrapone al circular monólogo interior del fanático, quien se toma a sí mismo con una seriedad que asusta. El contento de estar en lo cierto arde en su mirada. Convencido de que la razón le asiste, no ve razón para conversar de tú a tú. Inasequible al desaliento y proclive al apostolado, solo gasta saliva para vanagloriarse o hacer proselitismo. Cree saber mejor que tú lo que te conviene. Su actitud podría confundirse a veces con altruismo, pero simplemente es su manera de redimirte del error, liberarte de tus objeciones y salvarte de ti mismo. Tampoco es infrecuente que los fanáticos persigan la pluralidad ideológica mientras defienden la biodiversidad natural. Nos ahorraremos muchas y, posiblemente, agrias polémicas con solo decir que no se puede dialogar con quien no duda. Ser honesto con uno mismo y con los otros empieza por asumir la posibilidad de no estar en lo cierto, de no tenerlas todas consigo, de equivocarse.

> El árbol torcido vive su vida,
> el árbol recto acaba en tabla.
> PROVERBIO CHINO

Abstenerse de tópicos, consignas y generalizaciones.
No empeñarte en salirte con la tuya,
pero sí de la horma de tu sombrero.
Desaprender certezas y no reproducir patrones,
yendo más allá de las convenciones y los tabús
al encuentro con tu yo desnudo.
Compartir su soledad y abrazar su desamparo,
enamorarse del mundo con desapasionado descreimiento,
cuestionándolo con indulgencia y sin contemplaciones,
mientras, fiel a la ficción de ti mismo,
tomas el sol que se cuela
por las rendijas del cansancio de vivir.

REFERENCIAS BIBLIOGRÁFICAS

ARENDT, Hannah (2006): *Los orígenes del totalitarismo*, Guillermo Solana (trad.), Madrid, Alianza.

FERNÁNDEZ LIRIA, Carlos; GARCÍA FERNÁNDEZ, Olga y GALINDO FERNÁNDEZ, Enrique (2017): *Escuela o barbarie. Entre el neoliberalismo salvaje y el delirio de la izquierda*, Madrid, Akal.

LURI, Gregorio (2010): *La escuela no es un parque de atracciones. Una defensa del conocimiento poderoso*, Barcelona, Ariel.

LLOVET, Jordi (2011): *Adiós a la universidad. El eclipse de las Humanidades*, Barcelona, Galaxia Gutenberg.

NUSSBAUM, Martha C. (2005): *El cultivo de la humanidad. Una defensa clásica de la reforma en la educación liberal*, Juana Pailaya (trad.), Barcelona, Paidós.

OZ, Amos (2018): *Queridos fanáticos. Tres reflexiones*, Raquel García Lozano (trad.), Madrid, Siruela.

– (2015): *Contra el fanatismo*, Daniel Sarasola (trad.), Madrid, Siruela.

WESTOVER, Tara (2018): *Una educación*, Antonia Martín (trad.), Barcelona, Lumen.

IX

CÓMO MANTENERSE CUERDO
EN UN MUNDO DE LOCOS

> Si los jóvenes de hoy están desorienta-
> dos no es por falta de objetivos. Una
> conversación con estudiantes o esco-
> lares produce una asombrosa lista de
> ansiedades. De hecho, la nueva gene-
> ración siente una honda preocupación
> por el mundo que va a heredar. Pero
> esos temores van acompañados de una
> sensación general de frustración: *noso-*
> *tros* sabemos que algo está mal y hay
> muchas cosas que no nos gustan. Pero
> ¿en qué podemos creer? ¿Qué debe-
> mos hacer?
>
> TONY JUDT, *ALGO VA MAL*

La escuela pública se ha convertido en el rompeolas de
las recientes turbulencias sociales: la precarización del
empleo, la desestructuración familiar, el aumento de la
pobreza, el control tecnológico En ningún lugar se perciben
con más crudeza los efectos corrosivos del individualismo consumista, la ansiedad por el estatus y la obsesión por la felicidad
que en las aulas de primaria y secundaria, donde los niños y
adolescentes desatendidos emocionalmente conviven con otros
malcriados o hiperprotegidos. En ese frente se libra una batalla sin cuartel contra unos enemigos no por invisibles menos

peligrosos: el conformismo, la insatisfacción y la ansiedad. Las víctimas en esa guerra son los menores a los que les cuesta cada vez más concentrarse, ser pacientes o pensar por sí mismos.

Uno de los efectos más corrosivos de la crisis de la educación es la pérdida de fe en la democracia y el auge del populismo, que alguien definió como una forma especialmente grave de analfabetismo político. Resulta muy alarmante que los partidos cuyos líderes tienen menos reparos en mentir y cuentan más y mayores trolas ganen las votaciones. Regalar los oídos de los ciudadanos con falsas promesas y manipularlos diciéndoles lo que quieren escuchar da más réditos electorales que contraponer pareceres o acostumbrarles al realismo. Los jefes de prensa han descubierto las ventajas de alimentar las ilusorias expectativas de unos votantes poco dispuestos a contrastar sus opiniones con los hechos y, así, permanecer fieles a sus convicciones antes que a la verdad. Más allá de siglas e ideologías, reina un consenso aplastante entre los partidos acerca de la estrategia a seguir. El tono de superioridad moral que emplean la mayoría de los líderes evidencia su voluntad demagógica de arengar más que argumentar y de inflamar las pasiones más que atemperarlas. Se aborta continuamente el diálogo en nombre del diálogo y se fomenta el monocultivo ideológico mientras se enarbola la bandera de la pluralidad intelectual. Nunca se ha hablado más del pensamiento crítico y se ha practicado menos. Hoy como antaño, los peores abusos se llevan a cabo apelando a ideas bienintencionadas.

Hace mucho que la política ha dejado de ser la ciencia de la justicia o el arte de lo posible para convertirse en una extensión de la mercadotecnia. No solo los candidatos se promocionan como marcas comerciales, sino que sus discursos, trufados de consignas parecidas a eslóganes, van dirigidos a infundir más miedo que esperanza y a promover la confrontación en lugar del consenso. Cuando los ciudadanos se sienten amenazados dejan de plantearse interrogantes y buscan respuestas. Tal vez eso explique muchas cosas. Así como el trabajo de los publicistas consiste en crear insatisfacción en los potenciales compradores y persuadirles por todos los medios a su alcance de que les falta algo, el de los políticos de turno es transmitir a la ciudadanía la inquietud por el porvenir y la urgente necesidad de votarles. Las mentiras electorales producen un efecto placebo.

A nadie parece sorprenderle ya que los políticos se desdigan e incumplan los programas electorales o, dicho de otro modo, el contrato que firmaron con sus votantes. Casi más desconcertante que la reiterada impostura y descaro de los elegidos resulta la tolerancia al engaño, la falta de criterio y el escaso respeto a la integridad por parte de los consultados. Esa cómplice farsa, en la que participa una mayoría, plasma mejor que ningún discurso la crisis educativa. La pobre cultura política refleja el fracaso escolar. Si la escuela no fomenta la honestidad con uno mismo y con los otros, la confrontación de pareceres y el respeto a la verdad también incumple su cometido. Y lo mismo puede decirse de la filosofía. Si esta no quiere convertirse en un saber reservado exclusivamente a los doctos en la materia, debe ayudar a que los individuos se comprendan mejor a sí mismos y al mundo en que viven, amplíen su horizonte mental y ofrecerles una visión de la totalidad.

Los problemas más acuciantes de nuestra época, desde la emergencia climática hasta la automatización del trabajo, pasando por la imparable desigualdad y la manipulación tecnológica de las conciencias, conducen a la escuela. Tras la crisis ecológica, institucional, ética, económica... se encubre la crisis educativa. Si bien para muchos expertos la enseñanza es la panacea a los principales males políticos y sociales, y la clave para afrontar con éxito los desafíos del presente, no se ponen de acuerdo ni en los contenidos ni en los métodos. Lo que se plantea en la discusión es el modelo de sociedad al que aspiramos y de seres humanos que admiramos. Los mensajes contradictorios que nos envía la sociedad y reproduce la escuela nos enferma sin remedio. Se nos impone la obligación de ser felices al mismo tiempo que se nos alienta a no escatimar esfuerzos en la carrera hacia la cima. Se nos incita a trabajar duro para ganar el dinero con que comprar cosas que no necesitamos, para satisfacer expectativas ilusorias y agradar a personas que no desean nuestro bien. La pregunta crucial aquí es: cómo mantenerse cuerdo en un mundo de locos.

Si uno lo medita con cuidado, la respuesta solo puede ser viviendo con autenticidad, consecuentemente, algo mucho más fácil de decir que de hacer. Hubo un tiempo no tan lejano en que un aura romántica rodeaba la palabra *autenticidad*. Las personas aspiraban a ser honestas consigo mismas y con las otras y a vivir sin dobleces ni engaños. Pero en nuestra época parecemos más interesados en guardar las apariencias que en buscar la verdad. La imagen que ofrecemos nos importa más que saber quiénes somos. Y eso que quien no se conoce a sí mismo se condena a ser un impostor. El calificativo *auténtico* ha caído en desuso o expresa solo una vaga añoranza de una fe que hemos perdido. Parece cosa de otro tiempo que las personas prediquen con el ejemplo y sientan la necesidad de que sus hechos se correspondan con sus palabras.

La emergencia climática es una lente de aumento que nos permite visualizar con más claridad las contradicciones individuales y colectivas y hacer explícitos muchos presupuestos implícitos en la vida social y personal. El problema es de tal envergadura que somete a prueba nuestra coherencia e integridad y nos obliga a ser consecuentes. No es casual que Greta Thunberg, la carismática adolescente que porta el estandarte de la lucha contra el cambio climático, padezca el síndrome de

Asperger, un trastorno del espectro autista que merma sus habilidades sociales, pero, como ella mismo reconoció en una entrevista, le ayuda a no creer en mentiras. Tanto la animadversión como la simpatía que suscita esa chica todavía en edad escolar guardan una estrecha relación con su exasperante incapacidad para contemporizar y su aversión al fingimiento. Lo que más incomoda a algunos es que esa cría haya alineado sus acciones con sus convicciones y predique con el ejemplo. Sus rasgos aniñados y su frágil constitución contrastan vivamente con la firmeza de sus principios y su irreductible coherencia de vida; lo que la ha llevado a rehusar viajar en avión para minimizar su huella de carbono. Cuando acudió al Foro Económico Mundial (2019) se trasladó a Davos desde su Suecia natal en ferrocarril, a diferencia de la mayoría de los participantes. La indignación resonaba en sus palabras cuando, a su llegada, declaró a los medios de comunicación poniendo el dedo en la llaga: "Me parece increíble que las personas que están aquí para hablar del cambio climático vengan en sus *jets* privados". Durante su intervención reprendió asimismo a los líderes allí reunidos por su inacción antes de coronar su discurso con esta rotunda declaración:

> Los adultos dicen continuamente: 'Tenemos que infundir esperanza a los jóvenes, se lo debemos'. Pero yo no quiero su esperanza. No quiero que sean optimistas. Quiero que entren en pánico. Quiero que sientan el miedo que yo siento todos los días. Y entonces quiero que actúen. Quiero que actúen como lo harían si estuvieran en una crisis. Quiero que actúen como si nuestra casa estuviera ardiendo. Porque así es.

En 2018, en la 24.ª Conferencia de la ONU sobre el Cambio Climático (COP24) celebrada en la ciudad polaca de Katowice, espetó a los asistentes, la inmensa mayoría de los cuales tenían edad para ser sus padres o abuelos: "No son lo bastante maduros para llamar a las cosas por su nombre. Incluso esa carga nos la dejan a nosotros, sus hijos". Casi más desconcertantes que sus reproches resultan su ausencia de pose y la desarmante inocencia con que planta cara a la hipocresía política. Tal vez por ello se ha convertido en el blanco de mordaces comentarios y burlonas críticas. Cuando algunos parlamentarios le recomendaron que dejara de faltar al colegio y se concentrara en estudiar y prepararse para el día de mañana, Greta arrugó su tersa frente, les lanzó una mirada cargada de desaprobación y les replicó con su innata sinceridad: "¿De qué sirve estudiar cuando vivimos en una sociedad en la que los datos no cuentan?". Nadie supo qué contestar y se abrió un incómodo silencio. Son muchos los que han intentado infructuosamente desacreditarle diciendo que era un títere de sus padres, un producto mediático, una niña privilegiada metida a activista, una insufrible llorona y no sé cuántos más mordaces comentarios que no le hacen justicia.

Pese a sus limitadas habilidades comunicativas atribuibles al Asperger, ha demostrado tener una extraña telepatía con los miembros de su generación, que, seguramente, andaban necesitados de un ejemplo inspirador como el suyo para rebelarse. Los jóvenes que se identifican con su lucha se oponen a pagar la factura medioambiental que sus mayores les han dejado como herencia. Escolarizados por la misma época en que el publicitado documental de Al Gore *Una verdad incómoda* sacudió las conciencias de los ciudadanos del mundo desarrollado y la narrativa del efecto invernadero se coló dentro de las aulas y los planes de estudio, sienten que no hay causa más digna de empeño que frenar el cambio climático. Se niegan a permanecer ciegos, prestarse a engaños y seguir con la farsa. En un mundo dominado por las simulaciones digitales, las falsas promesas de la publicidad y el cálculo electoral, resulta subversivo que alguien pretenda vivir con autenticidad y actuar consecuentemente, sin dobleces ni fingimientos. No hay un gesto de desobediencia mayor que la honestidad con uno mismo y con los otros. Produce un efecto esperanzador e inquietante comprobar que los integrantes de Fridays for Future, Extinction Rebellion y otros movimientos de protesta son todavía colegiales. Conscientes de que no podemos seguir así, parecen decididos a no cejar en su empeño de exigir justicia climática.

Todavía es pronto para juzgar si, de resultas de la emergencia ecológica, emergerá una conciencia superior y el individualismo consumista dará paso a la inteligencia colectiva, pero la generación de Greta parece llamada a liderar ese cambio de mentalidad. Cada vez son más los adolescentes y jóvenes a los que se les cae la venda de los ojos y comprenden que les va el futuro en el intento y no les queda más remedio que involucrarse en esa lucha. Hay indicios por doquier de que el espíritu de los tiempos está cambiando. Un buen ejemplo de ello son las campañas a favor de no coger el avión a fin de no contribuir al calentamiento global. Quién podía presagiar pocos años atrás que algunas personas tendrían vergüenza de volar o, dicho en sueco, *flygskam*, y que viajar en ferrocarril representaría un motivo de orgullo. Con los pies en el suelo, como se denomina en nuestro país la campaña que aboga por el decrecimiento del transporte aéreo de pasajeros, se ha convertido en un mantra generacional y un pacífico grito de guerra. A quien piense que se trata de una acción demasiado insignificante para cambiar las cosas, conviene recordarle que con *un pequeño gesto* también empezó el movimiento Fridays for Future. Su impulsora copa hoy portadas y encabeza manifestaciones multitudinarias. Parafraseando las palabras de Greta, podríamos afirmar que ninguna acción es demasiado pequeña para marcar la diferencia y remover las conciencias. Si la percepción de una mayoría cambia, todo cambia.

La sospecha de que les han desheredado de sus ilusiones e hipotecado su porvenir va calando entre los más jóvenes y los lleva a abjurar de la fe en el progreso y el dogma del crecimiento ilimitado. Toda una generación está creciendo con la idea de que lo que más necesita es menos: carbono, residuos, consumo, carne, azúcares, pero también menos ansiedad, codicia, prisa, desigualdad La preocupación por el medioambiente irremisiblemente lleva aparejada la preocupación por la justicia social, la paz interior y la salud. Los crímenes contra la naturaleza representan también crímenes contra la humanidad. La degradación de la biosfera corre pareja a la de las relaciones sociales. No solo el agua y el aire se contaminan de residuos, sino también nuestra mente. La aceleración de los ritmos de vida y de trabajo ha acabado asimismo por hurtarnos el tiempo necesario para actividades, materialmente improductivas pero indispensables para conservar la serenidad, como el diálogo y la contemplación gozosa del mundo, y nos ha privado del sosiego para engendrar nuestro propio saber y verdad. Cada vez tenemos más razones para suponer que el vertiginoso progreso científico-técnico se ha convertido en el principal riesgo para el bienestar socioemocional.

El hecho de que las nuevas generaciones se rebelen contra sus mayores no tiene nada de sorprendente, pero sí que lo hagan en nombre del decrecimiento. Desde los tecnooptimistas, persuadidos de que la geoingeniería pondrá remedio a la emergencia climática, hasta los pesimistas antropológicos, que auguran un irremediable colapso civilizatorio y la hecatombe de la raza humana, pasando por los partidarios del desarrollo sostenible, la economía azul o la autosuficiencia energética, todas las posturas coinciden en que, si no actuamos con prontitud, el porvenir se pondrá feo. Reina por todas partes una sensación de urgencia. Presta fuerza a esa sospecha el hecho de que estamos batiendo todos los récords. Una prueba de que nos estamos acercando al borde del precipicio es que los cinco veranos más calurosos de Europa desde 1500 han tenido lugar en este siglo. Y para los que necesitan argumentos más convincentes, bastaría recordarles que únicamente el 4% de los mamíferos de este mundo vive en estado salvaje, el 60% se cría en granja y el 36% restante son humanos. A decir de los expertos, disponemos de tan solo tres décadas para reducir las emisiones de gases efecto invernadero antes de que la situación se vuelva irresoluble. "Si tuviéramos que inventar una amenaza lo suficientemente imponente para que hiciese verosímil la creación de un sistema de verdadera cooperación internacional –ha escrito David Wallace-Wells–, esa sería el cambio climático: una amenaza ubicua, sobrecogedora y total". La confrontación entre los catastrofistas y los negacionistas y escapistas nos distrae del verdadero problema, que es cómo hacemos para sobrevivir al calentamiento global antes de que sea demasiado tarde. La superación de nuestro antropocentrismo, fundado en la arrogante ignorancia de nuestra dependencia del mundo natural y la presunción infundada de que las materias primas y los recursos son inagotables, sería el primer paso hacia una conciencia superior y la ecología integral. No está de más recordar que tan solo el 0,01% de la biomasa terrestre corresponde a los algo más de 7.700 millones de humanos, y esa insignificante centésima es, sin embargo, la responsable de la extinción del 80% de las especies.

Los jóvenes ya no se engañan respecto al mundo que recibirán en herencia y exigen a sus mayores que estén a la altura de las circunstancias, cumplan con su deber y asuman sus responsabilidades. No están dispuestos a perdonar la falsedad ni la impostura, ni tampoco a reconocer el liderazgo moral a quien no obre consecuentemente. A medida que aumenta la incertidumbre respecto al futuro, la autenticidad y la coherencia van ganando atractivo. Esa es la brújula interior que debe guiar nuestro tránsito por esta vida. Actuar como pensamos nos permite seguir confiando en nosotros mismos y no perder la fe en que otro mundo es posible. Si queremos ser dueños de nuestra mente y mantenernos cuerdos en un mundo de locos, debemos convivir con el menor número de contradicciones posible. Aquí también menos significa más. Emancipar la mente exige liberarse de vanas expectativas y mentiras consoladoras. No es más dueño de sí mismo quien más puede escoger, sino quien elige necesitar poco.

No escaparemos a la lógica de comprar, usar y tirar mientras midamos el éxito individual en términos monetarios y de estatus. El hiperconsumismo cohabitará con la miseria deshumanizadora si no anteponemos la justicia climática y el respeto a la biosfera a la racionalidad económica y la codicia corporativa. La desigualdad de riqueza y de oportunidades continuará creciendo a no ser que cuestionemos la legitimidad del sistema de distribución actual y cambiemos radicalmente nuestros patrones de producción y consumo. La conciencia medioambiental se convertirá en otro privilegio de clase más si los centros escolares no compensan las desigualdades de origen. La insatisfacción de aquellos que lamentan no tener lo que se merecen seguirá allanando el camino al populismo y la barbarie. La educación es el único medio de resolver todas estas contradicciones. La enseñanza se enfrenta al dilema de preparar para lo que viene o para lo que nos gustaría que viniese. Avanzar hacia una ecología integral pasa por vivir con autenticidad y coherencia y rimar hechos y palabras.

REFERENCIAS BIBLIOGRÁFICAS

CYRULNIK, Boris (2018): *La psicoterapia de Dios. La fe como resiliencia*, Alfonso Díez (trad.), Barcelona, Gedisa.

EPICTETO (2014): *Manual de vida. Pasajes escogidos*, Paloma Ortiz García (ed. y trad.), Barcelona, Ariel.

FARRELL, Claire; GREEN, Alison; KNIGHTS, Sam y SKEAPING, William (eds.) (2019): *This is not a drill: An extinction Rebellion*, Londres, Penguin Books.

GOMÁ LANZÓN, Javier (2019): *Ejemplaridad pública*, Barcelona, Taurus.

HOPE, Jahren (2020): *El afán sin límite. Cómo hemos llegado al cambio climático y qué hacer a partir de ahí*, Ana Pedrero Verge (trad.), Barcelona, Paidós.

JUDT, Tony (2019): *Algo va mal*, Belén Urrutia (trad.), Barcelona, Debolsillo.

HERMSEN, Joke J. (2020): *La melancolía en tiempos de incertidumbre*, Gonzalo Fernández (trad.), Barcelona, Siruela.

MAILLARD, Chantal (2019): *La compasión difícil*, Barcelona, Galaxia Gutenberg.

PIGLIUCCI, Massimo (2018): *Cómo ser un estoico. Utilizar la filosofía antigua para vivir una vida moderna*, Francisco García Lorenzana (trad.), Barcelona, Ariel.

STUART-SMITH, Sue (2020): *The Well Gardened Mind. Rediscovering Nature in the Modern World*, Londres, William Collins.

THUNBERG, Greta (2019): *Cambiemos el mundo*, Aurora Echevarría (trad.), Barcelona, Lumen.

X

CALLAR PARA VER

> El ruido –industrial, tecnológico, electrónico, amplificado hasta rayar en la locura (el 'delirio')– es la peste bubónica del populismo capitalista.
>
> GEORGE STEINER

Si alguien hubiera entrado por la puerta del aula a lo largo de aquella hora, seguramente hubiera malinterpretado la situación: diecisiete alumnos del primer curso de la Enseñanza Superior Obligatoria (ESO) en completo silencio o casi y un profesor tan callado como ellos. No vería libros ni cuadernos encima de las mesas ni mensajes escritos en la pizarra. Algunos chicos se revolvían en sus asientos sin decir ni mu; pero la expresión de sus rostros tampoco ofrecería muchas pistas sobre lo que estaba sucediendo allí. Solo hay una cosa que desentonaría en la ya de por sí insólita escena: un reloj despertador encima de la mesa del profesor. Lo último que, probablemente, hubiera pensado ese imaginario intruso es que asistía a una prueba de la asignatura de ética. "El examen sin preguntas" lo llamaron los estudiantes, con el que pretendía evaluar cuánto tiempo eran capaces de permanecer en completo silencio sin dormirse, dibujar, leer o cualquier otra distracción. Ese era el reto: no hacer nada, todo un desafío teniendo en cuenta la edad y los antecedentes de los implicados. Con trece o pocos más años no resulta fácil quedarse quieto y mucho menos callado. Todo comenzó como una apuesta y acabó siendo una de las clases más memorables de mi carrera.

Llevábamos varios días hablando de la importancia de controlar los impulsos, centrar la atención y escuchar activamente, todo hay que decirlo, sin demasiado éxito. Me había puesto varias veces muy serio explicándoles que nada de auténtico valor se lograba en esta vida sin poner los cinco sentidos en ello. Hacer amigos, jugar al fútbol, echarse un novio o una novia exigen estar en lo que hay que estar, argumentaba a una audiencia mayoritariamente distraída. Hasta para enamorar a alguien se requiere estar atento a sus demandas, prestarle atención, no perder detalle de lo que dice, recalcaba. Un día, tras varios intentos más o menos fallidos de relajación y otras actividades en pequeños grupos dirigidas a focalizar la atención y promover la escucha plena sin mucho mejor resultado, y tras llenar la pizarra con frases alusivas del tipo: "Quien no escucha, no aprende", "Somos esclavos de nuestras palabras y dueños de nuestros silencios", "Pensar antes de hablar" y otras por el estilo, estallé y les increpé. "Habláis por los codos, hacéis tanto ruido que no puedo oír ni mis pensamientos. ¿Se puede saber qué os pasa? Solo dejáis de cotorrear cuando os amenazan con castigos. Ninguno de vosotros es capaz de mantenerse callado". Antes de que pudiera darme cuenta me había comprometido a hacer una prueba a fin de verificar si, como aseguraban, contaban con la fuerza de voluntad necesaria para controlar sus ansias de charlar. Tras una ardua negociación, acordamos que cada cinco minutos que permanecieran en silencio ganarían un punto. El que llegase al final de la clase sin abrir la boca obtendría un diez, la máxima puntuación.

Aquel improvisado ejercicio, o mejor sería llamarlo experimento, resultó mejor de lo que esperaba. La inmensa mayoría de los participantes superó el cinco. Solo dos alumnos desistieron, sin disimular su arrepentimiento, antes de cruzar el ecuador de la clase en blanco. Y cuando sonó el timbre que indicaba el final de la hora, aún había dos chicas y un chico que no habían despegado la lengua. Mi única pretensión al plantearles aquella prueba era que ejercitaran el autocontrol, experimentaran la gratificante sensación de ser dueños de sus actos y degustaran, siquiera por un rato, los beneficios del silencio libremente escogido. No sabría decir si lo conseguí, pero algunos de los alumnos implicados seguían enorgulleciéndose al cabo de los meses y los cursos de haber superado aquel "examen sin preguntas", como si al hacerlo se hubieran demostrado algo a ellos mismos. Saber callar es un arte no menos arduo y valioso que saber hablar e indisociable de este. El manejo del silencio suele diferenciar a los buenos docentes de los mejores. Pocas cosas son más difíciles para un enseñante que mantener el ánimo sereno ante un alumno alborotador o un padre airado. Se necesitan muchos años de rodaje, así como un considerable dominio de sí y una perspectiva de campo, para mantener la sangre fría y no tomarse como algo personal las rabietas infantiles, los arrebatos justicieros de los adolescentes o los agobios y congojas de los padres.

Durante aquel silencio, no por voluntario menos agitado, tuve la sensación de que podía escuchar la efervescencia de sus jóvenes mentes, el borboteo de sus pensamientos pugnando por no escapar de sus cabezas. Mientras asistía boquiabierto a sus denodados esfuerzos para no soltar prenda, divirtiéndome con la batalla que su orgullo libraba contra su natural tendencia a la dispersión, comprendí que los menores tanto como los adultos hablamos a menudo para no escuchar nuestra voz interior. La fobia al mutismo evidencia nuestra dificultad para estar a solas. El silencio es un espejo que pone a las personas frente a sí. Me ha costado mucho comprender que la incontinencia verbal y la dificultad para concentrarse y replegarse en uno mismo es a un mismo tiempo un reflejo de la agitación interior y una barrera de protección contra las turbulencias emocionales. El hábito del silencio es uno de los aprendizajes más costosos, que puede llevar la vida entera. Según mi experiencia no son tantas las personas que pueden permanecer sin decir nada, apaciblemente concentradas en sí mismas.

Nos vemos expuestos a un bombardeo continuo de estímulos de todo tipo que embota nuestra conciencia y entorpece nuestro diálogo interior. En la lucha desatada por captar nuestra atención se nos ha ido arrebatando el silencio, convirtiéndonos en rehenes del ruido ambiental, que ya no nos deja escuchar ni nuestros propios pensamientos. Nuestra capacidad de atención se reparte cada vez entre más centros de interés, con lo que cada vez ponemos menos dedicación en aquello que nos interesa. Dado que esa tendencia no parece que vaya a cambiar, más que nunca será necesario practicar la suspensión del juicio o *epojé*, como la llamaron los sabios griegos. Sea como fuere, el silencio, la quietud y la escucha se han convertido en los bienes más escasos y preciados de nuestra vertiginosa época. La moda del *mindfulness*, así como el auge de la meditación y la floración de terapias que prometen la reconexión con uno mismo, ponen de manifiesto nuestra necesidad de serenidad y equilibrio interior, asediados como estamos por la continua amenaza de la ansiedad social y el estrés.

Cada época convierte una enfermedad en su alegoría, y la más emblemática de nuestra época es, sin duda, el TDAH o trastorno por déficit de la atención con hiperactividad. Los afectados por esta disfunción cerebral poseen un córtex prefrontal más pequeño y, de resultas, producen niveles insuficientes de dopamina y noradrenalina, dos neurotransmisores que regulan las funciones ejecutivas y las respuestas cognitivas de las personas. Como en otros muchos asuntos, resulta difícil dirimir si el hiperactivo nace o se hace. Las causas genéticas compiten con los problemas psicosociales como factores de riesgo. A decir de los expertos, tan determinante es la herencia biológica como una infancia desgraciada a la hora de que se produzca este problema en el neurodesarrollo. Tanto da si es por una u otra causa, el número de niños y adolescentes diagnosticados de TDAH va en aumento. Sin entrar a valorar si se trata de una pandemia, como la han calificado algunos expertos, se calcula que el 6% de la población está aquejada de este trastorno crónico, lo que no deja de ser sorprendente si tenemos en cuenta que no se definió como tal y se incluyó en el *Manual diagnóstico y estadístico de los trastornos mentales*, más conocido como DSM, por sus siglas en inglés, hasta 1980. La pregunta de por qué no cesa de crecer el porcentaje de pacientes sometidos a tratamiento resulta la única relevante, y el resto no es más que ruido. La dispersión, la baja resistencia a la frustración y la impulsividad son rasgos de comportamiento cada vez más comunes entre los miembros de nuestra tecnofrenética sociedad. Se diría que, en la aldea global, la hiperactividad más que una enfermedad es una exigencia social.

Sería interesante correlacionar la capacidad de soportar el silencio con los resultados académicos. Un estudio semejante probablemente concluiría que aquellos alumnos que obtienen mejores calificaciones en "un examen sin preguntas" al empezar la secundaria suelen tener una trayectoria escolar más exitosa. Solo se trata de una conjetura, pero se inspira en los mismos presupuestos que el conocido experimento de la golosina, ideado por el psicólogo norteamericano Walter Mischel. A los niños participantes, de edades comprendidas entre los cuatro y los seis años, se les daba un apetecible dulce y una instrucción clara y precisa. Podían zamparse sin más la sabrosa galleta, chocolatina, caramelo o cualquier otra chuchería similar; o bien, esperar pacientemente el tiempo convenido y recibirían otra igual. Este científico correlacionó la capacidad de aplazar la recompensa con la consecución de mejores resultados en las pruebas de acceso a la universidad y también, tal vez llevando demasiado lejos sus conclusiones, con la capacidad de abrirse paso en la vida, alcanzar mayores logros profesionales y mantener relaciones personales más duraderas y satisfactorias. Dicho con otras palabras, el autocontrol es una cualidad que ayuda a predecir el grado de realización o, si se quiere, el éxito de una persona mejor que el cociente intelectual. Resultan igualmente esclarecedores e ilustrativos los trucos de los que se servían los niños del test para no sucumbir a la tentación y resistir sus impulsos: jugar con los dedos, cerrar los ojos, canturrear, mirar hacia otro lado, etcétera. Al igual que mis alumnos, su voluntad libraba una encarnizada batalla en su interior por no caer en lo más fácil. Lo relevante no era el hecho de duplicar sus golosinas, sino obtener la gratificante sensación de ser dueños de sí mismos. Vencer la tendencia natural a charlar y no romper el voto de silencio es un aprendizaje mucho más valioso y, seguramente, duradero, que cualquier enseñanza que yo pudiera trasmitirles.

Recuerdo que cuando era colegial el señor Doria, un profesor de historia de bachillerato, cada vez que comenzábamos a armar jaleo predicaba con el silencio, según sus propias palabras, y permanecía mudo como una tumba, sordo a nuestras provocaciones y diríase que hasta ciego al guirigay reinante, hasta que, poco a poco, cesaban los cuchicheos, se sofocaban las risas y se podía oír el vuelo de una mosca. Tras esa puntual catarsis, retomaba lo que estuviese diciendo como si tal cosa. Tal era la fuerza de su silencio. Esta anécdota de mi experiencia ilustra que imponerse sin gastar saliva está al alcance de muy pocos docentes. Sería incapaz de repetir lo que aprendí con el señor Doria, pero no he olvidado, mucho tiempo después, su aleccionadora y convincente manera de hacernos callar.

El tema que subyace es la capacidad de gestionar la frustración. Esa es la clave para tener una buena vida. Podemos estar seguros de que nuestras ilusiones naufragarán en el puerto, nuestros seres queridos tarde o temprano nos decepcionarán y la realidad jamás estará a la altura de nuestras pretensiones y sueños. En nuestro corto paso por este mundo, agravios, sinsabores y ultrajes serán algo cotidiano, pero solo nos arrebatarán la alegría de vivir si nos empeñamos en pedir a las personas lo que no nos pueden dar. Nuestro grado de insatisfacción suele ser proporcional a la intensidad y el número de nuestros deseos.

Se nos incita sin descanso a anhelar esto o aquello a fin de no ser menos, o ser como todos o más que otro, porque "tú lo vales", como dice un viejo anuncio. Pero dado que "no hay sueños pequeños", según otro conocido eslogan publicitario, nos esforzamos tras el espejismo del placer "por llevar nuestro cuerpo adonde ya está nuestra mente", nuevamente otro reclamo comercial. En pos de lo que creemos merecer nos alejamos de las auténticas fuentes del bienestar y el *bienser*, y nos abocamos a la insatisfacción permanente.

No es casual que los primeros ordenadores personales (el Commodore 64, el PC de IBM y el Mac de Apple) saliesen al mercado por la misma época en que se tipificó el TDAH como trastorno mental. A la par que crecía rápidamente el flujo de información y se aceleraban de forma vertiginosa las comunicaciones, iban en aumento los trastornos de la atención, tanto por exceso (narcisismo sentimental) como por defecto (dispersión mental). La avalancha de estímulos no cesa de crecer y las novedades tecnológicas se suceden sin parar, razón por la que cada vez resulta más difícil concentrarse en algo o alguien. Parece que era ayer cuando nuestros deseos debían supeditarse a la realidad y amoldarse a las coordenadas espaciotemporales. En el año 30 a. G., antes de Google, el reconocimiento social inmediato únicamente existía en la fantasía. Pero los *internícolas* nos hemos acostumbrado sin casi percatarnos a que cuanto ambicionemos se encuentre a un simple toque de tecla. Al acortar la distancia y el tiempo entre el estímulo del deseo y la respuesta del placer, nos hemos condenado a la avidez y la insatisfacción permanente.

Nuestras herramientas han evolucionado más aprisa que nuestros hábitos mentales. A nuestro metabolismo cognitivo, fraguado en la escasez, le cuesta gestionar la abundancia y la velocidad, cosa de la que ha sacado provecho el *marketing*. Sus sofisticados manejos algorítmicos nos crean la ilusión de que tomamos decisiones libremente. Mientras las ofertas crecen exponencialmente y la información se desmaterializa, nos vamos volviendo crédulos, adictos a la gratificación inmediata (*dopamine loop*) e incompetentes para gestionar la frustración. La posibilidad de que las máquinas nos conozcan a estas alturas mejor que nosotros mismos infringe una nueva herida en el narcisismo humano, no por maltrecho menos desmedido. Si aún nos cuesta aceptar que nuestros impulsos inconscientes gobiernan nuestra vida diaria y asumir que somos unos primates bípedos con grandes cerebros que habitamos un pequeño planeta azul que orbita alrededor de una estrella en un universo en expansión, poblado de incontables soles, aún lo es más reconocer que nuestros dispositivos son más inteligentes y capaces que el más inteligente y capaz de nosotros.

Resulta desazonador constatar cómo el progreso tecnológico no ha ido acompañado de un progreso espiritual y nuestras recién adquiridas habilidades digitales no nos ayudan a ser menos desdichados y más respetuosos con nuestros semejantes y el planeta. La era digital ha conllevado una revolución mental sin precedentes, pero no nos ha hecho más sabios. A pesar de que estamos asistiendo al advenimiento de la sociedad de la comunicación y la información, o tal vez a causa de ello, nos debatimos entre el aturdimiento y la dispersión. Los nuevos recursos electrónicos han multiplicado por un millón la posibilidad de evadirse de la realidad y engañarse a sí mismo, hasta el punto de que corremos el riesgo de vivir permanentemente distraídos de nosotros mismos. A la humanidad aumentada por el uso de dispositivos electrónicos se le plantea *aumentado* el viejo dilema de convivir con su ser y despertar a la vida adulta o, por el contrario, enajenarse con simulaciones virtuales del amor, la amistad y la comunicación.

Hay buenas razones para afirmar que todo se está volviendo inconsistente, superficial y volátil, pero también, justo es reconocerlo, fluido, raudo, ligero y divertido. Tal vez vivamos una versión espasmódica e infantil de nosotros mismos, pero no es menos cierto que la población del mundo occidental goza de unas condiciones de bienestar material como nunca había conocido. La figura retórica por excelencia de nuestra época es la paradoja: muchedumbres solitarias, individualismo de masas, retroprogreso, poshumanismo... La necesidad de recurrir a la antítesis para describir la realidad evidencia que el criterio de verdad se ha difuminado y la ambigüedad se ha impuesto. Dependiendo de los autores, el lugar donde pasaremos el resto de nuestra vida, es decir, el futuro, ofrece un aire lúgubre o luminoso, está lleno de promesas o peligros, parece una utopía científica hecha realidad o el escenario distópico de un videojuego. Probablemente no será ni una cosa ni la otra o, como suele ocurrir, las dos al mismo tiempo en función de si perteneces al bando de los incluidos o los excluidos.

Los diseños del futuro más desasosegante convivirán cuánticamente con los más esperanzadores, pero una cosa está clara, todavía nos hallamos en los albores de la era digital, al principio del comienzo del inicio de un nuevo mundo poshumano. Conviene tener presente que tan solo han transcurrido cuatro décadas desde que los ordenadores personales entraron en nuestros hogares, poco más de diez años desde la irrupción de los *smartphones* (2007) y, aún menos, de la existencia de redes sociales masivas. Ignoramos qué nos deparará el porvenir, pero pocas dudas caben de que cuanto sea posible hacer, tecnológicamente hablando, se hará. Sabiendo como sabemos que la innovación por la innovación no garantiza un futuro mejor, debemos cambiar de mentalidad y convertirnos en usuarios cautos y críticos en vez de en consumidores pasivos e ingenuos.

Sería absurdo defender una actitud antitecnológica cuando las herramientas digitales están llamadas a contribuir decisivamente a la solución de muchos de nuestros problemas más acuciantes, desde la crisis climática hasta la injusta distribución de la riqueza, pasando por el reparto del trabajo o la educación en una sociedad 5.0. La disyuntiva no se plantea entre innovación y humanismo, sino entre pensamiento crítico y credulidad conformista, entre mejores aproximaciones a la verdad y mentiras consoladoras más sofisticadas, entre un uso más inteligente de nuestros recursos cibernéticos o nuevas formas de esclavitud.

Aun cuando no estemos diseñados evolutivamente para conocernos a nosotros mismos, sino únicamente para sobrevivir, nuestra continuidad como especie depende a estas alturas de que nos transformemos en seres más conscientes, realistas y compasivos. Como aprendívoros que somos, nos enfrentamos a las urgentes tareas de adquirir nuevas rutinas mentales y de liberar nuestra atención de estériles señuelos para centrarnos en lo que de verdad importa. Son cada vez más las personas que comprenden la imperiosa necesidad de mantenerse alerta, salvaguardar la intimidad y resistir a la homogenización. Desde distintos ámbitos se alza un coro de voces discordantes que celebran la lentitud en vez de la celeridad, abogan por el recogimiento en contraposición a la superficialidad y animan al cultivo de sí frente al culto al yo. Más que un movimiento organizado, se trata de una reacción espontánea de insubordinación y desobediencia a las veladas imposiciones de la revolución digital y una expresión del vago malestar causado por la mercantilización de todas nuestras actividades. Los ecos de esa controversia resuenan también entre los muros de la escuela.

A fin de cuentas, todo empieza o acaba siendo un problema educativo y, desde luego, una prudente gestión de los recursos digitales no es ninguna excepción. En teoría, los centros deberían instruir a los menores en el manejo de las nuevas tecnologías de la información y la comunicación; en la práctica, esas competencias se adquieren mayoritariamente fuera de las aulas. Tradicionalmente la institución escolar preparaba a las nuevas generaciones para el futuro, pero este se ha vuelto tan impredecible y volátil que solo cabe entrenarlos para que sean, de profesión, aprendices. De lo único que podemos estar seguros es de que nunca acabarán de formarse. Si hemos de creer las previsiones del Foro Económico Mundial, el 65% de los niños que se escolarizan hoy en día trabajarán en empleos que todavía no existen, lo cual plantea el arduo dilema de qué y cómo enseñar. Independientemente de cuáles sean las atribuciones de esos oficios 5.0 todavía por nombrar, las personas que los ejerzan precisarán, además de flexibilidad mental y creatividad crítica, dominio de sí y paz interior.

La escuela es el laboratorio donde se ensaya el futuro. En la enseñanza primaria y secundaria se experimentan los valores rectores de nuestra sociedad: igualdad de oportunidades, respeto a la diferencia, libertad de pensamiento, amor al conocimiento, entre otros, y se inmuniza contra la barbarie agazapada en la tecnología. En el ajetreo diario tendemos a olvidarnos de que el silencio es un aliado natural contra la ignorancia tanto de saberes como de aptitudes. Se precisa para concentrarse en la tarea, dialogar con uno mismo y suspender el juicio. Sirve tanto de lente de aumento para contemplar las contradicciones del mundo como de interruptor para darse un respiro de la agitación ambiente y volver la mirada hacia el interior. Pocas habilidades resultan más útiles a la hora de transitar por la vida que saber abstraerse de cuanto nos rodea y tener la paciencia de callar.

Cada vez son más las escuelas que descubren los beneficios del recogimiento y programan dentro del horario lectivo clases de relajación, pausas para meditar, momentos de reposo, etcétera. Tanto es así que se puede medir el estrés escolar por el nivel de ruido ambiental. Hablando del silencio, conviene señalar que este puede ser tanto voluntario como reflejo. Puede parecer lo mismo, pero no es igual esforzarse en callar que permanecer mudo de asombro y curiosidad. De tanto en tanto, se producen en las clases esos momentos mágicos en que los estudiantes quedan prendados de las palabras del profesor y durante unos minutos nada turba su concentración. No creo hablar solo por mí cuando digo que los educadores que nos dejaron huella acostumbraban a ser grandes narradores. Más que sus lecciones, perduran en nuestra memoria sus historias. Cómo no acordarse de la que un día nos contó la señorita Coral sobre el único árbol del mundo con una dirección postal, para más señas un roble de un pueblo del norte de Alemania al que multitud de corazones solitarios de los más apartados lugares escribían efusivas cartas con la esperanza de encontrar una pareja. Tampoco se me ha borrado de la memoria la fiesta dionisíaca que celebran cada año miles de animales salvajes en la cuenca del río Okavango en Botsuana borrachos como cubas después de atiborrarse de fruta madura en estado de fermentación y otros descacharrantes lances y sucesos con los que sazonaba sus explicaciones el profesor de biología don Mauricio, más conocido como Bacterio. O el caso de los lutieres italianos que paseaban días y meses por el bosque escuchando el ulular del viento en las ramas antes de talar el árbol que mejor sonaba, referido por doña Elisa en una de sus clases de música más bien soporíferas. Sea por lo que sea, estos episodios se salvaron del olvido y entraron a formar parte de mi mitología personal. Cada cual tiene la suya propia, una versión privada de *Las mil y una noches* que hace que la vida nos siga intrigando y no perdamos las ganas de continuar.

Me compadezco de aquellas personas que no recuerdan ni un solo maestro o profesora que los haya hecho vibrar, olvidarse de dónde estaban y desear que no sonase el timbre. Se necesita ser muy ducho en el manejo de la elipsis, es decir, de los silencios narrativos o sobrentendidos para atrapar la atención. Todos los docentes nos enfrentamos con distintas estrategias al síndrome de abandono o, para decirlo con más claridad, al desinterés de los alumnos. Unos se fuerzan a prestar oídos bajo amenazas más o menos veladas. Otros chantajean con el argumento de que les resumirán la materia, resolverán sus dudas u ofrecerán las respuestas a los exámenes. No faltan tampoco quienes intentan captar su interés formulando preguntas, planteando dilemas o, incluso, contando chistes. Los recursos digitales y audiovisuales han venido en auxilio de aquellos con menos habilidades comunicativas para ayudarles a cautivar. Aunque los estudiantes siempre pueden escabullirse por la puerta entreabierta de la imaginación sin hacerse apenas notar, conviene saber que el animal humano es a lo largo de su vida un voraz *narratófago*. Alimenta su insaciable necesidad de sentido mediante cuentos. Sin esas ficciones seríamos incapaces de descifrar el mundo y soportar la realidad, lo que, bien pensado, nos convierte a todos y cada uno sin excepción en literatos más o menos dotados. Solo por eso el cultivo de las letras debería ser una prioridad educativa.

REFERENCIAS BIBLIOGRÁFICAS

ANDRÉS, Ramón (2010): *No sufrir compañía. Escritos místicos sobre el silencio*, Barcelona, Acantilado.

BAUMAN, Zygmunt (2010): *Los retos de la educación en la modernidad líquida*, Barcelona, Gedisa.

CORBIN, Alain (2019): *Historia del silencio. Del Renacimiento a nuestros días*, Jordi Bayod (trad.), Barcelona, Acantilado.

D'ORS, Pablo (2012): *Biografía del silencio. Breve ensayo sobre la meditación*, Madrid, Siruela.

DOMÈNECH, Joan (2009): *Elogio de la educación lenta*, Barcelona, Editorial Graó.

GOLEMAN, Daniel (2013): *Focus. Desarrollar la atención para alcanzar la excelencia*, David González y Fernando Mora (trads.), Barcelona, Kairós.

GUERRERO, Rafael (2016): *Trastorno por Déficit de Atención con Hiperactividad. Entre la patología y la normalidad*, Barcelona, Libros Cúpula.

ILLICH, Iván (2006): "Alternativas", *Obras reunidas*, Ernesto Mayans, M.ª Teresa Márquez, Matea Padilla de Gossman, Eliana Baytelman y Carlos R. Godard (trads.), Ciudad de México, Fondo de Cultura Económica.

HARRIS, Michael (2018): *Solitud. Hacia una vida con sentido en un mundo frenético*, Fernando Borrajo (trad.), Barcelona, Paidós.

HONORÉ, Carl (2013): *La lentitud como método. Cómo ser eficaz y vivir mejor en un mundo veloz*, Julián Alquézar (trad.), Barcelona, RBA.

KAGGE, Erling (2017): *El silencio en la era del ruido. El placer de evadirse del mundo*, Carmen Montes Cano (trad.), Barcelona, Taurus.

LE BRETON, David (2001): *El silencio. Aproximaciones*, Agustín Temes (trad.), Madrid, Sequitur.

LÓPEZ, Luis (2018): *Educar la atención. Cómo entrenar esta habilidad en niños y adultos*, Barcelona, Plataforma Editorial.

MISCHEL, Walter (2015): *El test de la golosina: cómo entender y manejar el autocontrol*, Joaquín Chamorro (trad.), Madrid, Debate.

NHAT, Thich (2016): *Silencio. El poder de la quietud en un mundo ruidoso*, Núria Martí (trad.), Urano.

STEINER, George (2013): *Lenguaje y silencio. Ensayos sobre la literatura, el lenguaje y lo inhumano*, Miguel Ultorio (trad.), Barcelona, Gedisa.

THOMPSON, Claire (2016): *De regreso a la naturaleza. La meditación y el mundo natural*, Eva Cruz (trad.), Madrid, Siruela.

XI

CARTA A ALGUIEN QUE SE INICIA EN EL OFICIO
DE CULTIVAR PERSONAS

> Aprender es, en primer lugar, consi-
> derar una materia, un objeto, un ser,
> como si emitieran signos por desci-
> frar, por interpretar. No hay aprendiz
> que no sea 'egiptólogo' de algo. No se
> llega a carpintero más que haciéndose
> sensible a los signos de la madera, no
> se llega a médico más que haciéndose
> sensible a los signos de la enfermedad.
> La vocación es siempre predestinación
> con relación a signos.
>
> GILLES DELEUZE, *PROUST Y LOS SIGNOS*

Ahora que me acerco al final de mi carrera y la imagen que me devuelve el espejo es la de un cincuentón
enjuto, cargado de espaldas, con poco pelo y barba
entrecana, comprendo que solo se puede enseñar con el ejemplo.
Porque si hay algo que he aprendido a lo largo de tres décadas
de docencia es que la única manera de sacar del letargo a los estudiantes es compartir con ellos el gozo de aprender. Se puede
juzgar a un profesor por sus conocimientos, dotes didácticas,
iniciativas innovadoras e, incluso, porcentaje de aprobados,
pero las mejores credenciales de su valía son, sin duda, su capacidad para despertar el sentido del asombro en los alumnos y
alimentar sus ganas de saber.

Muchas vidas, empezando por la mía, no serían las mismas si no se hubieran topado con un educador de verdad. Cuántos de nosotros hemos seguido los pasos de un maestro o una profesora que nos marcó. Supo darnos lo que necesitábamos y nos ayudó a descubrir en nosotros mismos recursos que ignorábamos tener. Aún recuerdo la expresión que se dibujó en el rostro del señor O., quien me había expulsado reiteradas veces de clase por insolente, cuando hablamos en su despacho. Mientras me escuchaba, primero con incredulidad y luego con compungida alarma, una corriente de cariño se coló por las rendijas de su disgusto, como si mis palabras le hubieran tocado una fibra sensible. Y si no fuera mucho decir, afirmaría que me vio por primera vez. A veces basta con eso para que todo cambie.

Nadie te explica cuando comienzas a dar clases que exponerte diariamente a la mirada escrutadora y al examen continuo de niños, adolescentes o jóvenes te obligará a enfrentarte a tus contradicciones y encarar tus temores más profundos: el miedo al rechazo, la inseguridad de no ser quien crees ser, la duda de si estarás a la altura de las expectativas depositadas en ti y un largo etcétera de preocupaciones a cada cual más desasosegante. Tal y como resuelvas esos dilemas, así será tu estilo educativo. Cuando observo a mis compañeros de fatigas escolares y a mí mismo con la sombría lucidez y la implacable indulgencia que otorgan los años, me doy cuenta de hasta qué punto la forma de ejercer nuestra profesión dice mucho de quiénes somos. En cierta ocasión le pregunté a un maestro con más de cuarenta años de experiencia, una buena parte de ellos en una escuela de la que muchos otros hubieran huido a la primera oportunidad, qué le había retenido allí, a lo que respondió, sin titubear ni darle mayor importancia: "Aprendí a quererlos y lo demás vino solo, ponían a prueba mis habilidades".

Hay un aspecto decisivo de la educación que es fácil pasar por alto. Es tan obvio pero tan sutil que, a menudo, se olvida: la vocación de enseñar es indisociable de la voluntad de aprender. Los profesores que mejor envejecen suelen ser aquellos a los que menos les preocupa romper las reglas o mantener el orden. No basta con hacerte entender por tus alumnos, hay que captar también su atención y ganarte su respeto. Estos detectan con una rapidez desconcertante a los buenos profesores. Les basta con ver y oír unos pocos minutos a un docente para forjarse una idea bastante precisa de su valía y de lo que cabe o no esperar de él y, lo más sorprendente de todo, rara vez se equivocan. No te descubro nada nuevo si te digo que educar es un acto comunicativo, y como tal exige la participación y complicidad de ambos interlocutores. Actuar delante de un público cautivo a diario requiere que te creas el papel y lo interpretes con contagiosa pasión. Tus recursos didácticos más preciados no los adquirirás en los cursos de formación, ni en los libros, sino ensayando día tras día, inasequible al desaliento, cómo elegir las palabras adecuadas para cada situación, entonar la voz para despertar su curiosidad o hilvanar el hilo argumental para que los alumnos se sientan concernidos por lo que explicas y se involucren en las clases.

En la escuela, como en la vida, tengo lo que doy. No puedo pretender que me escuchen mis alumnos si no les presto atención, que valoren mis esfuerzos si no aprecio los suyos, que me respeten si no les respeto. Los chicos a tu cargo no tendrán inconveniente en disculparte por no saber algo, resultar aburrido, exigir demasiado o, llegado el caso, gritar como un poseso, pero no te perdonarán la incoherencia y la falsedad. Nada es más persuasivo que la credibilidad. Los jóvenes valoran la autenticidad por encima de todo y soportan mal la hipocresía. Prefieren ver gestos antes que escuchar argumentos. Además, es imposible promover la libertad de pensamiento, el espíritu crítico y la creatividad si tú no los ejercitas. La mejor manera de defender los valores en que creemos es practicarlos.

A lo largo de los años o, mejor sería decir, cursos, te toparás con colegas frustrados por no obtener el salario, la consideración o el respeto que creen merecer, escaqueadores dispuestos a esforzarse mucho para no trabajar y tacaños de corazón, insensibles a las necesidades de los menores. Incluso puede que, repugna pensarlo, coincidas con compañeros de fatigas escolares que desprecian a algunos alumnos por no ser lo suficientemente listos, serviciales o callados, o que les envidian por poseer cualidades que a ellos les fueron negadas. De igual modo te encontrarás con alumnos que retarán tu autoridad, traicionarán tu confianza o agotarán tu paciencia. No valorarán lo que haces por ellos o te intentarán embaucar o sacar de quicio con todo tipo de tretas. Lamento tener que decirte esto, pero antes o después te verás en una situación que escapa a tu control. Quien esto escribe ha perdido los papeles en más de una ocasión por culpa de alumnos alborotadores, irrespetuosos o desequilibrados. Incluso me he sorprendido a punto de pegar a uno de esos obstinados *revientaclases* o al borde del ataque de nervios a causa de algún que otro *tragaprofesores*. Si bien estar curtido en mil batallas escolares no te inmuniza contra el disgusto, me ha enseñado que es preferible un glorioso fracaso intentando ayudar a alguien que el mísero éxito de tener razón condenando sus defectos.

Mucho tiempo atrás un veterano colega me consoló después de una sonada trifulca diciéndome: "No te atacan a ti, sino a lo que representas". Sus palabras acuden a mi mente cada vez que me veo en una situación conflictiva. Violentarte es la manera que tienen algunos chicos de mendigar afecto, llamar tu atención, dar rienda suelta a su rabia o defenderse contra las injurias de la vida. Asimismo, tienes que estar preparada para que te pongan apodos, se burlen cruelmente de ti y juzguen cuanto haces sin contemplaciones, evitando tomártelo como algo personal.

Cuando los profesores no se centran en las necesidades de sus alumnos tienden a pensar en sí mismos y en todas las cosas que no funcionan bien y empiezan a verse como víctimas de la dirección, los padres o los políticos. Por más que, para la Administración, solo seas un número de registro personal, un puesto más de un enorme organigrama institucional o un insignificante peón de la política educativa, para tus alumnos personificas la aventura del conocimiento y escenificas la búsqueda de la verdad. Un profesor tiene algo de guía nativo en las tierras salvajes que se extienden más allá de lo conocido, y de prestidigitador acostumbrado a hacer magia con lo de todos los días. Si quieres cumplir años en esta profesión sin convertirte en un gris funcionario, ni sucumbir al abatimiento y la resignación, debes estar dispuesta a que los alumnos te sorprendan o, para decirlo más claramente, a equivocarte y rectificar. No sentencies ni condenes a ningún alumno por muy mal estudiante que sea. No hay casos perdidos. Y si los hay, tu obligación es no rendirte. Un profesor que diga a un chico a su cargo que "nunca llegarás a nada", habla sobre todo de sí mismo.

Antes o después deberás decidir si te sumas a las filas de los que llevan una vida de tranquila insatisfacción como profesores o de los pesimistas apasionados por su trabajo. Solo si disfrutas con lo que haces hallarás la motivación para resistir tantos sinsabores, permanecer inmune al desaliento y entrar todos los días al aula con sed de aventuras. Los malos docentes acaban encontrando siempre justificaciones para el desánimo y la inacción; y los buenos, alicientes para no darse por vencidos. Si no has perdido el juicio crítico ni la sensibilidad ética, nunca te faltarán buenas razones para descreer de la política educativa y desconfiar de los planes de estudios, elaborados a menudo por personas que nunca han pisado un aula o han desertado de la docencia real. Más de una vez pensarás que no merece la pena seguir luchando por cambiar las cosas y estarás tentada de mandarlo todo a paseo, desentenderte y convertirte en otro profesor frustrado más. Pero tan absurdo es pensar que no hay nada que hacer como sentirte imprescindible. La única manera de mantenerte cuerda en un sistema desquiciado, de preservar las ganas de continuar enseñando a pesar de los despropósitos y los agravios, y evitar que haga presa en ti la apatía, el pesimismo o la indignación consiste en encarnar tus ideales y refugiarte en la franqueza y la simplicidad. Deja de lado otras consideraciones y vete sin tapujos ni prejuicios al encuentro de tus alumnos. Ellos son tus aliados naturales a la hora de dar sentido y valor a tus esfuerzos.

Más y mejores tecnologías, innovaciones didácticas, programaciones escolares e, incluso, contratos de trabajo no resolverán el problema de la educación, que depende menos de las inversiones que del talento de los docentes para movilizar las ansias de aprender de los alumnos y comprometerlos en su formación, convirtiendo su curiosidad en destino. Existen muchas maneras de ser un buen educador, pero ninguna sin entrega emocional. Difícilmente se puede sobrevalorar la importancia de la escucha empática en el éxito escolar. Sin un genuino diálogo, la enseñanza se convierte en una farsa, en la que los profesores hacen como que enseñan y los alumnos como que aprenden. Hay una forma de sordera emocional consistente en anteponer las exigencias institucionales a las auténticas necesidades de los niños, adolescentes y jóvenes. Aunque nos paguen por instruirlos en esta o aquella materia, ayudarles a alcanzar ciertos objetivos y competencias curriculares y satisfacer determinadas expectativas sociales, traicionaremos nuestra vocación de educadores si no contribuimos decididamente a que adquieran una percepción más realista de sus posibilidades y limitaciones, a aceptarse a sí mismos y a los otros, y a convertirse en el que podrían llegar a ser, descubriendo sus talentos, encontrando su camino y floreciendo por dentro. Algo que todos los profesores sabemos, pero que tendemos a olvidar en el trajín del día a día, es que *enseñar* no es sinónimo de *educar*, pero únicamente los buenos consiguen que ambos verbos rimen.

No es menos cierto que asistimos a una expansión del conocimiento colosal sin precedentes, como nunca se había conocido en la historia. El mundo está cambiando vertiginosamente delante de nuestros ojos a instancias de la revolución digital en marcha, y la enseñanza no permanece ajena a esta radical transformación. Hace tiempo que la escuela ha dejado de ser el templo del saber y la profesora o el maestro su oficiante. Desde la trinchera de las cada vez más anacrónicas aulas, observo con regocijo las inagotables posibilidades que ofrecen las innovadoras tecnologías de la información y con una mezcla de congoja y desasosiego las amenazas que se ciernen sobre la libertad interior y la salud psíquica y moral de las personas. La violencia, la incomunicación y la esclavitud vuelven en las mismas herramientas digitales con que las intentamos combatir: ciberacoso, adicción, populismo y otras modernas formas de barbarie. Más importante que la novedosa tecnología del aprendizaje es el profesor que la gestiona. En la era digital, su figura, lejos de quedar obsoleta y ser sustituida por robots, programas de inteligencia artificial, simulaciones virtuales u ordenadores en red, está llamada a desempeñar un papel crucial.

Signifique lo que signifique enseñar el día de mañana, los niños, adolescentes y jóvenes continuarán necesitando guías y magos a la hora de satisfacer la necesidad básica de aprender. Puede que los avances en neurociencia e inteligencia artificial modifiquen para siempre el concepto de educación, pero los seres humanos seguirán siendo lo que esta hace de ellos, como decía Kant. No por nada nos definimos como *sapiens* y tenemos por naturaleza el saber. Aunque en un futuro desaparezcan las aulas y las escuelas como las conocemos, se multipliquen aún más los canales de aprendizaje y los algoritmos cobren más protagonismo en la adquisición de conocimientos, los docentes, llamémosles como queramos, continuarán encarnando la cultura del diálogo.

Se han quedado muchas cosas en el tintero o, mejor sería decir, en el teclado, pero no quisiera poner punto final a esta carta sin incidir en que docentes frustrados educan a alumnos frustrados. En un mundo mejor correspondería a las personas más libres, creativas y valientes enseñar a las nuevas generaciones a llevar una existencia más satisfactoria y plena. Preocúpate por tener una buena vida y serás mejor profesora. Este es un oficio artesanal, en el que solo se alcanza la maestría no dejando de ser nunca aprendices.

XII

SEMBRAR EN LAS TRINCHERAS:
24 HORAS EN LA VIDA DE UN PROFESOR

> Cuando un leñador entra en un bosque
> con su hacha al hombro, los árboles
> dicen: el mango es de los nuestros.
>
> PIERRE LEMAITRE, *RECURSOS INHUMANOS*

El sonido del despertador me sacó abruptamente de un plácido sueño. Salté de la cama como disparado por un resorte y me puse en marcha. Apenas eran las siete, pero tenía que apresurarme si quería estar dando clase dentro de una hora. Repetí la rutina de todas las mañanas mientras me desperezaba. Preparando el desayuno, me vino a la memoria que, pocos días atrás, había hecho una encuesta informal entre mis alumnos y al menos la mitad de ellos acudían al centro en ayunas. Me vi explicándoles la importancia de reponer fuerzas antes de emprender una nueva jornada. Recuerdo haberles hablado sin demasiado éxito de las recientes investigaciones de una universidad norteamericana que correlacionaban el número de suspensos con los hábitos alimenticios. Hasta el primer recreo aún faltaban tres horas. Un tiempo que podía convertirse en una eternidad con el estómago vacío. Tras dar el último bocado a la tostada y acabar de vestirme y peinarme me dio por pensar que muchas familias habían delegado en los centros escolares sus obligaciones o, por decirlo con una expresión de nuestra época, habían externalizado sus funciones. Recordé algo que me había dicho un compañero, la desconfianza que manifestaban muchos padres hacia los profesores reflejaba la desconfianza hacia los valores que estos encarnaban: respeto a la verdad, autoexigencia, responsabilidad, tolerancia, etcétera. Iba pensando en todo esto camino del instituto. Tenía la fortuna de poder aprovechar esos quince minutos para poner en orden mis ideas y repasar mentalmente el programa de actividades de la jornada.

La primera sorpresa del día me esperaba antes de cruzar la cancela de entrada. En el aire flotaba el acre olor de la marihuana. Me giré y mis ojos tropezaron con un chico, poco mayor que un niño, fumando un porro. Cuando le conminé a apagar la colilla, primero hizo caso omiso y luego se encaró conmigo de malos modos, alegando que no le daba clase. La cosa habría acabado ahí si, en un arrebato, no me hubiera propinado un empujón que casi me tira al suelo. Le exigí que me acompañara a la prefectura de estudios, pero se escabulló entre la riada de estudiantes que ascendían las escaleras. Apenas llevaba cinco minutos en el instituto y ya tenía los nervios de punta. Me sentí estúpido con el papel de la amonestación en una mano y la prueba del delito en la otra. Dejé una nota manuscrita sobre la mesa del jefe de estudios y, encima, el pucho de porro. Y, con el pulso acelerado, me encaminé al aula de segundo de bachillerato C. En mi cabeza retumbaban las palabras de otro compañero de fatigas académicas que me había confesado que prefería hacer como que no veía para evitar meterse en líos. Me reproché no haber seguido su ejemplo y mirado para otra parte. No era desde luego la primera vez que me debatía entre cumplir con mi deber o conservar la calma. Me atrevería a decir que ese es uno de los dilemas más comunes a los que, de un tiempo a esta parte, se enfrentan los docentes.

Con esas ideas arremolinándose en mi cabeza atravesé el umbral decidido a seguir la explicación donde la había dejado. El tema que nos ocupaba era la Ilustración. Escribí con tiza en la pizarra "*sapere aude*" y, volviéndome hacia el alumnado, traduje esas palabras como "ten el valor de servirte de tu propia razón". A continuación, proyecté en la pantalla y leí en voz alta un escrito de Immanuel Kant en el que intenta responder a la crucial pregunta "¿qué es la Ilustración?". Al llegar a aquella parte del texto que reza "La pereza y la cobardía son causa de que una gran parte de la humanidad continúe a gusto en su estado de minoría de edad", hice una pausa y formulé con solemnidad la siguiente pregunta: ¿por qué hay más personas dispuestas a creerse una verdad que a buscarla?

El chirriante sonido del timbre que anunciaba el cambio de clase me sorprendió debatiendo con algunos estudiantes qué significaba ser un librepensador. El fervor con que defendían sus opiniones me trajo un sabor de épocas lejanas, cuando los institutos aún no se habían convertido en guarderías. Entonces ya me había olvidado del incidente de esa mañana y me había reconciliado con mi profesión. Pero bajaba a la sala de profesores cuando me di de bruces con el chico que lo protagonizó. Para mi sorpresa, se me acercó con la cabeza gacha y farfulló algo parecido a una disculpa. Le observé calibrando si debía dar crédito a sus palabras o era una simple estrategia para eludir la expulsión. En sus pupilas, todavía un poco dilatas, había un brillo de arrepentimiento. Se excusó por haberme empujado lo mejor que pudo o supo. Y cuando le pregunté por qué había hecho algo tan estúpido, sabiendo como sabía que estaba terminantemente prohibido fumar en el centro y más aún porros, cambió de semblante y, ni corto ni perezoso, empezó a darme explicaciones. Al parecer, esa mañana se había peleado con su padre. Más que sus amargas palabras, me turbaron las lágrimas que empañaban sus ojos. Respiraba por una herida muy profunda.

Su relato absorbió mi atención durante unos minutos y me conmovió hasta el punto de que, tras contrastar sus palabras con la psicóloga del centro, decidí olvidarme del asunto y no ponerle ninguna amonestación. No es raro que, al conocer las circunstancias vitales de algunos alumnos, cambie nuestra percepción de ellos y el enfado ceda el terreno a la compasión. "Bastante bien está para la situación que tiene", se ha convertido en uno de los mantras de los profesores de secundaria, en cuyo interior a menudo se libra una batalla entre el respeto a las normas y la compasión empática.

Una vez en la sala de profesores me dio por comentar una noticia leída semanas atrás en una revista. Se había realizado una encuesta entre mujeres escandinavas, a las que se les preguntaba por la profesión que les gustaría que desempeñasen sus parejas, con el sorprendente resultado de que, entre las más valoradas, se encontraba la de educador. Las encuestadas presuponían que un docente era una persona de fiar, con don de gentes, sensible y cultivada. Algunos de mis compañeros me lanzaron una mirada cargada de escepticismo y otros pusieron cara de circunstancias. La coordinadora de bachillerato, sin levantar la cabeza de la pila de exámenes que corregía, masculló con sorna: "En nuestro país habría sido motivo de divorcio". Se nos congeló la sonrisa cuando caímos en la cuenta de que su marido la había dejado recientemente.

Se había hecho la hora de la reunión semanal de tutores de cuarto, supervisada por la psicóloga del centro y el jefe de estudios, en el departamento de orientación. Cada uno de los profesores convocados representábamos una actitud diferente a la hora de afrontar la difícil realidad escolar. Estaba Luis, un profesional de la queja, a quien lamentarse de lo mal que estaba todo le justificaba para no hacer nada. Marta no podía ser más distinta de su colega, y eso que ambos eran profesores de biología. Derrochaba entusiasmo y no escatimaba esfuerzos a la hora de ayudar a sus alumnos. Tendía a disculpar sus malas notas o faltas de disciplina con el argumento de una infancia desgraciada, unos padres negligentes, la inadaptación a los entornos de aprendizaje, un sistema injusto o cualquier otro pretexto. No había casos perdidos para ella, ni tampoco sacrificio que no estuviera dispuesta a hacer. Aurora, por su parte, encarnaba a la perfección el arquetipo del funcionario concienzudo. Era la prueba viviente de que se puede cumplir diligentemente con todas las exigencias burocráticas sin asumir la responsabilidad docente. Permanecía sorda a las necesidades de los chicos a su cargo, pero rellenaba diligentemente comunicaciones, formularios y fichas. Y después estaba yo. No sé cómo me definirían mis compañeros. Me gustaba pensar que era un pesimista activo. Alguien que descreía del sistema sin haber perdido la fe en la educación. Disfrutaba tanto de las clases como me cargaba el papeleo.

Esas reuniones de tutores eran un engranaje imprescindible de la cada vez más compleja maquinaria burocrática, pero de tanto en tanto derivaban en una sesión de terapia de grupo, donde desahogarnos de los sinsabores del día a día. Dadas las fechas, próximas al final del trimestre, nos dedicamos a preparar la evaluación y completar los informes de los estudiantes con problemas de aprendizaje o conductas disruptivas. El jefe de estudios y la orientadora insistieron en que pasáramos a nuestros tutorizados las encuestas de satisfacción, rellenáramos para la fecha acordada los boletines destinados a los padres, completáramos las evaluaciones de los repetidores y comprobáramos si los profesores de las diferentes asignaturas habían realizado las correspondientes adaptaciones curriculares significativas y no significativas de los alumnos con necesidades educativas especiales. Mientras tomaba nota en mi cuaderno de todos esos trámites pendientes me pregunté en qué momento la burocracia dejó de estar al servicio de la enseñanza y la sometió a su servidumbre.

A la siguiente hora impartía la clase de valores éticos en el aula de informática. Como muchos de mis colegas, yo también cedía con cierta frecuencia a la tentación de poner a trabajar a los alumnos con los ordenadores, y disponer así de un respiro en medio de la agitada jornada laboral. Aproveché esos minutos de tranquilidad para revisar las tareas asignadas en la reunión anterior y organizar mi cuaderno del profesor. Una vez más, me quedé atónito al ver a esos veintitantos estudiantes hipnotizados por la pantalla mientras resolvían sin decir ni mu la *webquest* correspondiente. Su silencio encerraba un silencio aún mayor que producía espanto. Si lo pensabas bien, parecía ilógico promover el uso escolar de dispositivos digitales entre chicos que pasaban gran parte de su tiempo libre delante de todo tipo de pantallas. Por más que algunos pedagogos se empeñaban en hacernos creer que, si las clases fueran tan interactivas y entretenidas como un videojuego, los alumnos aprenderían sin esfuerzo y se acabaría con el fracaso escolar, se equivocaban. No se hacía más atractivo el aprendizaje rebajándolo a un pasatiempo banal o una mera fuente de entretenimiento, sino elevándolo a la categoría de un juego serio, en el que la recompensa consistía en una vida más lograda. Una sociedad iletrada jamás escaparía del campo gravitacional de los prejuicios y las convenciones, e iría perdiendo su capacidad de descifrar la realidad.

Todo esto sonaba muy teórico, pero se comprobaba a diario en la práctica docente. El populismo se había infiltrado en los centros escolares enmascarado de pedagogía inclusiva y atención a la diversidad. Algunos docentes estaban dispuestos a traicionar los ideales que decían profesar, abogando por una educación que menospreciaba la excelencia y abarataba el conocimiento. La igualdad de oportunidades, el pilar básico de la enseñanza pública, no se defendía equiparando a la baja a los alumnos, sino elevando a los de abajo a lo más alto. De lo contrario, los hijos de los trabajadores jamás podrían competir en buena lid con los de los privilegiados. Uno de los más preocupantes síntomas de la abulia intelectual que imperaba en las aulas era la ausencia de preguntas impertinentes, que, en boca de un adolescente o un niño, solían ser las más pertinentes. El aletargamiento espiritual y la pereza intelectual no debían confundirse con el respeto. La escuela educaba para contrastar pareceres y argumentar nuestras ideas o, si no, adoctrinaba.

En estos pensamientos andaba cuando sonó el timbre que anunciaba el comienzo del recreo. En un visto y no visto, los alumnos abandonaron su letargo y volvieron a ser unos bulliciosos adolescentes. Como tenía por costumbre, cuando no me tocaba hacer guardia de patio o escalera, durante el recreo acudía a un bar situado en las proximidades del instituto, donde nos reuníamos algunos colegas para desayunar y ponernos al corriente de las novedades. El tema del día era la última "hazaña" de Manuel Reguero, un alumno de quince años al que todos habíamos padecido de una forma u otra. Con la parte inferior de los cristales de las gafas empañadas por el sudor, Gabriela, una veterana profesora de física y química, de natural tranquila pero visiblemente alterada, nos contó el episodio que había motivado su expulsión inmediata del centro por un mes. Al parecer, ese vándalo reincidente se había encarado con ella y la había empujado cuando le instó a callarse. Y por si esto fuera poco, la amenazó con pincharle las ruedas si persistía en su intención de ponerle una amonestación y echarle de clase.

Alguien recordó que hacía no tanto se podía expulsar a un alumno con la seguridad que se quedaría detrás de la puerta esperando o acudiría voluntariamente a la prefectura de estudios. Por lo general, los padres avalaban la decisión de los docentes y exigían a sus retoños que pidieran disculpas al profesor, cuando no les imponían un severo castigo. Nada de todo esto se podía esperar hoy. Buena prueba de ello era que la madre de Manuel Reguero se había puesto ya varias veces de parte de su hijo y, con la excusa de que algunos profesores le tenían manía, se había enredado en más de una agria discusión con el jefe de estudios. Otra de las presentes rememoró un caso vivido en primera persona en otro centro. Una alumna se negó a salir del aula, desoyendo las órdenes de la profesora, la directora, el psicólogo escolar e, incluso, el policía tutor hasta que se personó en el centro su padre.

Entre sorbo y sorbo de café, pronto la conversación derivó hacia las razones del aumento de la agresividad en los institutos. No había consenso al respecto. Unos sostenían que la violencia estructural de nuestro sistema económico, generador de desigualdades cada vez más sangrantes, se había trasladado al aula. Otros eran de la opinión de que los docentes se habían convertido en el chivo expiatorio de la ansiedad social. No faltaba tampoco quien lo atribuía al progresivo descrédito que había sufrido la verdad, la pérdida de reconocimiento a la labor de los profesores. Oyendo a mis compañeros de fatigas escolares, cobré súbitamente conciencia de cuán contrariados estábamos, y no pude evitar preguntarme cómo se pretendía mejorar la calidad de la educación si los llamados a liderar ese proceso se sentían tan desmoralizados e injustamente tratados. Sin duda, el malestar de los enseñantes comprometía la empresa.

La última hora lectiva de esa mañana la pasé con los alumnos del último curso de secundaria, que habían escogido como asignatura optativa filosofía. Eran diez chicas y ocho chicos, de entre catorce y dieciséis años, con un perfil muy diverso. Durante esas sesiones me gustaba retar su credulidad y poner a prueba su imaginación, instándoles a responder a cuestiones provocadoras como ¿aula o jaula?, ¿cuáles son las ventajas de ser un inadaptado?, ¿por qué es más importante pensar que estudiar? y otras por el estilo. A veces les proponía dilemas morales del tipo: preferirías una pareja atractiva o compasiva, ser rico o sabio. O les planteaba ejercicios perturbadores de empatía como redactar una carta a sus padres, bien contándoles que eran homosexuales, bien para despedirse de ellos antes de emigrar ilegalmente a otro país en busca de nuevas oportunidades laborales. Este tipo de actividades, con las que intentaba promover un entendimiento compasivo del otro, forzarles a salir de su burbuja mental y hacerles discernir entre hechos y opiniones, me habían deparado momentos de comicidad surrealista y otros profundamente conmovedores.

Muchos de los alumnos estaban tan habituados a realizar tareas mecánicas y copiar que se bloqueaban ante la sola idea de expresar su parecer. Se notaba a la legua que intentaban regalarme los oídos y decir aquello que suponían me agradaría escuchar. Vertían al papel opiniones que habían oído en casa, las redes sociales o el patio. Y se quedaban muy sorprendidos cuando les anunciaba que no venían a la clase de filosofía a creer en las ideas, sino a criticarlas. Les insistía en la importancia de llevar la contraria y oponerse a todos aquellos que reclamaban su credulidad. Al hilo de estos razonamientos, recuerdo haberles puesto en la pizarra digital la imagen de una pancarta reivindicativa que unos alumnos habían colgado de la fachada de la Facultad de Filosofía de Santiago de Compostela, en la que se podía leer: "Pienso luego estorbo". Quiero imaginar que, pasados los años, cuando se hayan olvidado de lo que hacíamos en clase, e incluso se haya borrado de su memoria mi cara, per-durará en ellos una aptitud de escepticismo activo y el gozo de pensar creativamente.

El timbre volvió a sorprendernos debatiendo acerca de si te-ner derechos obliga o no a asumir responsabilidades. Sin dejar de departir, fuimos recogiendo nuestras pertenencias y salien-do ordenadamente del aula. Bajé las escaleras acompañado de unos acérrimos polemistas hasta la sala de profesores. El reloj de pared marcaba las dos y diez. Tenía por costumbre comer en familia a las tres, dormir una siesta reparadora de unos veinte minutos y luego sentarme a leer y escribir, pero aquella tarde rompería la rutina para acudir a un curso sobre "La gestión del aula", y cumplir así con la obligación de asistir a unas horas de formación. Si no fuera un requisito para cobrar los complemen-tos salariales de antigüedad en el cuerpo, seguramente hubiera buscado cualquiera pretexto para escaquearme.

Esa tarde, mientras acompañaba mi sombra de vuelta al ins-tituto, creí entender por qué algunos alumnos, si pudieran, no asistirían a clase. Más que el aburrimiento, temía perder el tiempo. Salvo algunas honrosas excepciones, aquellos cursos de formación del profesorado, organizados por las autoridades competentes, me causaban un profundo desaliento. No era in-frecuente que los ponentes nos trataran a los profesores de aula como a personas inexpertas e irreflexivas, que necesitábamos que nos abrieran los ojos y nos explicasen cómo hacer las cosas. Pagaría por ver a aquellos supuestos expertos en un aula de primer ciclo intentando hacerse oír y llevar a la práctica sus teó-ricos planteamientos, mientras los alumnos les ponen a prueba con sus impertinencias y desaires, y les mandan con la música a otra parte. Para sobrevivir en las trincheras escolares sin que-marse, ni perder las ganas o el juicio, la experiencia me había enseñado que lo más importante era ser coherente, paciente y respetuoso. El talento para establecer alianzas y complicidades no se adquiría en las facultades, sino en las refriegas cuerpo a cuerpo con los alumnos.

No sé en qué momento del camino ser un buen profesor comenzó a significar llenar formularios e informes y seguir diligentemente recetas, instrucciones y protocolos, y dejó de tener que ver con leer, reflexionar y cultivarse. Esa imagen de un burócrata concienzudo y convencido, que cumplía con su tarea sin discutirla, contradecía mi visión de la labor docente. Se había impuesto una pedagogía populista, autocomplaciente y antiintelectual, que combatía la inclusión en nombre de la inclusión, promoviendo así lo contrario de lo que decía defender. Enarbolaba la bandera de la autonomía personal, la creatividad y el espíritu crítico sin tener en cuenta que nada de esto era posible sin un esfuerzo continuado. Una auténtica educación liberadora fomentaba la tenacidad, la concentración y la paciencia. Contrariamente a lo que muchos querían hacernos creer, el gozo de aprender no aumentaba con las facilidades, sino con la perseverancia. El amor al conocimiento era la consecuencia del esfuerzo que nos costaba alcanzarlo. Menospreciar la capacidad de superación del alumnado y el interés del profesorado por mejorar y seguir aprendiendo fomentaba el infantilismo. Cuanto más directiva, burocrática e integradora pretendía ser la enseñanza, más campaba la ignorancia en las aulas y crecía el analfabetismo funcional. Aun cuando las sucesivas reformas educativas incumplieron sus promesas, en ocasiones por falta de financiación y otras de realismo, sus bienintencionados planteamientos nunca se revisaron. Y en vez de aprender de sus fallos, se intentó maquillar la realidad con estadísticas y una jerga infame, como si el problema educativo fuera más semántico que social.

A las ocho y media aproximadamente entraba por la puerta de casa. Como solía ser mi costumbre, cené ligero con los míos y miré un poco la tele hasta que se hizo la hora de ir a la cama. Mientras veíamos un documental de naturaleza en Netflix, me dio por pensar que un instituto se parecía más a un bosque que a una empresa educativa, sometida a la lógica economicista del máximo rendimiento, o a un laboratorio de conocimiento, orientado a la innovación y la competencia. En ese ecosistema escolar, entramado simbióticamente, todo era reciprocidad e interrelación, como dejó escrito Alexander von Humboldt. Con esa idea en la cabeza me fui a dormir acompañado de mi mujer y, buscando el calor de su cuerpo, me sumergí en las profundas aguas del sueño.

XIII

ANATOMÍA DEL NIÑO SALVAJE

> Nos hemos apasionado por la duda car-
> tesiana y por la corrosión universal del
> espíritu crítico, convertidos en fines en sí
> mismos; hemos preferido, con Rousseau,
> renunciar a nuestra posición de adultos
> para no poner trabas a la libertad de los
> niños; hemos pensado que la cultura
> era discriminatoria, como Bourdieu; y
> hemos puesto en discusión la discipli-
> na que representaba. Y hemos dado a
> luz, tal como debiéramos haber previs-
> to, 'salvajes hechos para habitar en las
> ciudades'.
>
> FRANÇOIS-XAVIER BELLAMY,
> *LOS DESHEREDADOS*

Todavía recuerdo el día en que nuestra maestra de primaria, la señorita Nati, trajo a clase las fotos de "un
niño gacela" encontrado por un antropólogo francés
en un oasis del Sahara Occidental. Después de señalar en el
mapa que colgaba de la pared junto a la pizarra un punto fuera
del cartón coloreado, situado en el margen inferior izquierdo, y
darnos algunas someras explicaciones sobre el oficio de antropólogo, una mezcla de entre domador de leones y aventurero
con salacot, desplegó una revista ante nuestros atónitos ojos

para que contempláramos las imágenes que acompañaban el reportaje. Y luego recortó cuidadosamente una de las instantáneas, en que se veía a un crío más o menos de nuestra edad, flacucho y melenudo, trotando como Dios lo trajo al mundo por una pedregosa llanura que se extendía hasta el infinito, y la pinchó cuidadosamente en el corcho del aula.

A una edad en que todos somos un poco niños salvajes a medio domesticar y experimentamos una irresistible fascinación por los animales, aquel Mowgli del desierto encarnaba algo parecido a la felicidad para el escolar de nueve años que yo era. Durante las siguientes semanas, mientras calentaba la silla del pupitre, mis ojos se dirigían invariablemente hacia aquella foto en blanco y negro y nos imaginaba correteando juntos a la aventura. Lo ignoraba entonces, pero el primer niño gacela del que se tiene referencias documentales fue capturado allá por el año 1945 en el desierto de Transjordania, situado en el Medio Oriente, durante una batida de caza por miembros de la tribu ruweili. Si hemos de creer el testimonio del médico de la compañía Iraq Petroleum Musa Jalbout, quien hizo la primera valoración del chico y lo custodió, se trataba de un varón de unos quince años, delgado pero fuerte, con una estatura de metro setenta y la piel oscura cubierta de un vello blanco. No hablaba ni articulaba sonidos reconocibles, y se alimentaba como un herbívoro. En su informe el facultativo especula con la posibilidad de que fuera el hijo de un beduino abandonado o perdido en el desierto, donde fue amamantado por gacelas y adoptado por ellas. Aunque la historia tiene visos de credibilidad y resulta enormemente sugestiva, todo indica que fue un fraude minuciosamente orquestado para atraer la atención de los periodistas.

El revuelo que esta noticia provocó en los medios de comunicación de medio mundo tal vez arroje nueva luz sobre otro caso de "gacela humana" descubierta por el antropólogo

Jean-Claude Armen durante una expedición al Sahara Occidental (Río de Oro) en 1960. Según cuenta en un breve libro (*Gazelle-boy*), sobre cuya fiabilidad planean sombras de duda, tuvo noticias de su existencia mientras estudiaba las costumbres de los nómadas de la etnia nemadi. Siguiendo las instrucciones de sus informantes indígenas, logró divisar en la lejanía la silueta de "una forma humana desnuda, esbelta y con largo pelo negro, corriendo a saltos junto a una alargada manada de gacelas blancas". En los días posteriores intentó aproximarse al grupo unas cuantas veces, pero tan pronto como los animales percibían su olor, salían en estampida. Después de varios intentos fallidos, optó por apostarse en un pequeño oasis de palmeras y espinos a la espera de que estos acudieran a beber. En lugar de acercárseles se dedicó durante días a hacer sonar una pequeña flauta berebere o *galoubet* con la intención de ganarse su confianza. Poco a poco, los miembros de la manada perdieron el miedo, se acostumbraron a su presencia y, atraídos por la melodía, comenzaron a olisquearle y lamerle. Armen les imitó a fin de disipar sus recelos y ser acogido. Cuál no sería su sorpresa al comprobar que la cría humana se comportaba como una gacela más. Comía pasto, hojas y raíces sin valerse de las manos, olfateaba los rastros de orina y los excrementos, e imitaba en la medida de lo posible sus sonidos guturales. Incluso a falta de cola, ponía una mano en la espalda y movía los dedos como si fuera una. Cada vez que oía un ruido desacostumbrado, se quedaba inmóvil, tensaba los músculos y se ponía alerta mientras un ligero temblor le sacudía. Así describe Armen al niño gacela del desierto: "Sus ojos animados, oscuros, en forma de almendra, resaltan su expresión agradable y abierta [...]. Parece tener cerca de diez años. Sus tobillos son desproporcionadamente robustos y muy fuertes; y sus extremidades, firmes y temblorosas. En el brazo luce una honda cicatriz donde le falta un trozo de carne. Y tiene la piel cubierta de rasguños e incisiones profundas (¿los arbustos de espinos o las huellas de viejas luchas?)". A pesar de que lo estuvo espiando durante dos largos meses, no documentó fotográficamente esos encuentros porque, en palabras suyas, "temía poner en riesgo su vínculo y la continuidad de su estudio". No sería hasta una segunda expedición, en 1963, cuando tomaría las primeras instantáneas que, lejos de disipar las dudas sobre su existencia, contribuyeron a aumentarla. En ellas el supuesto niño gacela ofrece un aspecto sospechosamente europeo, lo que, con toda probabilidad, facilitó que me identificase con él y lo convirtiera en un imaginario compañero de fatigas.

En 1971, tras la publicación del libro de Armen en Inglaterra, el *Daily Mirror* desplazó a un corresponsal al Sahara Occidental para comprobar la veracidad de la historia. En su edición del 1 de febrero se pueden ver algunas fotografías del niño que corre en compañía de gacelas por una pedregosa llanura. La mayoría de los expertos las consideran un montaje destinado a vender periódicos. Aunque ese intento de fraude científico jamás hubiera prosperado y merecido la atención de la prensa si no se sumara a una larga tradición de humanos criados por animales. Baste recordar el experimento que, según refiere el historiador griego Heródoto, llevó a cabo el faraón Psamético I con la intención de dilucidar cuál fue la primera lengua que hablaron los hombres y, por consiguiente, el pueblo más antiguo de la Tierra. Con este propósito encomendó a un pastor que, como si formaran parte de su rebaño, se ocupara de dos niños, teniendo mucho cuidado de no dirigirles la palabra. Al parecer, el primer sonido que salió de sus labios fue "*bekos*", que, a decir de los consejeros del faraón, significaba 'pan' en la lengua frigia. El historiador bizantino Procopio de Cesarea también dejó constancia de un recién nacido adoptado por una cabra hacia el año 539 de nuestra era.

Aunque la categoría de "niño salvaje" ha estado sometida a una constante redefinición, e incluye tanto a infantes criados por animales como a aquellos que fueron recluidos o confinados por sus progenitores o tutores y llevaron una existencia aislada del contacto humano, se han acreditado desde finales de la Edad Media hasta nuestros días alrededor de doscientos casos. Pertenecen a esa larga nómina de "humanos selváticos" u *"Homo sapiens ferus"*, como los clasificó el naturalista ilustrado Linneo, además de los ya mencionados, los niños lobo de Hesse (1341), Wetterau (1344) y Ardenne (1500), los niños oso de Dinamarca (1600) y Lituania, el niño oveja de Irlanda (1672), el niño cerdo de Holanda (1800) y el niño leopardo de la India (1920). En este último país un reverendo protestante descubrió en 1921 dos niñas, que fueron bautizadas como Amala y Kamala, viviendo entre lobos en la región de Midnapore (Bengala Occidental). En 1937 una partida de cazadores abatió una osa que había prohijado a una muchacha en un bosque de las montañas de Bursa (Turquía). En 1972 unos campesinos encontraron a un niño en una madriguera ocupada por una camada de lobeznos, en la localidad india de Sultanpur (Uttar Pradesh). Ese mismo año saltó la noticia de "la chica canguro", que según la prensa sensacionalista llevaba años merodeando desnuda junto a una manada de esos marsupiales en Australia Occidental y a la que, tal vez para excitar la imaginación de los lectores, apodó "la ninfa de Nullarbor".

Ya en una época más reciente destaca el caso del ugandés John Ssabunnya, que se socializó con un grupo de cercopitecos, popularmente conocidos como monos verdes africanos, durante la guerra civil que asoló su país durante los años ochenta. No menos sorprendente es la historia de la niña portuguesa Isabel Quaresma, la cual vivió ocho largos años encerrada en un gallinero de la localidad de Tábua, distrito de Coimbra, alimentándose únicamente de maíz, berzas cortadas y café, hasta que fue liberada en 1980 cuando contaba diez años. En 1991 las autoridades ucranianas rescataron a otra niña, de nombre Oxana Malaya, que abandonada por sus padres alcohólicos cohabitó durante cinco años con una jauría de perros en un cobertizo cercano, adoptando sus hábitos y comportamientos. En pleno siglo XXI, en 2007, unos leñadores encontraron en una remota localidad del norte de Camboya a una mujer llamada Rochom P'ngieng, que había subsistido, en completo aislamiento y sin ningún contacto humano, en la espesa jungla durante cerca de dos décadas. Por lo que se refiere a nuestro país, cabe mencionar a Marcos Rodríguez Pantoja, a quien la Guardia Civil trajo de vuelta a la civilización en 1965, después de haber vivido de los siete a los diecinueve años sin otra compañía que lobos y otros animales salvajes en Sierra Morena.

Aunque muchas de estas historias han sido desestimadas por la ciencia por la falta de datos veraces, seducen tanto nuestra imaginación y nos provocan tal asombro que estamos dispuestos de buena gana a suspender la incredulidad y concederles el beneficio de la duda. Mientras que cada vez son más raros los casos de niños criados por animales, aumenta desde los años sesenta el número de los que han vivido en condiciones de aislamiento forzado. Lucien Malson, quien llevó a cabo el primer intento de sistematización de sus biografías, reunió hasta 53 ejemplos de infantes que, antes de 1961, habían crecido en cautiverio, sin contacto son sus semejantes ni socialización alguna. Fueron apartados en algunas ocasiones a causa de sus orígenes ilegítimos, y otras por padecer alguna discapacidad física o mental. Actualmente se han documentado 133. Forman parte de esa triste hermandad de niños incivilizados lo mismo Juan de Lieja (1630) y Kaspar Hauser (1828) que Genie (1970), una chica californiana que, cuando fue descubierta en 1970 por casualidad, llevaba trece de los diez años de su corta existencia encerrada. Todos ellos padecen graves trastornos mentales, de los que difícilmente se recuperarán, pues han perdido la plasticidad cerebral necesaria para adquirir el habla y otras destrezas humanas por culpa del abandono, la incomunicación y la falta de estimulación temprana.

Contrariamente a lo que podríamos suponer, los niños salvajes no son una reliquia del pasado, sino que, como señala Bellamy en la cita que encabeza este capítulo, habitan en nuestras ciudades. A pesar de que nuestra sociedad tecnocéntrica se halla cada vez más alejada del estado de naturaleza, o tal vez por eso mismo, abundan este tipo de menores. Basta con acudir a las aulas de las escuelas e institutos para toparse con niños y adolescentes que se rebelan contra las normas, no conocen los límites e impiden el adecuado desarrollo de las clases con sus actitudes irrespetuosas. Esos modernos niños salvajes han tenido también una deficiente socialización. Han crecido sin normas ni referentes claros, a la intemperie emocional, sin contar con nadie al que recurrir para saber cómo desenvolverse en la vida. De ahí que, pese a estar escolarizados, se comporten maleducadamente y carezcan de los hábitos y modales que, por lo general, se adquieren en el entorno familiar. Sus progenitores o tutores los han abandonado o sobreprotegido. O, como suele ocurrir con relativa frecuencia, han hecho ambas cosas: malcriarlos y desatenderlos. No han tenido reparo en anteponer sus necesidades a las de los menores y, llegado el caso, suplir su falta de cuidado con caprichos que estos no precisan, en lugar de satisfacer sus legítimas demandas, y no es la menor de ellas establecer límites que les contengan. Contrariamente a lo que cabría pensar, los niños y adolescentes experimentan la negativa a sus deseos impulsivos como afecto y atención. Si no encuentran un profesor, un familiar o alguien que les atienda, no se convertirán en adultos autónomos, equilibrados y responsables. Y por más años que cumplan, nunca florecerán por dentro y, como tantos adultos, continuarán siendo unos inmaduros de por vida.

Esta es otra de las múltiples tareas encomendadas a los educadores por una sociedad que, paradójicamente, escatima el reconocimiento a su labor. A pesar de que disminuye la consideración pública de los maestros y profesores, son cada vez más las atribuciones que se les asignan, desde la educación vial hasta la sexual, pasando por la emocional o alimentaria. Muchas familias han delegado en la escuela o, por emplear una expresión de nuestro tiempo, han externalizado la ardua tarea de educar a sus hijos y han puesto en manos de los profesionales de la educación la responsabilidad que les correspondería a ellos. En algunos países, la escuela pública primaria y secundaria se ha transformado en una red asistencial que intenta suplir la desatención o ignorancia parental. La imperiosa necesidad de mantener el orden y disciplinar a los menores ha relegado la transmisión de conocimientos a un segundo plano. No revelo nada nuevo si digo que la institución escolar tiene como función primordial el adiestramiento social o, dicho de otro modo, alentar la obediencia y la docilidad e inculcar una visión del mundo y una forma de pensar. Pero el sistema educativo fracasa a menudo tanto a la hora de domesticar como de instruir, y corre el riesgo de convertirse en una guardería de niños y adolescentes cuyos padres carecen del tiempo, la voluntad y los recursos emocionales para ocuparse de ellos. Lo peor de todo no es que durante el periodo de escolarización hayan perdido el tiempo y no hayan adquirido los conocimientos necesarios para evitar ser unos esclavos laborales, sino que tampoco han aprendido a vivir razonablemente bien en la permanente incertidumbre, ni a adaptarse al incesante cambio sin perder el dominio de sí mismos. No hay culpables, solo víctimas. Pero como todo el mundo sabe, las víctimas hacen víctimas.

No por nada, en muchos países los alumnos desahuciados por el sistema educativo acaban recalando, después de dar muchos tumbos y agotar todas las oportunidades, en los módulos o ciclos de capacitación profesional en jardinería o actividades forestales. Esa suele ser la penúltima etapa de un largo camino cuesta abajo, jalonado de fracasos escolares, previa al ingreso en la cárcel o la exclusión social. Y lo más prodigioso de todo es que no pocas veces el contacto con la naturaleza redime a esos Mowglis del futuro al que parecían destinados, los rescata de sí mismos y encarrila sus vidas. Ese es el argumento de la siguiente historia, que tiene como protagonista a un veterano profesor de un colegio público del sur del Bronx, una de las áreas más deprimidas de Nueva York.

Stephen Ritz, que así se llama este maestro de secundaria, ha llevado a cabo su singular cruzada contra el absentismo y el fracaso escolar crónico plantando huertos. Todo comenzó, según cuenta en un libro que se pega a las manos del lector como el barro a las del jardinero, *The power of a plant* [El poder de una planta], cuando las autoridades educativas respondieron a su petición de materiales didácticos para impartir su clase de ciencias, enviándole en lugar de microscopios, libros o probetas, una caja con algo parecido a cebollas, que quedó arrumbada en un rincón del aula. Acostumbrado como estaba a las penurias escolares y las promesas incumplidas de la Administración, se desentendió de ella y se concentró en la absorbente tarea de hacerse oír, desactivar los conflictos antes de que estallen y esperar a que suene el timbre. Poco se imaginaba que semanas más tarde, durante una de las habituales refriegas entre compañeros de clase, uno de ellos metería la mano en aquella olvidada caja, que cogía polvo en un rincón del aula, buscando algo que le pudiera servir de arma arrojadiza contra su rival, pero lo que sacó fue un ramillete de narcisos. Los chicos se quedaron mudos de asombro. La discusión cesó bruscamente y cedió el terreno a una sesión de preguntas interesadas. Aquellas fragantes flores obraron el milagro y consiguieron algo que parecía casi imposible: amansar las fieras y despertar su curiosidad e interés, el sueño de todo profesor que se precie. Supuso una epifanía para Stephen Ritz, quien creyó haber descubierto sin pretenderlo una inesperada herramienta educativa para captar la atención de los objetores escolares y revertir la situación del absentismo. Para decirlo con sus propias palabras, "entendí que las plantas tenían un poder con el que era posible hacer algo mayor".

Un plan municipal destinado a embellecer el barrio y tener ocupados a los complicados estudiantes del Discovery High School le brindó la oportunidad de crear un huerto comunitario en una parcela de terreno improductivo. Lamentablemente, los robos frecuentes esquilmaban la cosecha de tomates y verduras y, de paso, las ilusiones de los chicos, poniendo en riesgo la viabilidad del proyecto. Quiso la casualidad que un día que Ritz acudió junto a sus alumnos a la cadena de televisión local ABC para recoger un premio a su labor desinteresada en beneficio de la comunidad, se encontrara en el plató con George Irwin, fundador de Green Living Technologies, una compañía pionera en el diseño de paredes de cultivo y jardines verticales. Gracias a los avanzados sistemas, incluido lo último en iluminación LED, que la compañía puso a disposición de los jóvenes horticultores, estos comenzaron a cultivar huertos verticales en el interior de la escuela. Muy pronto estaban abasteciendo de frutas y verduras frescas y limpias a las familias de los alumnos y los comedores populares del barrio. Y los excedentes se comercializaban en mercadillos periódicos en el patio del centro a precios muy competitivos. Entre tanto, el rendimiento escolar mejoró. Las cifras de absentismo se redujeron y las de aprobados ascendieron significativamente. El proyecto contribuyó asimismo a mejorar no solo los hábitos alimenticios de una comunidad castigada por la lacra de la obesidad endémica y las enfermedades asociadas a ella, sino también las condiciones medioambientales del entorno escolar. Lo que empezó siendo un modo de tener a los chicos ocupados y alejados de la delincuencia, se acabó convirtiendo en una fuente de ingresos y una profesión respetable. Algunos de los alumnos de las primeras promociones se convirtieron en expertos montadores de techos verdes y jardines verticales. Cultivar fue su forma de rearmarse moralmente y escapar al destino que les tenía preparado la vida, descubriendo así que las condiciones de partida no tienen por qué condicionar tu futuro. El singular descubrimiento propició oportunidades para la creatividad y las recompensas en forma de reconocimiento y prestigio. La Green Bronx Machine se ha transformado en una organización no gubernamental que impulsa programas en escuelas de todo Estados Unidos.

El subtexto de esta historia habla de un profesor que, a una edad en que otros muchos estarían contando los días que les faltan para jubilarse, se embarca en una loca aventura tras el espejismo de una vida mejor para sus alumnos. Probablemente una persona más realista o menos entusiasta hubiera asumido que el destino de esos chicos estaba escrito y se hubiera rendido antes de empezar. El caso de Green Bronx Machine ayuda a entender tanto por qué los buenos profesionales de la educación se parecen entre sí, como por qué los profesores inspiradores lo son cada uno a su manera, pues rara vez siguen las directrices establecidas, sino sus intuiciones, y prefieren encender la llama de la curiosidad que cumplir eficientemente las programaciones didácticas. Sus logros se deben a la creatividad más que a su dominio de unos métodos pedagógicos innovadores.

Ritz pertenece a esa categoría de profesores que se toman tan en serio su labor que no están dispuestos a escudarse detrás de los malos modales y calificaciones de sus alumnos para no cumplir su obligación de intentar por todos los medios a su alcance que estos lleguen tan lejos como puedan. En pocas palabras, se niega a poner etiquetas y responsabilizar a las víctimas de su fracaso.

Al igual que todos los grandes pedagogos, Ritz ha realizado un experimento consigo mismo. A tal punto ha somatizado su propia filosofía educativa que ha perdido más de treinta kilos en el curso de este programa, gracias sencillamente a predicar con el ejemplo y comer lo que ellos mismos cultivan. Un hombre de mediana edad, alto como una torre y generoso de carnes, al que sus alumnos apodaban El Gran Queso ofrece hoy el aspecto de un quijote que, en vez de lanza en ristre, blande las tijeras de podar y se cubre la cabeza con un sombrero de paja a modo de yelmo.

Si no comprendemos los auténticos motivos por los que algunos chicos se desentienden de su educación y se convierten en objetores escolares, jamás seremos capaces de revertir la situación. Para empezar, deberíamos hacernos la incómoda pregunta de por qué esos mal llamados estudiantes ven al profesor como a un enemigo y a las clases como a una pérdida de tiempo. Contrariamente a lo que muchas veces se nos hace creer, si los niños se resisten a ir a la escuela es porque allí no aprenden lo que necesitan para salir adelante en el mundo que les ha tocado vivir. Aunque no necesariamente, el fracaso escolar es con frecuencia la consecuencia lógica de criarse en un piso pequeño de las afueras o del centro degradado, al cuidado de unos padres con empleos miserables y precarios, continuamente preocupados por cómo pagarán las facturas y llegarán a final de mes. Está claro que no es lo mismo crecer entre gritos continuos, alimentándose de comida chatarra, por usar una expresión latina, y sin que nadie te preste el suficiente caso que en un hogar rodeado de comodidades, bajo la atenta mirada de unos padres cariñosos. Algunos chicos deben recorrer un largo y tortuoso camino antes de llegar a la casilla de salida para otros. Es por eso mismo que resulta perverso responsabilizar a las víctimas de su fracaso y juzgar a los escolares por sus logros en vez de su progreso. Quienes consideran que basta con tener fuerza de voluntad y espíritu de superación para remontar unas condiciones adversas se equivocan estrepitosamente. Nunca se insistirá lo suficiente en cuánto puede el estrés socioemocional condicionar el rendimiento escolar.

Ser pobre no solo significa carecer de dinero, sino también de modelos, confianza en uno mismo y expectativas de futuro. Los pobres viven pendientes de lo inmediato, intentando capear como pueden las vicisitudes cotidianas. Abrumados por una existencia frustrante, muchos chicos se resignan a lo que les depara la vida sin luchar. Bregar con los problemas del día a día absorbe gran parte de su tiempo y sus energías vitales, y se encuentran demasiado cansados para pensar con claridad y tomar decisiones acertadas. De ahí también que muchas personas con pocos recursos económicos e intelectuales queden atrapadas en un círculo vicioso de continuas elecciones equivocadas y, por ejemplo, se gasten el dinero del alquiler en apuestas deportivas o prefieran ahorrar en comida antes que dejar de fumar. Para entender como el estrés socioemocional enturbia las capacidades, piensen en lo difícil que resulta tomar decisiones acertadas tras una noche de insomnio.

Preferimos pensar que los malos estudiantes se merecen sus bajas calificaciones, que son vagos o simplemente, en un gesto de falsa piedad tanto o más hipócrita, que padecen algún tipo de trastorno o síndrome (dislexia, hiperactividad, autismo leve...) antes de afrontar el hecho de lo que significa ser pobre, tener una infancia desgraciada, padecer exclusión, sentirse rechazado o verse abandonado. Nadie pone en duda que la igualdad de oportunidades es el principio rector de una escuela pública democrática, pero muy pocos perciben la sangrante contradicción que supone hablar de fracaso escolar cuando es el nivel de estudios e ingresos de los progenitores el que condiciona en gran medida el éxito educativo. Culpar a las víctimas de su descalabro contribuye a legitimar las desigualdades en lugar de a corregirlas. Sus malas notas no se remedian con profesores de apoyo, clases de repaso, adaptaciones curriculares o medidas legislativas. Sus suspensos son un sordo clamor, un mudo grito de desesperación que nos lleva a preguntarnos sobre el papel de la escuela en la reproducción de los males sociales. Si a la transmisión de conocimientos le quitas el gozo compartido del saber, una clase se convierte en una prisión. Si a un profesor le quitas la capacidad de inspirar con su ejemplo, queda reducido a un busto parlante. Si a la enseñanza le quitas el amor, la escuela se vuelve una fábrica regida por la lógica economicista de la productividad.

Por una amarga ironía, cuanto más se aleja nuestra sociedad de la naturaleza, más frecuentes son los casos de alumnos asilvestrados. Proliferan en nuestras escuelas esos chicos fieros, sin dejar de ser frágiles, con un elevado grado de analfabetismo emocional y dificultades de aprendizaje, abandonados o perdidos en la selva digital por unos padres ausentes o sobreprotectores. Por más que se hallen escolarizados, son los genuinos descendientes de los niños salvajes y la prueba viviente de que la mayor inhumanidad se encuentra precisamente en el seno de las sociedades civilizadas.

REFERENCIAS BIBLIOGRÁFICAS

ARMEN, Jean-Claude (1974): *Gazelle-Boy*, Nueva York, Universe Books.

BARTRA, Roger (2011): *El mito del salvaje*, Ciudad de México, Fondo de Cultura Económica.

BLUMENTHAL, P. J. (2003): *Kaspar Hauser Geschwister. Auf der suche nach dem wilden Menschen*, Stuttgart, Franz Steiner Verlag.

BORDIEU, Pierre (1966): *Les héritiers. Les étudiants et la culture*, París, Minuit.

CYRULNIK, Boris (2002): *Los patitos feos. La resiliencia: una infancia infeliz no determina la vida*, Tomás Fernández Aúz y Beatriz Eguibar (trads.), Barcelona, Gedisa.

FERNÁNDEZ ENGUITA, M. (1990): *La cara oculta de la escuela. Educación y trabajo en el capitalismo*, Madrid, Siglo XXI.

LÉVY-STRAUSS, Claude (1981): *Las estructuras fundamentales del parentesco*, Marie Thérèse Cevasco (trad.), Barcelona, Paidós Ibérica.

MALSON, Lucien e ITARD, Jean (2002): *Les enfants sauvages, mythe et réalité, suivi de Mémoire et rapport sur Victor L'Aveyron*, París, Bibliothèques.

MALSON, Lucien (1973): *Los niños selváticos. Jean Itard. Memoria sobre el niño del bosque de L'Aveyron*, Madrid, Alianza.

MALLAINATHAN, Sendhil y SHAFIR, Eldar (2014): *Scarcity. The New Science of Having Less and How It Defines Our Lives*, Nueva York, Picador.

ONFRAY, Michel (2005): *Antimanual de filosofía*, Irache Ganuza Fernández (trad.), Madrid, Edaf.

RITZ, Stephen (2017): *The Power of a plant. A Teacher's Odyssey to Grow Healthy Minds and Schools*, Nueva York, Rodale Press.

ROUSSEAU, Jean-Jacques (2011): *Emilio, o De la educación*, Mauro Armiño (trad.), Madrid, Alianza.

SAFINA, Carl (2018): *Mentes maravillosas. Lo que piensan y sienten los animales*, Irene Oliva Duque y Paula Aguiriano Aizpurúa (trad.), Barcelona, Galaxia Gutenberg.

TINLAND, Franck (2003): *L'Homme sauvage: Homo ferus et Homo sylvestris, de l'animal à l'homme*, L'Harmattan, París, Histoire des Sciences Humaines.

VELASCO, Honorio; GARCÍA CASTAÑO, F. Javier y DÍAZ DE RADA, Ángel (eds.) (2003): *Lecturas de antropología para educadores. El ámbito de la antropología de la educción y de la etnografía escolar*, Madrid, Editorial Trotta.

WILLIS, Paul (1888): *Aprendiendo a trabajar. Cómo los chicos de la clase obrera consiguen trabajos de la clase obrera*, Rafael Feito (trad.), Madrid, Akal.

ZINGG, R. M. y SINGH, J. A.: *L'homme en friche. De l'enfant-loup à Kaspar Hauser*, Bruselas, Éditions Complexe.

TERCERA PARTE

LAS RAMAS Y LAS HOJAS: EL ECOSISTEMA DEL APRENDIZAJE

XIV

NI NIÑO NI ADULTO

> Por dentro debo ser el peor pervertido
> que han visto en su vida. A veces pienso
> en un montón de cosas raras que no me
> importaría nada hacer si se me presen-
> tara la oportunidad.
>
> JEROME DAVID SALINGER,
> *EL GUARDIÁN ENTRE EL CENTENO*

Hace más de un siglo que se proclamó la muerte de Dios y, sin embargo, las creencias religiosas no han dejado de extenderse. En la descreída sociedad moderna abundan las personas devotas, que abrazan con fervor las más diversas confesiones, desde el dinero hasta la tecnología, y desde el nacionalismo hasta las terapias alternativas. Quien más quien menos necesita creer en algo que dote de sentido y valor a su vida e infunda trascendencia a sus actos. Los nuevos conversos peregrinan a los estadios de fútbol, las discotecas, la naturaleza salvaje o los centros de *fitness* en busca de su particular jubileo. Todo lo que se glorifica acaba convirtiéndose en objeto de culto, tanto da si es el veganismo, la sororidad, el pensamiento positivo o los baños de bosque, con sus peculiares ritos, ceremonias y liturgias. Si el éxtasis, en el sentido etimológico de "salir de sí", representa el culmen de la espiritualidad, pocas dudas caben de que los maratonianos, los fans de la música electrónica o los hinchas deportivos son místicos, aunque no lo sepan. Tras la actual profusión de iglesias, sectas y capillas se encubre la nostalgia del Absoluto.

En lo que creen los nuevos fieles es sobre todo en creer. El hecho de tener fe es más importante que el objeto hacia el que se profese, pues esta actúa de placebo. Su poder curativo parece desafiar la lógica científica. Si alguien cree con suficiente convicción, se desencadena en su interior un flujo de endorfinas y se siente bienaventurado, libre de ansiedad y culpa. Basta con divinizar algo o a alguien para que la gracia te redima de la soledad esencial, puedas traspasar el abismo que nos separa, trascender el yo y restablecer la unión umbilical con el mundo. No nos debiera sorprender que, en una sociedad tan impía como la nuestra, haya quien intente alcanzar un estado de beatitud colocándose, bailando hasta la extenuación en una fiesta o gritando en un estadio.

Un ateo reconocido como Bertrand Russell escribió que "el entusiasmo es el secreto de la felicidad". La palabra resulta pertinente, porque *entusiasmo* significa literalmente 'estar poseído por Dios'. En nuestra época "ese terco monosílabo", como lo llamó George Steiner, ha cambiado de ropajes y adoptado nuevas máscaras. No podemos despachar la religión de nuestras vidas simple y llanamente porque son demasiadas las interrogantes para las que no tenemos respuesta. Es imposible no sucumbir a "la tentación trascendental" cuando no somos capaces de contestar siquiera a la sencilla cuestión de por qué hay algo en vez de nada. Gracias a las creencias no nos paraliza el temor reverencial al misterio de todos los misterios que es la existencia, y conseguimos mantener a raya la ansiedad de no saber qué nos aguarda.

La paradoja es que, mientras idolatramos el éxito, la belleza o el lujo, canonizamos a santos laicos del deporte, el espectáculo o los negocios y subimos a los altares a ricos y famosos, desacralizamos la experiencia humana más íntima y espiritual: hacer el amor.

Buena prueba de ello es cómo se transmite la educación sexual en escuelas, colegios e institutos, lo que deja al descubierto nuestras flagrantes contradicciones y hace visibles las grietas de nuestra moral. Aunque por alguna razón difícil de justificar esta no figura en el currículo escolar de nuestro país, la mayoría de los centros organiza charlas, conferencias o cursos sobre el tema. Estos los suelen impartir profesionales sanitarios, psicólogos, sexólogos, agentes de policía e, incluso, representantes de las empresas líderes del sector de los productos de higiene íntima. Si bien difieren mucho entre sí las prioridades y estilos pedagógicos de esos especialistas, todos ellos comparten un mismo enfoque: el biologicista. En sus exposiciones la sexualidad se presenta como una necesidad fisiológica, cuya satisfacción permite recobrar el equilibrio y aliviar la tensión acumulada. La información que aportan resulta, por lo común, aséptica e impersonal. Y casi exclusivamente gira en torno a la genitalidad y la toma de decisiones. Nada les preocupa más que el uso por parte de los menores de los métodos anticonceptivos para impedir embarazos no deseados, que sepan poner un preservativo para protegerse del contagio de enfermedades venéreas, eviten compartir imágenes subidas de tono en las redes y reconozcan a tiempo los indicios del maltrato y acoso. Sin restar importancia a la necesidad de ser precavido y mantener una correcta profilaxis, una buena educación sexual debe también ocuparse de otras dimensiones del amor, gracias al que sentimos el fulgor del espíritu en la carne.

El objetivo final de estas clases es que los menores tomen decisiones más informadas y responsables sobre sus cuerpos, pero guiados por nuestras buenas intenciones a menudo conseguimos lo contrario de lo que pretendemos. Atizamos el temor a no cumplir con las expectativas sociales, trivializamos los encuentros íntimos y los reducimos a un excitante forcejo y una gozosa gimnasia. Preferimos darles consejos y recomendaciones a atender dudas para las que los adultos no tenemos respuestas fáciles ni claras. Los padres prefieren ver a sus hijos como "salidos" normales que como "raritos" inadaptados, les resulta menos embarazoso y más manejable que sean una tormenta hormonal andante que un pozo sin fondo de interrogantes, y respiran aliviados cuando mantienen relaciones seguras. Lo mismo les sucede a sus profesores, a quienes les tranquiliza pensar que sus alumnos son ignorantes de las realidades de la vida, más que ávidos buscadores de respuestas y sentido.

Si hubo un tiempo en que el sexo era tabú, ahora se ha convertido en un reclamo omnipresente. Resulta difícil, por no decir inviable, que las familias y los centros escolares puedan neutralizar los efectos de una publicidad que loa el erotismo y hace gravitar la sexualidad entre los polos magnéticos de la lujuria y el romanticismo. Esa imposible amalgama de lirismo barato y sexismo disfrazado de empoderamiento es una trampa para incautos, demasiado sofisticada para la mente en formación de un adolescente, y quién sabe si también para la de sus progenitores y educadores. Se les exige a las chicas que sean fuertes, *cool* y poderosas; y a los chicos otro tanto, solo que para cada uno de ellos las mismas palabras significan cosas distintas. Los modelos de feminidad y masculinidad ejemplares chirrían en las cabezas de los adolescentes, incapaces de conciliar tantos mensajes contradictorios. A nadie un poco observador se le pasa por alto que, a menudo, se combate el sexismo con medios destinados a exaltarlo. Un buen ejemplo de lo que quiero decir son los *looks* hipersexualizados que lucen muchas adolescentes. Quien se atreva a criticar sus provocadores atuendos o su

maquillaje excesivo con el argumento de que son poco apropia-
dos se arriesga a ser acusado de machista. En palabras de Jia
Tolentino, que parecen escritas para esta ocasión, "el sexismo
sigue siendo tan omnipresente que alcanza todos los rincones
de la vida de una mujer; por otra parte, no parece adecuado
criticar a las mujeres bajo ningún concepto −por su conducta
o su comportamiento− porque los reproches podrían caer en el
sexismo".

Debería hacernos también pensar que, para muchos menores, la principal fuente de información sexual es la pornografía.
Pocos resisten la tentación de entrar en alguno de los muchos
portales digitales de entretenimiento para adultos que existen
y ver con sus propios ojos toda suerte de proezas sexuales. Sobrecoge pensar lo fácil que resulta abismarse en ese abracadabrante mercado de carne. En menos tiempo del que se necesita
para contarlo, a tan solo un clic, se despliega ante sus ojos el no
va más del vicio y la depravación. Esas escenas, abrumadora-
mente explícitas y pródigas en detalles, no dejan resquicio a la
imaginación ni al misterio. Hasta las más barrocas perversiones
y libertinas fantasías tienen cabida en esas galerías, que eclip-
sarían la calenturienta inventiva del marqués de Sade. Mientras esos sitios web hipnotizan su atención y les sobrecargan
con más estímulos e información de los que pueden procesar, se
apoderan subrepticiamente de sus datos, con los que más tarde
mercadearán.

La pornografía, de paso que modela los gustos y las necesidades de los adolescentes, entumece su sensibilidad, empobrece su
idea del amor y refuerza los peores estereotipos de la feminidad
y la masculinidad. Tal vez haya que buscar aquí la explicación a
por qué resulta tan difícil erradicar la violencia contra las mujeres. Una realidad a la que tampoco es ajena la pornografía sentimental, tan embrutecedora y dañina como la sexual. Abundan

las personas que sienten la imperiosa necesidad de llamar la atención, hacerse las víctimas, airear sin pudor sus intimidades y santificar sus preferencias. El narcisismo se ha convertido en el nuevo evangelio. Aunque el Todopoderoso ya no nos vigila desde lo alto, muchos se comportan como si actuasen para una cámara invisible. Si banalizamos la sexualidad y desacralizamos el amor, corremos el riesgo de convertirnos en adoradores de naderías. Valga como ejemplo de lo que venimos diciendo las aplicaciones para ligar como Tinder y otras plataformas de encuentros y citas, donde los códigos del cortejo se han reducido a la mínima expresión y la seducción se ve sometida a las arcanas artes del encantamiento algorítmico. Para hacerse una idea de cuán deshumanizadoras pueden resultar esas fórmulas de emparejarse, señalemos que esos programas puntúan el potencial atractivo de los clientes y cuantifican su capital sexual. Algo que es posible ver como una perniciosa deriva de la evaluación continua a la que, cada vez más, estamos sometidos todos. Tampoco conviene olvidar que el negocio de la economía de la atención es nuestra infelicidad. Resultamos más previsibles e influenciables de lo que estamos dispuestos a reconocer. Nos engañamos convencidos de que no lo hacemos para continuar engañándonos. Si no orientamos a los menores ante algo así, no debiera extrañarnos que busquen la conexión y sentido de unidad en otro lugar.

Como educadores, no podemos dejar desatendida la construcción social de la sexualidad ni pensar que el despertar del deseo en la pubertad no está asociado a unos valores. Para hacerse una idea más clara de esta relación entre la cultura y el desarrollo sexual resulta interesante recordar las circunstancias que rodearon la publicación de *Adolescencia, sexo y cultura en Samoa* (1928). En este libro, que metió mucho ruido y marcó un antes y un después, la antropóloga estadounidense Margaret

Mead (1901-1978) tiró por tierra la extendida idea de que el paso de la infancia a la edad adulta constituye por fuerza un período de rebelión contra las normas, antagonismo frente a los adultos y desequilibrios emocionales. Durante su trabajo de campo con adolescentes en la isla de Ta'u, perteneciente al archipiélago de Samoa, por aquel entonces una colonia norteamericana, recabó pruebas convincentes en favor de que la pubertad no acarrea inevitablemente una crisis de identidad, ni tiene por qué estar marcada por la ansiedad ni la inestabilidad anímica. Así, por ejemplo, en la permisiva y pacífica sociedad samoana las chicas postergaban el momento de contraer matrimonio, mientras gozaban de "relaciones sexuales informales", hasta que, una vez casadas, sentaban la cabeza y, sin mayores problemas, adoptaban el rol de madres responsables. Que esa etapa de transición hacia el estado adulto resultase, por el contrario, tan convulsa en la sociedad occidental, se debía a juicio de Mead a que los adolescentes estaban obligados a tomar cruciales decisiones y demostrar su valía, al tiempo que conciliaban sus contradicciones internas. En otras palabras, la imagen prototípica del quinceañero atormentado y rebelde pecaba de etnocéntrica, ya que esta no se podía considerar universal ni necesaria. Respondía así la antropóloga a la interrogante que le había llevado hasta los mares del sur: "Las perturbaciones que afligen a nuestros adolescentes, ¿se deben a la naturaleza de la adolescencia misma o a los efectos de la civilización?". Mientras que Stanley Hall, Erik Erikson, Norman Kiell y Jean Piaget, entre otros expertos, afirmaban que esa difícil edad presenta características comunes en todas las culturas y generaciones, para Mead era el contexto sociocultural y no la naturaleza, como se había creído, el causante de tales zozobras y conflictos.

Pero la historia de este libro, convertido ya en un clásico de la antropología cultural, no acaba ahí. Tiene un corolario con un vago aire de parábola moral. En 1983, cinco años después de que su autora se hubiese despedido de este mundo, vio la luz la obra *Margaret Mead in Samoa: The Making and Unmaking of an Anthropological Myth* [Margaret Mead en Samoa: ascenso y caída de un mito antropológico] del antropólogo neozelandés Derek Freeman. El título no ocultaba sus intenciones: desmitificar los principales hallazgos y poner en entredicho la reputación académica de su carismática colega. A diferencia de ella, él hablaba fluidamente el dialecto samoano, había pasado muchos años en vez de cuatro meses conviviendo con los aborígenes e incluso había llegado a ser nombrado Logona-i-Taga, una especie de jefe tribal. Basándose en los testimonios de las informantes supervivientes de Mead, discutía la fiabilidad científica de su trabajo, a su entender, un fraude sustentado sobre tergiversaciones, malentendidos y falsedades. Esas críticas iban más allá de su técnica de recogida de datos, que juzgaba carente de rigor y precisión, y sus inconsistentes conclusiones obtenidas a partir de las sospechosas declaraciones realizadas medio siglo atrás por unas maliciosas adolescentes, hasta el núcleo mismo del relativismo cultural, que su rival intelectual había contribuido a cimentar. Por más que intentó tirar del pedestal a Mead, no lo consiguió, si bien la controversia se alargó una década y todavía resuena en las actuales discusiones entre culturalistas y naturalistas. Y, por supuesto, reverbera en la teoría *queer*. Si la adolescencia era una construcción cultural, con una evidente base biológica, lo mismo puede decirse del género. De ahí que Mead sea considerada una pionera de la crítica al sexismo biologicista y una precursora de los estudios LGTBI.

Especulaciones y polémicas aparte, en el trasfondo de las acusaciones de Freeman se halla la eterna paradoja de que los humanos creamos narraciones para contarnos verdades. Tal vez tenía eso en mente Mark Twain cuando escribió que la verdad es más extraña que la ficción, porque esta, al fin y al cabo, ha de tener sentido. El libro de Mead se lee como una novela de formación, un relato de aventuras exóticas. Una parte importante de su atractivo radica en que liga por primera vez el mito del buen salvaje con el del adolescente rebelde. Sin esa fecunda asociación no se explica la historia de los movimientos contraculturales, que la convirtieron en una de sus señas de identidad, empezando por los *beatniks*, siguiendo por los *hippies* y terminando por los ecologistas.

Mead pertenece a una clase de profetas convencidos de que los únicos que pueden salvar esta sociedad en decadencia son los jóvenes. Su indómito espíritu está concentrado en esta memorable frase pronunciada durante una conferencia en el American Museum of Natural History cuando contaba setenta años: "Una vez más, los jóvenes nos marcan el camino para modificar nuestros procesos mentales, por tanto, aceptemos lo que ellos dicen: el futuro es *ahora*". Este mensaje tiene un atractivo muy especial para los ciudadanos del siglo XXI, que sueñan con mantenerse eternamente jóvenes. No faltará, sin embargo, quien piense que la existencia de tantos viejos adolescentes es una prueba de la inmadurez crónica que aqueja a nuestra sociedad, que, como venimos hablando, favorece el retorno de lo irracional.

La madurez sexual llega antes que la social para las crías humanas en el mundo desarrollado. Tal vez haya que buscar en este desajuste la explicación a las turbulencias emocionales y conflictos familiares que se asocian habitualmente con la adolescencia. Si en otro tiempo la rebelión contra la autoridad, las interrogantes filosóficas y los altibajos anímicos caracterizaban a las chicas y chicos que luchaban por encontrar su camino hacia la vida adulta, hoy la permisividad y el clientelismo consumista les han dejado aparentemente sin motivos para insubordinarse.

Ahora bien, que los adolescentes de nuestros días no sean tan idealistas, justicieros e inconformistas como en el pasado, no significa que no padezcan tormentos y tribulaciones y atraviesen una crisis de identidad, sino que su manera de afirmarse como individuos es la ropa, la imagen y el género.

Por la misma época en que una veinteañera Mead iniciaba su estudio de campo en la remota isla de Ta'u, en el Pacífico Sur, el jefe samoano Tuiavii, del poblado de Tiavea, visitaba Europa acompañando a unos etnólogos, que regresaban a casa después de culminar sus investigaciones en la Polinesia. Los once discursos en los que recoge sus impresiones de la civilización occidental fueron traducidos al alemán en 1920. Pero no fue hasta 1929, al año siguiente de que viera la luz la mítica obra de Mead, cuando se publicaron en Holanda con el título *Los Papalagi*, nombre con que en la lengua nativa se conoce a los hombres blancos. En contraste con la sencilla, desinhibida y apacible vida de los aborígenes de Samoa, la suya está llena de inconvenientes.

Tuiavii intenta prevenir a sus vecinos, que desconocen el dinero, las prisas, el pecado y los coches, contra las aberrantes y absurdas costumbres, valores y creencias de los colonos europeos, a los que retrata como falsos, codiciosos y esclavos de muchos amos. Les advierte que los papalagi, es decir, nosotros, "no se permiten malgastar su tiempo tumbados al sol". "Están enfermos y poseídos, porque su alma ha sido atrapada por el metal redondo y el papel tosco, y nunca paran de acumular tanto como sea posible." "Son pobres a causa de sus muchas cosas". "Su trabajo se come toda su alegría, porque no hacen nada por propio gusto". "Viven únicamente con sus cabezas, mientras el resto de sus cuerpos está profundamente dormido, aunque caminen, hablen, coman y rían". "Crear pensamientos los mantiene esclavizados, intoxicados de sus propias reflexiones".

"Dinero es el único Dios verdadero para ellos, al menos si se considera que Dios es lo que más amas".

Sus espontáneos comentarios sobre la grotesca y artificiosa manera de vivir de los europeos no tienen desperdicio y, aun siendo corrosivos, mueven a la risa, como cuando se asombra del puritanismo y la hipocresía imperante en la sociedad de los papalagi con estas palabras: "Como los cuerpos de las mujeres y muchachas están siempre cubiertos vive dentro de los hombres el profundo deseo de ver su carne. Algo que uno puede muy bien imaginar. Teniendo eso en su mente día y noche, hablan mucho del cuerpo femenino de tal modo que vosotros pensaríais cómo una cosa tan bella y natural puede ser pecado y debe esconderse en la oscuridad. Solo si empezaran a enseñar esa carne podrían centrar su atención en otras cosas y sus ojos cesarían de murmurar palabras sucias cuando pasa una chica".

Pero esta historia tampoco acaba aquí. Cabe la duda de si ese brillante alegato contra la civilización occidental es un documento real o un fraude ingeniosamente urdido por el supuesto traductor de esos discursos. Erich Scheurmann (1878-1957) tuvo una vida bohemia, en la que se ganó el sustento como artista, predicador y titiritero entre otros pintorescos oficios. En 1914 se trasladó a Samoa, por aquel entonces una posesión alemana, con el encargo de escribir una historia de los mares del sur. En las antípodas le sorprendió la Gran Guerra y, cuando una fuerza expedicionaria de Nueva Zelanda ocupó el archipiélago, Scheurmann abandonó la Polinesia rumbo a Estados Unidos, donde fue tratado como un enemigo. Durante su cautiverio redactó, a partir de los apuntes que había tomado durante su estancia insular, la primera versión de *Los Papalagi*. Cuando regresó a su país natal, publicó en los periódicos, con notable éxito, fragmentos de ese texto a medio camino entre el documento etnográfico y la novela de viajes utópicos. Por más que no haya pruebas fehacientes de la existencia de ese jefe samoano, eso no quita méritos a una obra que, desde hace un siglo, ha encandilado con su aparente ingenuidad a los descontentos de la vida moderna. Cada uno es muy dueño de pensar lo que quiera. Qué más da, considero, si su contenido es auténtico o inventado cuando el relato transmite verdad y el personaje, real o ficticio, de Tuiavii de Tiavea resulta inolvidable.

Los Papalagi es otro magnífico ejemplo de que preferimos una mentira consoladora a una realidad decepcionante. Nos prestamos de buena gana a caer en ese delicioso engaño porque avala y recrea el mito del buen salvaje y de la vida regalada de los mares del sur. Si prestamos oídos a esas patrañas indigenistas, que celebran la sabiduría primitiva y la existencia de paraísos terrestres, es porque nos dicen algo que queremos escuchar, y nos devuelven la confianza en el género humano. Nos brindan una buena excusa para creer que otra vida es posible y seguir soñando con un mundo mejor.

Este libro, ignorado por la comunidad científica pero que gozó de gran notoriedad popular, ilustra a la perfección el espíritu de la época en que arraigó el relativismo cultural. Los planteamientos de este último resuenan en el actual debate sobre la identidad sexual. A medida que se extendía la convicción de que el género es una construcción cultural y no un hecho biológico, se ha vuelto más acuciante, al menos para los adolescentes, la necesidad de identificarse como heterosexuales, gais, lesbianas, bisexuales, transexuales o intersexuales, y reivindicarse como parte de un colectivo. No faltan tampoco quienes se definen por su negación a etiquetarse, adherirse a siglas o cumplir normas, y reivindican un mundo de iguales pero diferentes, sin fronteras de género, con el argumento de que la sexualidad es fluida. La crisis de identidad y la voluntad transgresora de la adolescencia se plantea ahora en otros términos. Ya no hay una única manera de ser hombre o mujer, sino muchas y cambiantes. Son tantas y tan variadas que se podría confeccionar con todas ellas una nueva *Carte du Pays de Tendre*. Con ese nombre se conocían en el siglo XVII las representaciones cartográficas del utópico País de la Ternura.

El plano de ese territorio imaginario, atribuido a François Chauveau, figuraba en el primer tomo de la novela río *Clelia, una historia romana*, escrita por Madeleine de Scudéry (1606-1701). Esta autora es una de las más destacadas representantes del movimiento literario e intelectual conocido como *preciosismo* que abrazaron numerosos miembros de la nobleza francesa durante el Barroco, y que se caracterizaba por promover unos modales refinados, un estilo de vida púdico y un uso del lenguaje tan exquisito como artificioso. Sus galantes maneras y sus postizos ademanes fueron puestos en solfa por Molière en su obra *Las preciosas ridículas*, también conocida como *Las damas afectadas*. La geografía alegórica de esa supuesta tierra de los sentimientos, cuyas tres capitales o ciudades más importantes toman su nombre de los ríos que las atraviesan (Estima, Inclinación y Reconocimiento) ilustra de forma matizada y sutil las posibilidades del afecto humano. La metáfora visual de ese utópico reino del corazón se completa con otras localidades de menos entidad diseminadas por el accidentado paisaje amoroso. Esos topónimos, que abarcan toda la gama de sentimientos y estados de ánimo, jalonan unos sinuosos itinerarios ascendentes o descendentes, como si fueran escalas o etapas de un particular viaje sentimental. Así el camino atraviesa entre otras las villas de Sinceridad, Ligereza, Amabilidad, Indiscreción, Negligencia y Generosidad, bordea las riberas del lago de la Indiferencia y se aproxima a las costas del mar de la Privacidad.

Resulta fácil establecer paralelismos e imaginar los accidentes geográficos que podrían figurar en ese nuevo Plano del País de la Ternura. Aunque se trata de un territorio todavía por cartografiar, en él las pasiones del corazón han sido sustituidas por las identidades sexuales como elemento de representación. Tal diversidad de formas de entender el género, no vinculado a los genitales, amplía nuestro campo de visión más allá de las fronteras heteronormativas y nos permite habitar en un nuevo universo mental.

REFERENCIAS BIBLIOGRÁFICAS

BUTLER, Judith (2007): *El género en disputa. El feminismo y la subversión de la identidad*, María Antonia Muñoz García (trad.), Barcelona, Paidós.

– (2006): *Deshacer el género*, Patrícia Soley-Beltrán (trad.), Barcelona, Paidós.

DUPORTAIL, Judith (2019): *El algoritmo del amor. Un viaje a las entrañas de Tinder*, Carolina Smith de la Fuente (trad.), Barcelona, Contra.

FOUCAULT, Michel (2019): *Historia de la sexualidad I. La voluntad de saber*, Ulises Guinazú (trad.), Madrid, Siglo XXI.

– (2019): *Historia de la sexualidad II. El uso de los placeres*, Martí Soler (trad.), Madrid, Siglo XXI.

– (2019) *Historia de la sexualidad III. El cuidado de sí*, Tomás Segovia (trad.), Madrid, Siglo XXI.

– (2019): *Historia de la sexualidad IV. Las confesiones de la carne*, Horacio Pons (trad.), Madrid, Siglo XXI.

FREEMAN, Derek (1984): *Margaret Mead and Samoa. The Making and Unmaking of an Anthropological Myth*, Londres, Pelican Books.

GARDNER, Martin (2001): *¿Tenían ombligo Adán y Eva? Las falsedades de la ciencia*, Juan Manuel Ibeas (trad.), Barcelona, Debate.

KOSOFSKY, Eve (1998): *Epistemología del armario*, Teresa Bladé Costa (trad.), Barcelona, Ediciones de la Tempestad.

KUPER, Adam (2001): *Cultura. La versión de los antropólogos*, Albert Roca (trad.), Barcelona, Paidós.

MEAD, Margaret (1993): *Cultura y compromiso: estudios sobre la ruptura generacio-nal*, Eduardo Goligorsky (trad.), Barcelona, Gedisa.

– (1928): *Adolescencia, sexo y cultura en Samoa*, Elena Dukelsky (trad.), Barcelona, Planeta DeAgostini.

MÉRIDA JIMÉNEZ, Rafael (2002): *Sexualidades transgresoras. Una antología de estudios queer*, Barcelona, Icaria.

PAGLIA, Camille (2020): *Sexual Personae. Arte y decadencia desde Nefertiti a Emily Dickinson*, Pilar Vázquez Álvarez (trad.), Bilbao, Deusto.

– (2019): *Feminismo pasado y presente*, Gabriela Bustelo (trad.), Madrid, Turner.

– (2001): *Vamps & Tramps: Más allá del feminismo*, Santiago García (trad.), Madrid, Valdemar.

SCHEURMANN, Erich (2000): *Los Papalagi (Los hombres blancos). Discursos de Tuiavii de Tiavea, jefe samoano, tras su viaje a Europa*, Yolanda Rubiales (trad.), Barcelona, RBA.

SHANKMAN, Paul (2009): *The Trashing of Margaret Mead. Anatomy of an Anthropological Controversy*, Paul S. Boyer (trad.), Wisconsin, University of Wisconsin Press.

SOLEY-BELTRÁN, Patrícia (2015): *¡Divinas! Modelos, poder y mentiras*, Barcelona, Anagrama.

SOLNIT, Rebecca (2016): *Los hombres me explican cosas*, Paula Martín (trad.), Madrid, Capitán Swing.

TOLENTINO, Jia (2020): *Falso espejo. Reflexiones sobre el autoengaño*, Juan Trejo (trad.), Barcelona, Temas de Hoy.

XV

CORROMPER A LA JUVENTUD

> El hombre es una extraña criatura que
> no tiene bastante con nacer una sola
> vez: necesita ser reengendrado.
>
> MARÍA ZAMBRANO

Aunque en la escuela no se habla de la muerte, gran parte de lo que allí se estudia trata de cómo los humanos intentan resistir al olvido. Qué otra cosa son las pirámides, *Las meninas*, la filosofía platónica, la tabla periódica o el teorema de Pitágoras, que tentativas más o menos vanas o exitosas de perdurar en la memoria de las generaciones venideras. Los artistas, científicos y pensadores que dejaron constancia de su paso por este mundo y habitan en la eternidad protagonizan las materias de estudio curso tras curso. El conocimiento de esa gran obra colectiva contra la destructiva labor del tiempo, que llamamos cultura, es el principal propósito de la educación. Podríamos incluso decir que el amor al saber actúa de revulsivo contra el miedo a la muerte. Pero si tanto nos preocupa preservar el recuerdo de los grandes logros y hazañas de la civilización, por qué no perdemos ni un minuto en las clases hablando de nuestra condición finita. Llenamos ese silencio con ingentes cantidades de ruido, que ahonda aún más la brecha entre quienes somos y quienes nos decimos que somos.

Ya que no podemos evitar haber nacido, y ya es demasiado tarde para morir heroicamente, tengamos la valentía de engendrarnos a nosotros mismos. Esa frase pronunciada en una clase de bachillerato hirió la sensibilidad de una alumna, y me vi envuelto en un escándalo, que estuvo a punto de costarme caro. Antes de proseguir debiera poner al lector en antecedentes. Aunque han pasado muchos años desde que la leucemia se llevó a uno de los chicos a mi cargo, no me he olvidado de Luis. La mesa y la silla que ocupaba en el extremo de la segunda fila fue retirada para que su recuerdo no nos resultara tan doloroso, o eso se dijo por parte de la dirección del centro. El joven profesor de filosofía que yo era por aquel entonces se sentía hipócrita eludiendo en clase el espinoso tema de la muerte, pero tampoco sabía cómo abordarlo con naturalidad.

Eso no ocurrió hasta un mes más tarde, cuando un día explicaba a mis alumnos cómo Sócrates se había convertido en el primer mártir de la filosofía. Nunca me canso de relatar esa historia. Reconforta ver que la indignación y el asombro se siguen reflejando en los rostros de los adolescentes al escucharla por primera vez. Empecé hablándoles de cómo los poderosos de Atenas, hartos de soportar las exasperantes preguntas y las provocadoras ironías de ese sabio burlón, se habían conjurado para darle un escarmiento y lo habían hecho detener acusándole de corrupción de la juventud e impiedad; y terminé contándoles que prefirió beber la cicuta a traicionar sus ideales, fugándose de la prisión y escapando de la ciudad en una barca que sus discípulos tenían atracada en el puerto. En esas estaba cuando una alumna me preguntó por qué le acusaban de corromper a los jóvenes, a lo que respondí que le consideraban una influencia peligrosa. Le culpaban de animarlos a rebelarse contra las autoridades, pensar por sí mismos y abandonar la religión mítica. Se trataba de una acusación no injustificada del todo, pues

Sócrates animaba a sus discípulos a despertar, dejar de vivir engañados por las apariencias y buscar la verdadera realidad de las cosas. Un tema me llevó a otro. Y me encontré diciéndoles que el animal humano sabe que va a morir y, por eso mismo, se interroga acerca del sentido de su existencia.

Ni por un instante se me pasó por la cabeza que esos comentarios pudieran molestar a ninguno de los presentes, ni mucho menos insultar la memoria de Luis. Cuál no sería mi sorpresa cuando, al día siguiente, el director me llamó a su despacho para reconvenirme por mi falta de tacto e insensibilidad. Por lo visto, los padres de una alumna, que decían hablar por boca de la mayoría, le habían llamado para quejarse por mi cruel conducta. Se advertía que le incomodaba amonestarme por semejante asunto. Pero no ocultaba el disgusto que le producía el hecho de que hubiera hablado en clase de un tema tan delicado. "Hay cosas que es mejor no nombrar", dijo en un tono de reproche. Le repliqué que, por inoportunas que pudieran haber sonado mis palabras, únicamente pretendían describir la actitud filosófica ante la vida. "Déjate de tonterías y discúlpate ante tus tutorados", me exigió sin contemplaciones. Me defendí de la humillación que eso suponía diciendo: "¿De verdad quieres que les pida perdón por recordarles que son mortales?". No acababa de creer lo que me estaba sucediendo. Me costaba entender que unos adolescentes de diecisiete años o más se pudieran sentir molestos porque un profesor les dijese que el telón cae para todo el mundo. "No me digas que eres tan soberbio como para no reconocer tu error", sentenció. Puso fin a la conversación con esa frase irrebatible y, tornando la mirada hacia los papeles que tenía encima de la mesa, me invitó a marcharme. Con la mano ya en el picaporte, volví la cabeza hacia el director y, a modo de despedida, solté una memorable frase de Sócrates que dudo conociera: "Solo la verdad convence de verdad". Aquel episodio no hubiera pasado de ser una anécdota sin importancia si no fuera porque resulta ilustrativa de hasta qué punto hablar de la muerte está vedado, se considera de mal gusto y puede herir la sensibilidad ajena. Más tarde supe que la familia de la denunciante era una fanática religiosa, pero el daño ya estaba hecho.

Proseguiré contando una fábula que habla de la imposibilidad de escapar de la realidad y de cómo invocamos la muerte cuando en realidad queremos desterrarla de nuestra vida. Érase una vez una princesa enana y jorobada de nombre Layana, a quien sus padres recluyeron en una villa atendida únicamente por sirvientes tullidos a fin de ahorrarle el sufrimiento de conocer su infortunio. Ignorante de su naturaleza monstruosa, llevó una vida apacible entre los altos muros de su lujosa residencia, hasta que un buen día un tan curioso como apuesto caminante se acercó a las tapias del jardín y fisgó por la cancela. Nada más verlo la joven Layana quedó prendada de su belleza, y casi en el mismo instante cayó en la cuenta de que, fuera, había otro mundo del que había sido brutalmente apartada. Llevada por la desesperación, puso fin a su vida precipitándose al vacío desde la torre. Según cuenta la leyenda, nada más conocer la desgracia sus fieles criados quedaron petrificados por el dolor. Sus grotescas estatuas, inspiradas en personajes de la *commedia dell'arte*, adornan hoy en día el muro perimetral que rodea la Villa Valmarana ai Nani o de los enanos. Esta creación del prolífico e influyente arquitecto renacentista Andrea Palladio se halla en las inmediaciones de la ciudad véneta de Vicenza y a escasos kilómetros de una de sus obras maestras: Villa Rotonda.

Otro jardín de pesadilla es el de la Villa de los Monstruos, construida en 1715 en Bagheria (Palermo) por el quinto príncipe de Palagonia, noble siciliano y grande de España. Fernando Gravina, Cruillas e Bonanno, que así se llamaba, hizo esculpir un elenco de horripilantes figuras, con las que, según las malas lenguas, pretendía burlarse de los asistentes a las libertinas fiestas que daba su promiscua esposa. Sobre el muro que delimita el jardín barroco se alinean enanos deformes, duendes con múltiples ojos y querubines de ceño fruncido entre otros engendros de difícil clasificación. Esas siniestras escenografías recuerdan asimismo a las del Sacro Bosco de Bomarzo (Viterbo), también conocido como Parco dei mostri, creado por el príncipe contrahecho Pier Francesco Orsini (1552-1582) en honor de su difunta esposa Giulia Farnese durante el siglo XVI. No son estos, desde luego, los únicos ejemplos de lo que podría llamarse, si se me permite el vocablo, *jardinopatía*. Si bien el libro sobre los parques habitados por endriagos, prodigios y seres de fábula está todavía por escribir, a estas alturas ha quedado claro que el rechazo a la fealdad es una extensión del miedo a la muerte. Resulta importante retener este detalle antes de regresar adonde estábamos.

A medida que se ha ido extendiendo el culto a la imagen, la juventud y la belleza, la agonía y el duelo se han convertido en algo tan innombrable, indecente y prohibido como el sexo lo había sido en épocas pretéritas. Un tabú ha cedido el terreno a otro. Tanto es así que hemos desarrollado una poderosa industria para enmascarar, borrar o corregir la decadencia física y la fealdad. Desde la cosmética hasta los complementos nutricionales, pasando por las intervenciones quirúrgicas, son muchos los recursos destinados a poner remedio a lo inevitable, luchar contra el paso del tiempo y acrecentar nuestro "capital sexual y emocional". Baste recordar que el gasto en cirugía estética de Estados Unidos supera la suma del PIB de los cien países más pobres del planeta, en los que viven alrededor de mil millones de personas.

La paradoja es que, si la belleza es por definición algo excepcional, no puede convertirse en una aspiración colectiva. Lo que antaño era considerado un don de la naturaleza, hoy es una imposición social, casi la norma. La obligación de parecer guapos boicotea la posibilidad de sentirnos bien con nosotros mismos, y nos condena a una soledad más profunda que estar solos. Nos vemos atrapados en la contradicción de no poder renunciar a unas aspiraciones irrealizables, a riesgo de quedar fuera del sistema vigente de valores. Los programadores y publicistas son cada vez más hábiles a la hora de manipular nuestro miedo al rechazo y deseo de obtener la aprobación ajena. Saben qué resortes neurológicos y teclas conscientes e inconscientes pulsar para provocar descargas de dopamina e inducir la respuesta esperada. Se aprovechan de nuestras ansias de tener una buena presencia física y un aspecto atractivo y juvenil, alimentando la vana ilusión de que de ese modo gozaremos de mayor felicidad y tendremos acceso a un mundo que ahora nos es vedado, condenándonos así a los círculos del infierno digital y el bucle infinito de la insatisfacción.

En nuestra sociedad, obsesionada por la apariencia externa, la fealdad se ha convertido en el más temido de los calificativos y el peor de los atributos, casi una afrenta a los sentidos. Y exhibirla sin complejos constituye un acto de rebeldía contra los imperativos estéticos y los dictados del mercado, una audacia creativa y un acto de afirmación individual. De ahí también que lo grotesco, deforme y antiestético se tornen atractivos e, incluso, seductores. No olvidemos que lo distinto suele resultar en un principio fascinante. Este es un tema grato al padre de la filosofía, Sócrates, quien, pese a ser feo como un sileno, no dudaba de su atractivo, pues, como defendió en un memorable diálogo platónico, la virtud embellece y el vicio afea. Podríamos preguntarnos incluso si la fealdad es una construcción cultural o un hecho natural, y si estamos programados biológicamente para sentirnos atraídos por lo bello y repelidos por lo contrario. La armonía corporal, de la que hacen gala los individuos más apuestos, es un claro indicio de salud, así como de poseer una buena dotación genética, lo que, a juicio de los expertos, explica su magnetismo y que tengan más éxito reproductivo. En palabras de Charles Darwin, "el ojo prefiere la simetría".

Nadie duda en nuestros días de que el atractivo favorece el ascenso social. La sacrosanta ley de la oferta y la demanda dicta que quien tiene buena apariencia física puede elegir y quien no cumple los estándares estéticos ha de resignarse. Contrariamente a la belleza que despierta pasiones y crea expectativas, la fealdad celebra el principio de realidad e invita a la aceptación de que las cosas son como son. Para decirlo con el lenguaje de las ciencias sociales, "la movilidad ascendente de los individuos bellos" se contrapone a "la movilidad descendente" de aquellos menos agraciados. Los ricos suelen ser más guapos que los pobres. Es más, a las personas de buen ver se les suelen atribuir más cualidades morales e intelectuales que a las menos favorecidas físicamente. De ahí también que posean más confianza en sí mismas, estén más adaptadas socialmente y gocen de mejor salud psíquica y física. No es ningún secreto que el atractivo suele coaligarse con otras cualidades socialmente deseables como el estatus, el poder o la inteligencia.

Tras la obsesión por permanecer siempre saludables y hermosos se enmascara nuestro temor a envejecer. La senilidad no es una enfermedad, sino un hecho natural e inevitable que escapa a nuestro control, por más que nos guste pensar lo contrario. Podemos matarnos en el gimnasio para no morir, quitarnos kilos como si fueran años e implantarnos prótesis, pelo o dientes para luchar contra el calendario, pero se trata de una batalla perdida de antemano y un empeño merecedor de mejor fin. Nada más lejos de mi intención que criticar el deseo de sentirse bien con uno mismo, agradar o cuidarse, siempre y cuando no sea a costa de desoír el principio de realidad y engañarse cruelmente a uno mismo. Además, negar la muerte no hace más tolerable la existencia, más bien lo contrario. Mientras que aceptar que estamos de paso por este mundo y nuestra cobertura carnal se convertirá, como en el verso de Jorge Luis Borges, "en polvo, en nadie, en nada, en olvido", nos libera de esperanzas engañosas, rebaja nuestras pretensiones y reajusta nuestras prioridades. El reconocimiento de nuestra condición mortal y la lección de crudo realismo que ello implica debiera ser el pilar central de un sistema de enseñanza que aspire a servir de cura efectiva contra la infelicidad causada por ideas erróneas, hábitos malsanos y ambiciones absurdas. A fin de cuentas, el propósito de una educación digna de ese nombre es convertir a las personas en dueñas de sus mentes y no en esclavas de expectativas ilusorias, en auténticas productoras de significado y no consumidores alienados de bienes. La interminable discusión sobre los medios para alcanzar tan nobles fines empezó con Sócrates y todavía dura.

Podemos continuar debatiendo por los siglos de los siglos cómo educar a la gente para vivir la mejor vida o, si se prefiere, estar en paz consigo mismo, pero antes de responder a esa pregunta convendría refrescar algunas ideas olvidadas de puro elementales. Los seres humanos para mantenerse cuerdos y conservar las ganas de vivir o, lo que es lo mismo, de continuar aprendiendo, necesitan sentirse necesarios, auténticos y unidos a sus semejantes. O para decirlo de una forma más precisa, su bienestar depende de que actúen en concordancia con sus principios, reconozcan el valor de su trabajo y pertenezcan a un grupo. Parece poca cosa y, sin embargo, es más de lo que puede garantizar la escuela y ofrecer la sociedad moderna a muchos ciudadanos. Demasiadas personas pasan toda su vida sin tener cubiertas las necesidades básicas de arraigo, coherencia interna y sentido. Lamentablemente, uno puede pasar doce mil horas en la escuela sin haber experimentado los beneficios de la cooperación social, el sentimiento de comunidad y la satisfacción del trabajo bien hecho, e incluso obtener un diploma que le exime de ser considerado un analfabeto pese a ser incapaz de apreciar los detalles, discernir las mentiras más burdas o leer comprensivamente un diario o el prospecto de un medicamento.

No nos debería sorprender la creciente *imbecilización* y embrutecimiento de la población cuando saber leer y escribir no acredita, ni mucho menos, que alguien entienda su realidad y pueda expresar convincentemente su ideas y emociones. Un artículo del prestigioso analista económico y político Moisés Naím, en el que analizaba los avances educativos en el siglo XXI, llevaba el elocuente título: "¿Cuál es la mayor estafa del mundo?". Leemos en él: "No se trata de que los niños no puedan ir a la escuela, es que allí no aprenden". Resume ese desalentador panorama diciendo que "los esfuerzos que hace la humanidad para educar a sus niños y jóvenes son titánicos y sus resultados patéticos". Esta es una de las más sangrantes paradojas de nuestro tiempo: el aumento de los índices de escolarización no se ha traducido en un incremento del aprendizaje ni en una mayor preparación para la vida. Y únicamente ha contribuido a consolidar la retórica autocomplaciente de los gobernantes y camuflar su incompetencia con estadísticas. El Informe sobre el Desarrollo del Banco Mundial avala este demoledor diagnóstico: la desproporción entre el tiempo invertido y los conocimientos adquiridos ponen en evidencia la ineficiencia de muchos sistemas escolares. No pretendo analizar aquí las múltiples y complejas causas de esa "bancarrota educativa", sino tan solo señalar que, si queremos preparar a los menores para lidiar con los imponderables de la existencia, tolerar la incertidumbre, convivir con sus contradicciones y adaptarse a entornos cambiantes, la enseñanza no debe perder el respeto a la realidad, ni dejar de combatir la tendencia al autoengaño.

El riesgo de desentenderse de los hechos y no ser honesto consigo mismo es que tus peores temores se cumplan. Un buen ejemplo es la actual emergencia climática. Podemos seguir contándonos mentiras consoladoras, pero, como escribió el maestro de la ciencia ficción Philip K. Dick, "la realidad es aquello que, cuando dejas de creer en ella, no desaparece". Muchas de las mejores mentes de nuestra época advierten de la amenaza de una hecatombe medioambiental y vaticinan un colapso civilizatorio si no actuamos con prontitud, antes de que el calentamiento global se vuelva irresoluble. Las obras de esos milenaristas climáticos adoptan un tono apocalíptico y presagian un ecocidio. Esta también podría ser la respuesta a la célebre paradoja de Fermi. "¿Nunca os preguntáis dónde está todo el mundo?", soltó el célebre físico a varios colegas científicos durante un memorable almuerzo en 1950. Su pregunta quería llamar su atención sobre el desconcertante hecho de que, si el universo es inmensamente grande y existen infinidad de posibilidades de que haya civilizaciones inteligentes ahí fuera, cómo es posible que, hasta ahora, no se hayan puesto en contacto con nosotros.

Una siniestra explicación a la ausencia de visitantes extraterrestres sería que se hubieran extinguido. Ese silencio cósmico encierra un silencio si cabe aún mayor y desconcertante cuando pensamos que ese pudiera ser el futuro que le aguarda a la humanidad. No es ningún secreto que todas las civilizaciones anteriores a la nuestra han entrado en barrena y colapsado. Si tenemos en cuenta que la colosal Vía Láctea está compuesta por cientos de miles de millones de sistemas solares, en los que hay alrededor de mil millones de exoplanetas habitables, hay razones para pensar que no estamos solos en la inmensidad del cosmos, pero también que, dados los miles de años luz de distancia, los exploradores intergalácticos aún no hayan contactado con nosotros. También cabe la posibilidad de que nos hubieran visitado en épocas remotas, cuando nuestros ancestros primates todavía habitaban las copas de los árboles, o incluso antes, y hubieran pasado de largo. Otra solución, tan imposible de verificar como las anteriores, a la mal llamada paradoja de Fermi es la conocida como "la hipótesis del zoológico". Esta especula con la idea de que los alienígenas nos observen, pero no quieran darse a conocer. A la luz de esta teoría, la imagen del jardín planetario cobra un nuevo y espeluznante significado. Comoquiera que sea, los astrónomos calculan que, por cada uno de los granos de arena de todas y cada una de las playas de la Tierra, hay unas diez mil estrellas en el universo o, lo que es lo mismo, cien planetas análogos al nuestro.

Aunque esas cifras escapan a nuestra comprensión, ponen en evidencia la insignificancia de esa mota de polvo estelar en la que habita la humanidad. La perspectiva de un colapso medioambiental tal vez sirva para intensificar el sentimiento de fraternidad e impulsar la cooperación grupal a fin de frenar el deterioro de la biosfera. Cuando la supervivencia depende de aunar subjetividades para encontrar soluciones imaginativas, las diferencias se borran y afloran los valores compartidos. La amenaza climática es de tal envergadura, que nos da la oportunidad de demostrar de qué somos capaces y cambiar nuestras prioridades. La mala noticia es que, para afrontar el calentamiento global con posibilidades de éxito, debemos vencer el tabú por excelencia de la sociedad moderna. Solo si dejamos de escapar de la realidad y asumimos que somos mortales, la raza humana se halla en peligro y nuestra civilización podría llegar a su fin y caer en el olvido, habrá un futuro compartido. La genuina esperanza, lo mismo que el humor, no nace del júbilo, como cabría pensar, sino de la desesperación. Hasta que no seamos presas del pánico y nos sintamos suficientemente angustiados seguramente no actuaremos, y puede que, para entonces, ya sea demasiado tarde. El reto que se nos plantea, más que ecológico, tecnológico o económico, es de índole filosófica. Tan cierto como que nos hallamos de paso por este mundo es que no estamos solos en la tarea de salvar la Tierra, cambiar la sociedad y engendrarnos a nosotros mismos. Nos tenemos los unos a los otros para persuadirnos de llevar a cabo esa conversión filosófica. Ese es el destino al que estamos llamados.

REFERENCIAS BIBLIOGRÁFICAS

AGAMBEN, Giorgio (2020): *El Reino y el Jardín*, Ernesto Kavi (trad.), Ciudad de México, Sexto Piso.

ARIÈS, Philippe (1983): *El hombre ante la muerte*, Mauro Armiño (trad.), Madrid, Taurus.

COLEMAN, Daniel (2018): *El punto ciego. Psicología del autoengaño*, Fernando Mora Zahonero y David González Raga (trads.), Barcelona, Debolsillo.

ECO, Umberto (2007): *Historia de la fealdad*, M.ª Pons Irazábal (trad.), Barcelona, Lumen.

– (2004): *Historia de la belleza*, M.ª Pons Irazábal (trad.), Barcelona, Lumen.

EHRENREICH, Barbara (2018): *Causas naturales. Cómo nos matamos para vivir más*, Laura Vidal (trad.), Madrid, Turner.

HENDERSON, Gretchen E. (2018): *Fealdad. Una historia cultural*, Guillem Usandizaga (trad.), Madrid, Turner.

MELE, Alfred R. (2016): *El autoengaño desenmascarado*, Víctor Manuel Santamaría Navarro (trad.), Madrid, Cátedra.

RENZ, Ulrich (2007): *La ciencia de la belleza*, Ignacio Romero Valero (trad.), Barcelona, Destino.

SANTAYANA, George (1999): *El sentido de la belleza*, Carmen García Trevijano (trad.), Madrid, Tecnos.

SCRUTON, Roger (2017): *La belleza: una breve introducción*, Jordi Ainaud (trad.),
    Barcelona, Elba.

SOLNIT, Rebecca (2017): *Esperanza en la oscuridad: la historia jamás contada del
    poder de la gente*, Lucía Barahona (trad.), Madrid, Capitán Swing.

S. 18. *Otto seu rasero*, in Labowa, *mauste medicina aegra*, locale, *cutload* (from...) etc. etc. *Symplasm*: Kiba.

XII, No. 3 (1819) *Wine and to sumphigne*, *talvana*, *tunt*, *lupus*... etc. etc. *Parma*, V. 3, *Barford*, p. 3-5, Madrid, Cross, 2-55

XVI

LAS EXPECTATIVAS DE LABRARSE UN FUTURO

> Si el padre es un arbusto, quiere que su
> hijo sea un árbol.
>
> ALFRED DÖBLIN, *BERLÍN ALEXANDERPLATZ*

Hans el Listo ('Clever Hans'), un caballo alemán del que se contaba que era capaz de realizar operaciones aritméticas, compartía en 1904 las portadas de los diarios con las noticias sobre la guerra ruso-japonesa, la apertura del canal de Panamá y los primeros vuelos pilotados de los hermanos Wright. Ese mismo año una comisión de trece expertos, encabezada por el director del Instituto de Psicoanalítico de Berlín, Carl Stumpf, y en la que también participaban un veterinario, un empresario circense, el director del zoológico y varios maestros de escuela y oficiales de caballería retirados, dio fe de las prodigiosas dotes de Hans y descartó en su informe la posibilidad de fraude, alegando que este efectuaba también sus cálculos sin la presencia de su propietario y adiestrador. Este era Wilhelm von Osten, un profesor de matemáticas jubilado y aficionado a entrenar caballerías, además de frenólogo convencido. Según relataba a todo el que quería escucharle, había pasado cuatro largos años instruyendo a su cuadrúpedo alumno en el patio de su casa, a la vista de los vecinos, valiéndose de recursos más propios de un pedagogo que de un domador:

una tablilla de madera con números, una pizarra con letras, un ábaco, una armónica... Los asistentes a esos cada vez más multitudinarios espectáculos quedaban boquiabiertos cuando Hans daba la respuesta correcta a los problemas matemáticos que se le planteaban, dando una cifra con un movimiento de la cabeza de un lado al otro o golpeando el suelo con la pezuña de una de sus patas delanteras.

A pesar de que no había motivo para sospechar de sus talentos, o tal vez a causa de eso mismo, el informe de la comisión recomendaba continuar investigando más a fondo un caso tan extraordinario como el del genial Pitágoras equino. Asumiría esa tarea un joven discípulo de Stumpf, llamado Oskar Pfungst, quien pronto se percató de que el caballo era incapaz de responder adecuadamente si no podía ver a su interrogador o este desconocía la respuesta. La sospecha de que, sin pretenderlo, le daba pistas sobre cuál era la contestación idónea se fue abriendo paso en su mente. Y para descartar o corroborar su hipótesis, ideó un experimento en el que colocó al caballo unas anteojeras, restringiendo su campo visual. Cuál no fue su sorpresa cuando comprobó que Hans no daba una y fallaba donde antes acostumbraba a acertar. Quedó claro que su inteligencia no era del tipo que resuelve ágilmente problemas matemáticos, sino de la que es capaz de captar y descifrar sutiles señales, emitidas por su examinador. Bastaba que este bajase la mirada, arquease ligeramente las cejas, crispase un poco el ceño o cambiase de forma casi imperceptible la expresión facial o el tono de voz, para que el caballo supiese cuándo debía detenerse. Convencido de que Hans pateaba el suelo el número exacto de veces guiado involuntariamente por el lenguaje corporal del interrogador, diseñó un nuevo experimento. Solicitó a los veinticinco estudiantes que participaron en la prueba que imaginaran un número, y él trataría de adivinarlo pegando con la mano sobre la mesa de su despacho tantos golpes como hiciera falta. El elevado índice de aciertos le persuadió, si es que aún le cabía alguna duda, de que sus interlocutores dejaban entrever inadvertidamente la cifra que tenían en la cabeza. La satisfacción se iba dibujando en el rostro de los participantes cuando se acercaba a la respuesta correcta, y su tensión facial se relajaba al alejarse. Bien pensado, la agudeza perceptiva de Hans y sus dotes para reconocer cualquier cambio, por muy insignificante que pudiera parecer, en la expresión corporal de sus observadores, nos habla de su inteligencia con tanta o más elocuencia que si pudiera realizar cálculos matemáticos.

El hallazgo fue casi tan sorprendente como que un caballo pudiera contar, calcular la fecha o dar la hora: las expectativas o sesgos del investigador influyen decisivamente en el comportamiento de los sujetos examinados y condiciona sus respuestas y, por lo tanto, el resultado de los experimentos. Desde entonces, ese fenómeno es conocido en la psicología experimental y cognitiva como "efecto Clever Hans". A fin de que esa distorsión no adultere los resultados obtenidos, se acostumbra a realizar pruebas "en doble ciego", llamadas así porque tanto los participantes en el estudio como sus analistas ignoran el propósito de este.

Esta historia basada en hechos reales ilustra a la perfección cómo las clases pueden convertirse también en una farsa, en la que los estudiantes simulan que aprenden y los profesores se engañan a sí mismos pensando que enseñan. Durante las primeras semanas del curso me había dado cuenta de las dificultades que tenían los chicos a mi cargo para razonar sus respuestas, y me propuse llevar a cabo un experimento en un grupo de veintidós niños de unos doce años para averiguar el motivo. Aquel día, nada más entrar en el aula, les pedí que guardaran los libros y cuadernos, y solo se quedaran con un bolígrafo encima de la mesa. Y siguiendo la habitual liturgia de un examen sorpresa, exigí silencio y comencé a pasearme entre los pupitres, mientras hacía entrega con gesto solemne a cada uno de una hoja impresa. Después les informé de que disponían de cuarenta minutos para leer el texto y responder a las preguntas, rellenando el hueco de las oraciones en cuestión con la palabra que faltaba. El hecho no tenía nada de particular si no fuera porque las líneas del escrito carecían por completo de sentido y estaban redactadas en una mezcla adulterada de lenguas. Por lo que se refiere a las cuestiones que lo acompañaban, resultaban igualmente incomprensibles. No fue poca mi sorpresa cuando, sin inmutarse, la mayoría de los chicos se puso a realizar la tarea como si tal cosa. Era difícil saber qué pasaba o no pasaba por las cabezas de unos alumnos que entresacaban palabras sin sentido de un texto ilegible para completar frases incoherentes. Solo una minoría se rebeló ante lo absurdo de la situación. Aun así, nadie se acercó a la mesa del profesor a demandar explicaciones. Sin sacarles de dudas, les invité a escribir sus comentarios, objeciones y quejas en el apartado de observaciones, que figuraba en el tercio inferior de la hoja. Transcurrido el tiempo anunciado, procedí a recoger los ejercicios mientras, echando un rápido vistazo a las respuestas, comprobé con una mezcla de pasmo e indignación hasta qué punto rellenar fichas mecánicamente un curso tras otro había acabado por abotargar su espíritu crítico y desterrar de su mente la duda.

Me gustaría decir que confirmar mis sospechas no me decepcionó, pero si lo hiciera faltaría a la verdad. No sabría decir qué me exasperaba más, si la dócil actitud de los alumnos o su evidente apatía. Estuve a punto de regañarles por actuar con tan poco cerebro, pero lo pensé mejor y les conté la historia de Hans el Listo. Una vez les expliqué cómo ese legendario caballo había aprendido a distinguir hasta el más mínimo cambio en la expresión del rostro de su adiestrador, gracias a lo cual podía adivinar cuándo mover la pata y en qué momento detenerse, les planteé las siguientes preguntas a bocajarro, tratando de hacerles recapacitar:

–¿Ahora vais a decirme qué he querido demostrar con este ejercicio? ¿Por qué os cuento todo esto? ¿Cuál es la moraleja de esta historia?

El tenso silencio que se abrió a continuación duró hasta que una chica de la última fila, sin molestarse en levantar la mano, soltó con rudeza:

–¡Somos unos burros!

La clase estalló en sonoras carcajadas. Todavía se escuchaban algunos rebuznos mal disimulados cuando, haciendo bascular la silla sobre las patas traseras, añadió en tono de disculpa:

–Hicimos lo que nos pediste.

Su semblante permitía suponer que estaba tan molesta como yo, pero tal vez por otros motivos. No sabía por dónde empezar, así que dije lo primero que me vino a la cabeza:

–Quien no reflexiona, no aprende.

Este episodio avala la idea de que no es el profesor el que enseña, sino el alumno el que decide aprender. De igual manera que informar no es un sinónimo de formar, adquirir destrezas tiene poco o nada que ver con educar. Es mérito de los buenos educadores ayudar a que los estudiantes visualicen quién podrían llegar a ser en un futuro si perseveran, y que esa imagen les resulte tan atractiva que ejerza un poderoso magnetismo sobre ellos y movilice su espíritu de superación. Con toda probabilidad, pondrán todo su empeño en encarnarla si la persona que les hace de espejo se ha ganado antes su confianza. En la medida en que consiguen que una ficción se vuelva verdadera, esos inspiradores docentes merecen ser considerados unos auténticos creadores.

Las expectativas favorables del educador se traducen en un aumento del rendimiento escolar, como demostraron Robert Rosenthal y Lenore Jacobson allá por 1964 en un ya clásico experimento que ilustra a la perfección cuán influenciables somos y el alcance de la motivación en el aprendizaje. En una escuela de California pasaron a 320 estudiantes de seis cursos diferentes una prueba que, supuestamente, detectaba de manera infalible a los alumnos de altas capacidades. Al cabo de unos días, proporcionaron a sus profesores una lista con los nombres de los 65 seleccionados, pero sin advertirles de que esta se había confeccionado arbitrariamente, sin tener en cuenta para nada el sondeo de marras. Los resultados de los test de inteligencia a los que, transcurridos seis meses, uno y dos años, sometieron al alumnado del centro evidenciaron que los etiquetados de forma aleatoria como "superdotados" habían experimentado un incremento estadísticamente significativo de sus cocientes intelectuales en relación con el resto de sus compañeros. Esto los llevó a pensar que, tal vez de manera inadvertida, los profesores habían esperado más de los que consideraban más dotados. Y por si esto no fuera ya suficiente para marcar las diferencias, estos se habían esforzado por estar a la altura de lo que se esperaba de ellos. Todo indicaba que las expectativas de los docentes se habían convertido, para bien o para mal, en una profecía autocumplida. Rosenthal y Jacobson bautizaron a ese fenómeno como "efecto Pigmalión", en homenaje al artista que, según la mitología griega, esculpió en piedra la estatua de una mujer de extraordinaria belleza llamada Galatea, por la que empezó a sentir una pasión irrefrenable. Y la diosa Afrodita, conmovida por su amor, dotó a la estatua de vida.

Las opiniones que muchos profesores se forjan de sus alumnos condicionan sus actuaciones, hasta el punto de que, les guste o no, sus pronósticos tienden a hacerse realidad y sus previsiones terminan por confirmarse. Este hecho, más que ratificar el poder de la mente para transformar la realidad, nos advierte de que los prejuicios soterrados y los estereotipos inconscientes distorsionan nuestro raciocinio. Pensar por uno mismo significa liberarse de los mandamientos ocultos de la educación, la clase y el género. A quien aspire a escribir su destino en vez de interpretar un guion no le queda más remedio que reeducarse, bien sea para desprogramar aprendizajes limitantes, bien sea para adquirir habilidades de las que carece. Solo los que riegan la simiente de la esperanza con el sudor de su frente cosechan sus frutos. Por eso mismo nos resultan tan conmovedores y fascinantes los relatos de chicos de la calle que se doctoran en las mejores universidades, ciegos convertidos en prolíficos escritores, trotamundos en sillas de ruedas, oradores sordos, pintores sin brazos, genios de la ciencia y la música con personalidades autistas, destacados profesionales con síndrome de Down y otras gentes desfavorecidas por la fortuna que, con una amalgama de valentía y tenacidad, consiguieron eludir el sino al que parecían condenados y convertirse en protagonistas de su historia.

Detrás de muchos de esos extraordinarios casos de superación suele encontrarse la figura de un Pigmalión, que, en algunas ocasiones, se confunde con la del buen samaritano. Un buen ejemplo de lo que venimos hablando es Anne Sullivan, quien, tras padecer una grave infección ocular, se graduó con honores en la Perkins School for the Blind para ciegos del estado de Massachusetts. Con la tinta de su diploma todavía fresca fue contratada para enseñar el lenguaje de signos y estimular intelectualmente a una niña con poco menos de siete años llamada Helen Keller (1880-1968), que a causa de una fiebre mal curada había quedado ciega y sordomuda. Aunque esta resultó ser una estudiante excepcionalmente dotada, sin la ayuda incondicional y el constante estímulo de su profesora y más tarde amiga, jamás hubiera superado sus limitaciones y llegado a ser la que fue: la primera persona sorda que se licenció en una universidad norteamericana, la autora de más de una docena de libros y una influyente activista en favor de las causas del voto femenino, los derechos de las personas con discapacidades y el pacifismo.

Casos como el suyo nos devuelven la esperanza en el género humano y su talento para superar con éxito las mayores dificultades. Y nos recuerdan también que las desdichas compartidas son menos desdichas. Nadie es capaz de apañárselas solo y salir adelante sin complicidades ni apoyos. Esos héroes de la adversidad y sus abnegados compañeros de fatigas, muchas veces anónimos, han escrito algunas de las más memorables páginas de la historia universal de la solidaridad. Mientras haya quien esté dispuesto a hacer el bien y sacrificarse por un semejante, la injusticia y la crueldad no prevalecerán en el mundo. Quien más quien menos arrastra una discapacidad que no se percibe, oculta algún trauma y sabe por propia experiencia lo que es sentirse diferente o marginado. Siguiendo el ejemplo de los que se rebelaron contra la fatalidad y no se rindieron frente a los impedimentos y las contrariedades, seamos valientes y atrevámonos a dar lo mejor de nosotros mismos.

No importa adónde te dirijas ni qué camino escojas, tus pasos irremediablemente te conducirán a la misma encrucijada: eres de los que ayudan o de los que miran para otro lado. O escuchas tu conciencia o te cuentas mentiras. Optas por vivir en coherencia con tus convicciones o en desacuerdo contigo mismo. Y tampoco es posible postergar la elección a riesgo de acabar como el asno de Buridán. Esta parábola filosófica medieval advierte de los riesgos que acechan a los indecisos. Érase una vez una caballería que se vio en la disyuntiva de escoger entre dos montones con igual cantidad de heno y situados a la misma distancia. Ante la imposibilidad de decantarse por una u otra opción, el irresoluto asno se dejó morir de hambre. En la antípoda de esa burricie se sitúa el valor para servirse de la propia razón, elegir con criterio y responsabilizarse de las consecuencias.

REFERENCIAS BIBLIOGRÁFICAS

GONZÁLEZ MONTEAGUDO, José y LORENZO RAMÍREZ, Núria (2011): *El legado pedagógico del siglo XX para la escuela del siglo XXI*, Barcelona, Graó.

MEIRIEU, Philippe (2004): *En la escuela hoy*, Àngels Mata Masó (trad.), Barcelona, Octaedro y Associació de Mestres Rosa Sensat.

– (1998): *Frankenstein educador*, Emili Olcina (trad.), Barcelona, Laertes Educación.

ROBINSON, Ken (2016): *Escuelas creativas. La revolución que está transformando la educación*, Rosa Pérez Pérez (trad.), Barcelona, Grijalbo.

ROSENTHAL, Robert y JACOBSON, Lenore (1992): *Pygmalion in the Classroom: Teacher Expectation and Pupils' Intellectual Development*, Nueva York, Irvington Publishers.

– (1980): *Pymalion en el aula. Expectativas del maestro y desarrollo intelectual del alumno*, Madrid, Marova.

SÁNCHEZ HERNÁNDEZ, M. y LÓPEZ FERNÁNDEZ, M: *Pigmalión en la escuela*, Universidad Autónoma de ciudad de México, 2005.

STOICHITA, Victor I. (2006): *Simulacros: El efecto Pigmalión de Ovidio a Hitchcock*, Anna María Coderch (trad.), Madrid, Siruela.

VAN MANEN, Max (1998): *El tacto en la enseñanza. El significado de la sensibilidad pedagógica*, Elisa Sanz (trad.), Barcelona, Paidós.

XVII

CÓMO VIVIR A LA MANERA
DE LOS ÁRBOLES

> Hay estudios que evidencian que los
> ciudadanos con una ética medioam-
> biental desarrollada tuvieron algún tipo
> de epifanía natural cuando eran niños.
> RICHARD LOUV, *LOS ÚLTIMOS NIÑOS*
> *EN EL BOSQUE*

Si las calamidades nos brindan la oportunidad de cambiar y resurgir de las cenizas convertidos en otros es porque agrietan los pilares en los que se sustenta el edificio de la realidad, precipitan su caída y fuerzan su reconstrucción. El mundo había dado muchas vueltas desde que se había superado la pandemia. El estado de alarma, el confinamiento y las mascarillas eran ya historia. Las vacunas estaban a disposición de todo el que quería prevenir el riesgo de contagio. Mal que bien, todo había vuelto a la normalidad, aunque ya nada parecía lo mismo. Los afortunados, entre los que me encontraba, retomamos el trabajo. En mi caso, impartía de nuevo clases presenciales en el instituto tras casi un año de atender a mis alumnos *online*. Los efectos del cataclismo socioeconómico estaban a la vista, pero habíamos dejado de hablar de ellos. Con la misma silenciosa rapidez con que se había extendido el virus, se había disipado la fe en el futuro. Cómo podía ser que nos sintiéramos abatidos y contentos al mismo tiempo. No había una palabra para nombrar aquel chocante estado de ánimo, colindante con la pesadumbre y el alivio. Tenía algo de duelo aplazado y de la alegría reprimida del superviviente.

Cuento todo esto para que se hagan cargo de la situación y, justo es reconocerlo, entiendan por qué actué así. Si hubiera tenido más conciencia de lo que estaba haciendo, seguramente podría haberlo llamado un experimento educativo. Lo cierto es que me desentendí del temario oficial de la asignatura de filosofía, aunque habría mucho que hablar de eso, y, siguiendo el fugaz destello de la curiosidad en la mirada de mis alumnos, procuré ganarlos para la causa del amor al saber. No fui consciente hasta tiempo después de que las clases se habían convertido en un improvisado curso de *arborisofía*. Así tituló su cuaderno de actividades una de las alumnas más capaces del bachillerato y la expresión hizo fortuna.

Todo empezó un día en que, para atraer la atención de los aletargados alumnos, lancé en medio de una explicación sobre la dialéctica del amo y el esclavo hegeliana la desconcertante pregunta: ¿Puede un hongo convertir un animal en zombi? La cara de sorpresa que pusieron me animó a contarles el caso del *Ophiocordyceps unilateralis*, un representante del reino *Fungi* originario de las selvas tropicales. Cuando este infecta a una hormiga arborícola de la especie *Camponotus leonardi*, convierte a su hospedadora en una muerta viviente al dictado de sus órdenes químicas. Entre tres y nueve días tarda ese parasitoide en extenderse por el organismo de su anfitriona y, mediante una enzima, adueñarse de su sistema nervioso y controlar sus movimientos. Este proceso de posesión o, mejor sería llamarlo, de contaminación fúngica, culmina cuando la víctima desatiende sus tareas como cortadora de hojas y se dirige al suelo del sotobosque, donde se dan unas condiciones de humedad, temperatura y luminosidad más favorables para la propagación de su huésped. Justo antes de morir, las células micóticas, que han prosperado dentro de la hormiga hasta ser casi la mitad de su masa corporal, la impulsan a trepar a una hierba y morder el borde de una hoja. Sus mandíbulas quedarán trabadas para siempre y nunca más se abrirán. De este modo el hongo se asegura de que su incauta portadora eche el ancla en el lugar propicio a sus intereses. Este, por alguna extraña razón que no se ha acabado de dilucidar, remata a su víctima cuando el sol se encuentra en su cénit. Podría ser que sincronizara con su luz el golpe de gracia, pero por ahora todo son especulaciones. Poco tiempo después se abre paso en el interior del cadáver y brota de la cabeza de la hormiga una protuberancia, que, nutriéndose de sus restos, crece hacia lo alto rápidamente como un enorme tallo con una punta globosa. Cuando esta alcanza la madurez, revienta y libera una nube de esporas. Si alguna de ellas cae sobre otra integrante del hormiguero, el proceso se repetirá. En unas pocas semanas esa plaga puede reducir una floreciente colonia a un campo sembrado de cadáveres con una extraña cornamenta. Por lo que sabemos, hay decenas de especies de hongos que atacan a distintos tipos de hormigas e incluso a otros insectos.

Mientras explicaba este abracadabrante caso de parasitismo, paseaba la mirada por la clase para cerciorarme de que los alumnos no perdían el hilo de mi narración. Nunca los había visto tan atentos. Animado por su favorable actitud, di un giro inesperado y, como la cosa más natural del mundo, me puse a hablarles de los expertos en *neuromarketing* y *neurohacking*. Ellos también dominan el arte de colonizar las mentes. Y saben perfectamente cómo retroalimentar nuestras dependencias para mantenernos enganchados y llevarnos adonde no habíamos pensado ir. Si en sus inicios internet parecía materializar el sueño de una inteligencia colectiva y descentralizada y la esperanza de una sociedad transparente, igualitaria y libre, hoy se ha convertido en una estructura opaca y centralizada de plataformas en manos de grandes compañías. Estas operan con algoritmos que, lejos de ser espontáneos o neutrales, sirven a turbios intereses corporativos, y reproducen los sesgos de sus creadores y de las firmas que los contratan. Así se explica que la red que prometía democratizar el conocimiento haya acabado nublando la claridad mental y la capacidad de razonar de muchos usuarios, exacerbando sus prejuicios y polarizando sus opiniones. Y que en ocasiones actúe como una poderosa maquinaria de desinformación y un instrumento de control social.

Cada vez pasamos más tiempo enganchados a dispositivos electrónicos de todo tipo, participando como cobayas humanas en el experimento social más grande de la historia. Todos estamos sometidos a escrutinio y vigilancia. Nuestras elecciones están siendo permanentemente puntuadas. El bienintencionado planteamiento escolar de una evaluación continua, en teoría pensada para motivar a los alumnos a superarse, ha contaminado nuestro sistema de valores y se ha impuesto como medio de retroalimentar la insatisfacción y la dependencia. La tiranía del algoritmo y la esclavitud de la gratificación inmediata promueven el conformismo y la homogeneidad, y nos impiden gozar de los beneficios de la espera. La capacidad de concentrar la atención y ser pacientes es un lujo, antiguamente de pobres, pero hoy reservado a unos pocos felices, que va camino de convertirse en un signo de estatus y una marca de distinción social, como la delgadez o la belleza.

Se puede contar la historia de la humanidad como el tortuoso y mareante camino que lleva del cazador-recolector al esclavo y de este al vasallo, luego al ciudadano y, por último, al cliente. El opio del pueblo ha sido sucesivamente la religión, la utopía, la televisión, el consumismo y, en nuestros días, el entretenimiento.

Vivimos aturdidos por la velocidad de los acontecimientos y el ruido informativo. Ninguno de nosotros podrá recuperar jamás la inocencia anterior a internet. Si no queréis caer, valga la ironía, en la red de las adicciones digitales y convertiros en un producto más, espabilad. Atreveros a pensar antes de que otro lo haga por vosotros. "RALENTIZA TU VIDA, ACELERA TU CONCIENCIA". Acababa de escribir con letras mayúsculas esa frase en la pizarra y pedir a los alumnos que la apuntaran en sus libretas cuando sonó el timbre que anunciaba el cambio de clase. Mientras empezaba a recoger, los animé a dar su opinión sobre el tema y entregarme voluntariamente una redacción.

Apenas dos días después nos volvimos a ver las caras en la misma aula. Fue una grata sorpresa comprobar que la mayoría de los alumnos habían realizado la tarea propuesta. Mientras recogía sus escritos, tuve la impresión de que esperaban que contara alguna otra historia. Una voz en mi interior me decía que ya bastaba de distracciones y retomase la explicación de Hegel donde la había dejado la semana anterior, pero lo que salió de mi boca fue: ¿Pueden los árboles sobrevivir a una bomba atómica? Para atenuar los remordimientos que me producía salirme del guion y no seguir el temario, escribí un nuevo aforismo en la pizarra: "LA CLAVE DE LA SUPERVIVENCIA ES LA ADAPTACIÓN Y DE ESTA LA CREATIVIDAD".

No os descubro nada nuevo si os digo que las ciudades japonesas de Hiroshima y Nagasaki quedaron reducidas a ruinas humeantes por las bombas atómicas, arrojadas con tres días de diferencia por el ejército estadounidense con la intención de poner fin a la Segunda Guerra Mundial, pero seguramente ninguno de vosotros ha oído hablar de los árboles que sobrevivieron a las devastadoras explosiones. Antes de que se disipara el hongo nuclear, formado por llamas, gases, humo y escombros, se calcula que habían sido aniquiladas unas 75.000 personas en el primer caso y 37.000 en el segundo. El número de heridos duplicaba esas escalofriantes cifras. Y por si alguno se lo pregunta, las secuelas de la radiación llegan incluso hasta nuestros días. La destrucción de la zona cero fue tan absoluta que solo podía considerarse un milagro que, al cabo de los meses, un árbol rebrotara o, más exacto sería decir, renaciera de las cenizas. Una aureola sagrada rodea a los pocos supervivientes de aquel horror, que se cuentan con los dedos de una mano. Los japoneses los apodan con admiración reverencial *"hibakujumoku"* ('árboles que han sufrido una explosión atómica'). Uno de los casos más emblemáticos es el de un ginkgo biloba que sobrevivió entre los escombros de un templo budista situado a menos de un kilómetro del epicentro. Sobrecoge pensar que una oleada de calor abrasador calcinó cuanto encontró a su paso. La superficie del suelo, donde sigue hundiendo sus raíces, alcanzó la mañana del 6 de agosto de 1945 más de 4.000 °C.

Difícil imaginar un caso de resiliencia vegetal más extremo que el de ese árbol. La clave de su fortaleza es una combinación de arraigo y desprendimiento. Sobrevivió gracias a haber echado raíces muy profundas, pero también a poder prescindir de casi todo y reducir sus necesidades al mínimo. Esta es una lección que nos convendría aprender. ¿Os habéis preguntado alguna vez cuántas pérdidas seríais capaces de soportar sin hundiros? Pensadlo bien. No necesito saberlo, pero me gustaría que fuerais honestos con vosotros mismos. "Uno es rico en proporción de las cosas que puede prescindir", escribió Henry David Thoreau. La idea de que alguien es más pudiente cuanto menos necesita forma parte del código genético de la filosofía. La sabiduría en todas las tradiciones culturales va asociada al desprendimiento y el olvido de uno mismo, que nace de la tranquila aceptación de nuestra naturaleza transitoria. La conciencia de la muerte invita a la iluminación de la humildad. Sabernos a la par insignificantes y parte de algo más grande que uno mismo realza el valor de la vida sin necesidad de consuelos metafísicos.

A estas alturas seguramente os preguntaréis qué tienen que ver los *hibakujumoku* con la filosofía. Esa palabra habla del amor a la sabiduría y, para decirlo claramente, esta consiste en reengendrarse. No escogimos a nuestros padres, y tampoco la época o el lugar en que vinimos a este mundo, pero sí podemos tratar de ser dueños de nosotros mismos. Y en vez de eludir la pregunta de cómo queremos vivir con la excusa de que no somos suficientemente libres, ricos, amados o cualquier otra razón, responder a esa cuestión con los hechos y asumir la responsabilidad de nuestros actos. Por si hace falta decirlo, os hablo de convertirse en adultos. Una cosa es cumplir años y otra bien distinta alcanzar la madurez. Bien lo sabéis vosotros que miráis con recelo a vuestros mayores. Está claro que muchos de ellos pasan su vida acatando obligaciones, pero desoyendo el mandato inaplazable de realizarse como personas. Se puede describir ese acto de afirmación como un alumbramiento, en ocasiones traumático y otras gozoso, pero siempre liberador. Desafortunadamente suelen merecer más atención los damnificados que los valientes. Si el victimismo resulta tan atractivo en nuestra época es porque exonera a la supuesta víctima de la obligación de dejar de serlo y permite a quienes la compadecen sentirse íntegros e inmaculados, sin necesidad de hacerse preguntas incómodas. Se precisa más valor para resistirse a la tentadora oferta de convertirse en alguien desgraciado que para lo contrario. Mientras prefiramos apiadarnos del prójimo antes que admirar su coraje, la violencia, la explotación y el abuso continuarán.

Con la última palabra en la boca sonó el timbre, recogí mis cosas y salí del aula. En menos de cuarenta y ocho horas volvía a estar frente a las mismas caras. Empecé la clase paseándome entre las mesas de los alumnos mientras les repartía las redacciones corregidas. A cada uno procuraba hacerle un comentario, a veces halagador y otras irónico o crítico, con el propósito de animarlos a seguir esforzándose y demostrarme de lo que eran capaces. Nada más entregar el último escrito me dirigí a la pizarra y escribí: "NUNCA ESTAMOS MÁS SOLOS QUE CUANDO NO NOS ACEPTAMOS A NOSOTROS MISMOS". Pero antes de entrar en materia os contaré una nueva historia.

La acacia del desierto del Teneré, situado en el centro meridional del Sahara, al noroeste de Níger, ostentó durante mucho tiempo el dudoso honor de ser el árbol más solitario del planeta, hasta que un conductor ebrio, al volante de un camión, la arrolló en 1973. El accidente resultaría cómico si no fuera porque acabó con el único árbol en cuatrocientos kilómetros a la redonda, un auténtico faro vegetal para quienes se aventuraban en ese mar de arena del tamaño de Alemania. Marcaba un hito en la ruta de las caravanas organizadas por los comerciantes tuaregs, que durante siglos han transportado sal y suministros desde el oasis de Bilma hasta la ciudad de Agadez, atravesando seiscientos kilómetros de dunas. Si su tronco no había acabado convertido en leña para el fuego y sus hojas servido de forraje para los camellos, era porque pesaba sobre ese árbol tan singular un tabú ancestral. Se había convertido en una leyenda viviente y un recordatorio del bosque que hacía unos diez mil años cubría las ardientes arenas del Sahara. De hecho, se trataba del último ejemplar de una especie de acacias con flores amarillas que había sobrevivido en aquellos inhóspitos parajes hasta bien entrado el siglo xix. Tal era su excepcionalidad, que figuraba en los mapas. Donde crecía ese malogrado árbol, cuya longevidad se dató en trescientos años, se levanta ahora una chocante réplica hecha por un artista anónimo con trozos de tubo, piezas inservibles de vehículos y bidones de gasolina.

Pese a que la acacia del Teneré apenas superaba los tres metros de altura, su escuálida silueta destacaba en aquella desolada región, castigada por el sol como pocos otros lugares de la Tierra. Allí las temperaturas ascienden por encima de los 50 °C y hay un índice de pluviosidad tan bajo que pueden pasar varios años sin que caiga una sola gota de agua del cielo. Nadie se explicaba cómo había logrado sobrevivir en tales condiciones, hasta que en el invierno entre 1938 y 1939 un destacamento del Servicio Central de Asuntos Saharianos francés, bajo el mando del comandante Michel Lesourd, descubrió excavando un pozo en las proximidades del árbol que sus raíces se hundían hasta más de cuarenta metros de profundidad. Por más increíble que pudiera parecer, durante estos trabajos fue embestida por un camión militar. La mala fortuna quiso que, en aquella ocasión, perdiera una de sus dos principales ramas y su característica forma en Y. Si ya parece poco probable que un vehículo choque con el único árbol a la vista, la repetición de un accidente de esas características desafía toda lógica. Y la única explicación posible a la ceguera momentánea del conductor es la fascinación. Ese prodigioso árbol cautivó su atención, del mismo modo que el fulgor de las llamas atrae irresistiblemente a las mariposas. Si lo pensáis bien, no os resultará una experiencia tan ajena. Quién no ha sucumbido a una falsa promesa y, reprimiendo el impulso natural de dudar, ha ido tras un espejismo de felicidad.

Se nos educa, fijaos bien en lo que os voy a decir, para tener una ambición bulímica y una voluntad anoréxica, lo que alimenta la insatisfacción y nos atrapa en el bucle de la dopamina. Este neurotransmisor, asociado a las experiencias placenteras, nos incita a la compulsiva repetición de las mismas conductas con el propósito de obtener la tan esperada gratificación. La economía de la atención ha declarado la guerra a la paciencia, la calma y la sobriedad. Nos ha usurpado el tiempo a cambio de una mayor libertad de elección. Pero cuanto más se multiplican las posibilidades de escoger, menos autonomía personal tenemos. La tiranía del corto plazo y la esclavitud de la recompensa inmediata nos impide disfrutar de los beneficios de la espera. Nuestra historia evolutiva nos ha preparado para lidiar con la escasez, pero no con la abundancia. ¡Ay de nosotros, pobres primates humanos, indefensos ante la incesante proliferación de estímulos! El estridente sonido del timbre me sacó de mis divagaciones. En un visto y no visto, había pasado la hora. Extendí un brazo hacia la pizarra y señalé la frase escrita en el encerado, mientras decía a modo de despedida: "Espero vuestros ensayos".

Cuando dos días más tarde volví a entrar por la puerta, todavía resonaban en mi cabeza los comentarios hechos por algunos alumnos que me habían parado por los pasillos. Estaba claro que mis explicaciones no les dejaban indiferentes. Me sentía honrado de que me hicieran partícipes de sus cavilaciones, pero sobre todo de que hubieran asumido una actitud filosófica. Me decía a mí mismo que el deber de un profesor de filosofía "no es enseñar pensamientos, sino a pensar". La célebre frase de Kant me ayudaba a conciliar mis propias contradicciones y me infundía confianza para volver a las andadas. Eso no quitaba que, de tanto en tanto, me debatiese entre sentimientos encontrados. Tal vez fuera preferible no llevar a los alumnos a recapacitar sobre cuestiones tan peliagudas y limitarme a dar la materia y seguir el temario, como si no fuera conmigo ni con ellos. Me enfrentaba a un viejo dilema al que, antes o después, no escapa ningún docente: formar o informar. No creo pecar de ingenuo ni darme coba a mí mismo si digo que la filosofía les concernía, tenía algo que decirles y podía ayudarles a no caer en el autoengaño y acabar convirtiéndose en unos consumidores entontecidos. Sentía que debía hacer cuanto estaba en mis manos para persuadirles de ofrecer resistencia a la manipulación, y de las redes sociales y evitar caer en la trampa de las adicciones digitales. De lo contrario me sentiría descontento conmigo mismo. La respuesta a estas dudas me la dio una alumna que, tan pronto como todos sus compañeros ocuparon sus asientos, me preguntó con desparpajo: "¿De qué árbol nos hablarás hoy?".

Me quedé pensativo y, tras un estudiado silencio, dije con rotundidad: "Pando". Y mientras escribía en la pizarra: "NECESITAMOS FLEXIBILIDAD MENTAL PARA VIVIR EN LA INCERTIDUMBRE", repetí en un tono solemne el nombre de Pando. Así se denomina a una colonia formada por unos 47.000 álamos temblones del parque nacional de Fish Lake, en el estado de Utah, en el que todos los ejemplares son genéticamente iguales, es decir, retoños o brotes del mismo sistema radicular. Ese bosque de un solo árbol o un árbol con muchos troncos cubre una extensión de aproximadamente 43 hectáreas y su biomasa ronda las 6.000 toneladas, lo que, probablemente, lo convierte en el organismo vivo más grande del planeta. Son muchos también los naturalistas que lo consideran el más longevo, pues si bien la edad media de sus integrantes se sitúa en torno a los 130 años, se data la antigüedad de la colonia en 80.000 años. De ahí que fuera bautizado con la voz latina *pando*, que literalmente significa 'se extiende'. El caso es que el gigante tembloroso, *The Trembling Giant*, como se le conoce popularmente, se rejuvenece constantemente.

Por una deformación antropocéntrica tendemos a imaginar los bosques como una suma de árboles individuales que compiten los unos con los otros por la luz y los nutrientes del suelo. Para nuestro asombro y admiración, estamos descubriendo que sus raíces intercambian alimento e información con los hongos micorrizas y las bacterias del subsuelo, creando una compleja malla subterránea a la que algunos botánicos les gusta llamar "el internet de los árboles". Esa fecunda analogía entre las redes simbióticas e informáticas ilustra a la perfección cómo todo está conectado con todo y que la naturaleza sigue siendo, incluso en nuestra sociedad tecnocéntrica, una inagotable fuente de inspiración. Los árboles significan para nosotros mucho más que alimento, madera y medicina. Nos proveen también de metáforas, símbolos e imágenes. Nuestra afinidad con los árboles no es solo espiritual, sino también morfológica. Si no fuera mucho decir afirmaría que somos un bosque andante. Baste recordar las arborescencias de los bronquiolos pulmonares, las ramificaciones neuronales o las anillas concéntricas de las huellas digitales, por no mencionar el tronco o torso y las extremidades superiores e inferiores semejantes a ramas y raíces. Estos parecidos hablan de nuestro origen común y nos recuerdan que todas las formas de vida están hermanadas genéticamente. Creer que el mundo gira en torno al animal humano es una actitud tan arrogante que merece el castigo de la soledad.

Seríamos asimismo ingenuos si pensáramos que, en el suelo de los bosques, todo es cooperación y equilibrio. No faltan árboles como el nogal negro o el arce que libran una guerra química por el territorio, exudando substancias tóxicas a través de las raíces para impedir el crecimiento en sus proximidades de competidores. Otras especies defienden su espacio vital utilizando sus hojas como barrera o manto protector, como los pinos, cuyas agujas acidifican el terreno. El juego sucio para resolver conflictos de intereses entre vecinos es más común de lo que suponemos. Abundan las plantas alelopáticas, es decir, que liberan substancias por tierra o aire para dañar a la vegetación colindante. Nos gusta pensar que todos los miembros del ecosistema trabajan juntos en paz y armonía porque nos consuela de las injusticias y desigualdades de nuestra competitiva sociedad, y nos permite seguir creyendo en que otro mundo mejor es posible. Pero lo cierto es que en las comunidades humanas y los ecosistemas naturales se dan tanto la solidaridad, los favores y la ayuda mutua como la explotación, la rapiña y el parasitismo.

Todo esto para advertiros del peligro de idealizar, una de las formas más comunes de autoengaño. Muchas personas padecen una miopía selectiva que les impide ver lo que contradice sus creencias más arraigadas. Por eso mismo es importante que os forcéis a mirar la realidad sin presunciones ni expectativas, y a poner en cuarentena vuestras más íntimas convicciones. La duda es útil, clínicamente útil, porque neutraliza y purga la indignación, una emoción altamente inflamable que resulta fácil de manipular. Esta sirve en algunos casos de biocarburante para movilizar a las masas, y en otros de coartada para que algunos individuos den rienda suelta a su agresividad sin remordimientos. Las personas, ebrias de indignación, son capaces de los más terribles atropellos y fechorías, so pretexto de estar en lo cierto y defender una buena causa. Resistid a caer en la tentación de la Verdad con mayúscula sin renunciar a buscar incansablemente las verdades con minúscula. Por más extraño que nos pueda parecer, a los animales racionales no nos gusta reflexionar. Preferimos obedecer rutinas. Tal vez porque consumen menos energía, satisfacen la necesidad de orden y nos ayudan a mantener bajo control la ansiedad causada por la incertidumbre. Por eso mismo, la enseñanza que se limita a inculcar *rutinas* de aprendizaje termina siendo alienante, una forma de adiestramiento social.

Y en ese preciso momento sonó el timbre. Antes de dar por concluida la clase, insté a los alumnos a entregarme sus redacciones pendientes. Lucía había esperado a que todos sus compañeros abandonaran el aula para acercarse a hablar conmigo. Quería decirme algo, pero no sabía cómo. Titubeó un momento antes de empezar a contarme que, cuando nació ella, su abuelo plantó una mimosa en el patio trasero. Y, tras agregar compungida que este había muerto recientemente, me preguntó con voz queda si creía que los árboles podían comunicarse:

—Estoy convencido de que sí —afirmé sin pensármelo dos veces. Callé unos instantes y puntualicé—: Utilizan un lenguaje químico. Los álamos y arces azucareros, por ejemplo, avisan a sus congéneres de una plaga de orugas liberando unas moléculas volátiles, las cuales les inducen a segregar unas substancias tóxicas en sus hojas que disuaden a las atacantes de devorarlas.

—No, no me refería a eso —se apresuró a decir con aire distraído.

—Ah, pues entonces no te sigo...

—Va a pensar que estoy loca.

—Claro que no. Te escucho.

—El otro día me quedé dormida a la sombra de la mimosa y soñé que me hablaba.

—¿Y se puede saber qué te dijo? —le interrogué intentando disimular mi desconcierto.

Lucía palideció, respiró hondo y respondió buscando mi complicidad:

—Puede leerlo usted mismo. Se lo cuento con todo detalle en mi escrito.

Y me tendió con mano temblorosa una hoja de papel. Por una extraña asociación de ideas, identifiqué la timidez de Lucía con una insólita característica de la mimosa. Basta rozar suavemente con los dedos sus delicadas hojas para que estas se retraigan apresuradamente hasta desaparecer, razón por la que recibe el apodo de púdica, vergonzosa, sensitiva y otros semejantes. Lo más curioso de todo es que estas no se cierran cuando las mece el viento o les caen encima gotas de lluvia, sino únicamente al contacto con una presencia inusual que activa sus mecanorreceptores. Todo parece indicar que se trata de una estrategia de protección para espantar a potenciales insectos depredadores o camuflarse de ellos. Estuve tentado de hacerle partícipe de mis reflexiones, pero me limité a decir:

—Entendido. Lo leeré con sumo interés.

Esbozó una sonrisa, se sonrojó y se despidió discretamente con un "espero que le guste". Por un momento, tuve la impresión de que se había replegado como una mimosa. A medida que pasaban los días, se me hacía más cuesta arriba volver a la rutina. Me decía a mí mismo que debía retomar el temario, ceñirme a la programación y, dicho sea sin ninguna ironía, dejar de irme por las ramas antes de que alguien me pidiera cuentas. Pero postergaba de un día para el siguiente ese momento con la excusa de que los alumnos parecían más satisfechos e implicados en la asignatura que nunca. La sola idea de pedirles que abrieran el libro de texto por la página en que lo habíamos dejado y ponerme a explicarles cuestiones muy alejadas de sus intereses vitales y los míos, me causaba un profundo desánimo. Lo peor no era que el instituto fuese incapaz de ofrecer respuestas a muchas de las interrogantes que les rondaban la cabeza, sino que tampoco los preparaba para mantenerse cuerdos en un mundo de locos. Siempre había sido difícil justificar la necesidad de estudiar determinadas lecciones, pero la hecatombe socioeconómica que siguió a la pandemia hizo aún más costoso encontrar sentido a lo que hacíamos hasta entonces. Y nos dejó sin argumentos convincentes para persuadir a los menores de que se involucrasen en su educación.

Sentía que, si quería cumplir con mi deber, debía preparar lo mejor posible a los alumnos a mi cargo para superar las pruebas de acceso a la universidad y los módulos de grado superior, pero también estimular su capacidad de pensar crítica y creativamente. Siempre había creído que, si los docentes realizásemos un juramento parecido al de los médicos, este debería comprometernos a mantener viva la curiosidad de los estudiantes. Me repugnaba convertirme en uno de esos burócratas de la educación disfrazados de profesores, que cumplen escrupulosamente normas y programaciones, pero eluden la responsabilidad de incentivar las ganas de saber. No me empeñaba en hablarles de álamos, acacias, ginkgos... porque sí. Sabía por propia experiencia que, imbuidos de su magia invisible, aflorarían sus irreprimibles deseos de entender el mundo y saldría a relucir el aprendívoro que llevaban dentro. Era mi manera de llevarlos por el camino de la filosofía, que desde la Antigüedad ha estado flanqueado de árboles.

Aun cuando no tenía la sensación de perder el tiempo, más bien todo lo contrario, me prometí a mí mismo que esa sería la última vez. Como de costumbre, escribí en la pizarra un aforismo, en el que intentaba sintetizar el contenido de la clase: "FRENTE AL CULTO AL YO, EL CULTIVO DE SÍ". Y, acto seguido, comencé a contarles una historia que tenía como protagonista a un legendario maestro de bonsáis del siglo XVIII llamado Isamu Sōseki. Se cuenta que ese artista cultivó un pino blanco en media cáscara de nuez durante más de cincuenta años. Aquel ejemplar que, creciendo libremente, se hubiera elevado del suelo hasta los quince o más metros, apenas levantaba unos pocos centímetros y cabía en la palma de una mano. Su añoso tronco delataba, sin embargo, su edad. Y sus armoniosas formas, talladas por los sabios dedos de Sōseki, no dejaban indiferente a nadie. Gracias a su belleza intemporal resonaba en el interior de los que lo contemplaban la música de la naturaleza. Nada en esa miniatura de árbol se había dejado al azar y todo revelaba su elaborada naturalidad.

Antes de proseguir con la narración, hice un inciso para explicar que el término japonés *bonsái* significa 'cultivo en bandeja' (de *bon*, 'tiesto', y *sai*, 'cultivo'). Los brotes de árboles se plantan en esas vasijas de cerámica, a veces cuadradas y otras redondas, pero siempre poco profundas, para limitar su absorción de los nutrientes del suelo y ralentizar su crecimiento. Se equivocan quienes piensan que los bonsáis son la expresión máxima de la dominación del ser humano sobre la naturaleza y el resultado de prácticas crueles. Su cuidado exige constante dedicación, así como escucha activa y contemplación consciente por parte del jardinero, que modela su espíritu mientras trabaja el árbol. Los grandes maestros dicen oír su voz cuando se abstraen en su labor. Se podría decir incluso que la conmovedora belleza de un bonsái es el resultado de ese fructífero diálogo. En aquel preciso momento un alumno levantó la mano en la tercera fila. Quería saber si de una semilla de bonsái crece un árbol enano. Mi manera de satisfacer su curiosidad fue contar el final de la historia de Sōseki, quien quiso ser enterrado junto a su creación más preciada. Doscientos y pico años después, donde se hallaba su tumba crece un imponente pino blanco japonés.

Tal vez os preguntéis por qué os cuento esto. Todos somos como ese maestro de bonsáis. Tenemos a nuestro cuidado un frágil arbolito, llamadlo carácter, conciencia o como prefiráis. No importa a qué especie pertenece ese vástago, sino qué somos capaces de hacer con él. Con tareas aparentemente sencillas y rutinarias como regar, podar las raíces, trasplantar y alambrar las ramas, se logra esculpir una obra de arte viva, pero se requiere paciencia, dedicación y desapego. Esa es una de las lecciones más valiosas del arte del bonsái: crecer consiste en cultivar con dedicación, no en aumentar de tamaño. Nada más lejos del frenesí consumista, la sobreestimulación y el aturdimiento en que vivimos actualmente. Todo discurre tan deprisa que acabamos teniendo visión de túnel. Una buena prueba de que la multiplicidad de elecciones no está reñida, ni mucho menos, con la estrechez de miras.

La industria de la atención no necesita chantajear a sus víctimas para que colaboren en su vigilancia y cedan sus datos, le basta con seducirlas con nuevos dispositivos y aplicaciones. Estas dan su tácito consentimiento a ser espiadas y manipuladas a cambio de más y mejor entretenimiento. Que nadie se llame a engaño: si os abstenéis de pensar, otros decidirán por vosotros qué os conviene. Vuestro destino está escrito si no recapacitáis. Espabilad antes de que os esclavicéis voluntariamente para satisfacer expectativas ajenas. Más importante que plantearos adónde queréis llegar, es preguntaros cuáles son vuestras prioridades. No seáis tan ilusos de pensar que os merecéis ser felices. Aferraos a la alegría sin sombras de estar vivos y aprended de los árboles, que no tienen opción de escapar de la realidad. Espero haberos ayudado a entender que no hay placer superior al gozo de disponer de vuestro tiempo. Sentiría que he cumplido con mi obligación si he contribuido a que os sacudáis de encima la pereza de pensar. En eso sonó el timbre. Luego abandoné el aula y pasó mucho tiempo.

REFERENCIAS BIBLIOGRÁFICAS

ALONSO, José Ramón (2016): *Botánica insólita*, Pamplona, Next Door Publishers.

ARAÚJO, Joaquín (2020): *Los árboles te enseñarán a ver el bosque*, Barcelona, Crítica.

BLACKMORE, Stephen (2015): *Universo verde. Un viaje microscópico al interior de la célula vegetal*, Ricardina Riina y Nuria Saurina (trads.), Madrid, Turner.

DRORI, Jonathan (2019): *La vuelta al mundo en 80 árboles*, Remedios Diéguez (trad.), Barcelona, Blume.

HALLÉ, Francis (2006): *Atlas de botanique poétique*, París, Éditions Arthaud.

JAHREN, Hope (2017): *La memoria secreta de las hojas. Una historia de árboles, ciencia y amor*, M.ª José Viejo Pérez e Ignacio Villaro Gumpert (trads.), Barcelona, Paidós.

JARA, David G. (2018): *El reino ignorado. Una sorprendente visión del maravilloso mundo de las plantas*, Barcelona, Ariel.

KOHN, Eduardo (2013): *How Forests Think: Toward an Anthropology Beyond the Human*, Berkeley, Los Ángeles, Londres, University of California Press.

LANIER, Jaron (2018): *Diez razones para borrar tus redes sociales de inmediato*, Marcos Pérez Sánchez (trad.), Barcelona, Debate.

LIPOVETSKY, Gilles (2007): *La felicidad paradójica. Ensayo sobre la sociedad del hiperconsumismo*, Antonio-Prometeo Moya (trad.), Barcelona, Anagrama.

MABEY, Richard (2017): *The Cabaret of Plants. Forty Thousand Years of Plant Life and the Human Imagination*, Nueva York, W. W. Norton & Company.

MAGDALENA, Carlos (2018): *El mesías de las plantas. Aventuras en busca de las especies más extraordinarias del mundo*, Belén Urrutia Domínguez (trad.), Barcelona, Debate.

MANCUSO, Stefano (2019): *El increíble viaje de las plantas*, David Paradela López (trad.), Barcelona, Galaxia Gutenberg.

POWERS, Richard (2019): *El clamor de los bosques*, Teresa Lanero Ladrón de Guevara (trad.), Madrid, AdN.

TUDGE, Colin (2006): *The Secret Life of Trees. How They Live and Why They Matter*, Londres, Penguin Books.

XVIII

BROMISTAS CON PÉTALOS

> ¿No brilla siempre una risa loca en el
> rostro encantador de Flora?
> ERASMO DE RÓTERDAM,
> *ELOGIO DE LA LOCURA*

Había una vez un campesino al que le quitaba el sueño que sus cultivos no prosperasen como debían y la recolección se retrasara más de la cuenta. Con esa preocupación en la mente, se encaminó a sus campos y pasó la jornada tirando del tallo y las hojas de los tiernos brotes para ayudarlos a crecer. Caía la noche cuando regresó a su hogar extenuado y anunció orgulloso a su familia el motivo de su fatiga. A la mañana siguiente, el hijo mayor se encontró con el triste espectáculo de que todas las plantas estaban marchitas y la cosecha echada a perder. A menudo cometemos los mayores errores con las mejores intenciones. Una posible moraleja de este viejo cuento chino es que forzar el ritmo de maduración de una planta o un ser humano puede comprometer su desarrollo. La capacidad de soportar la espera distingue a los horticultores y los educadores. Ambos trabajan para el futuro y tienen fe en la semilla. La confianza en que lo mejor está todavía por venir guía tanto el oficio de cultivar personas como plantas. La clave para entender la profunda afinidad existente entre estas dos ocupaciones es el *humor*, sustantivo que procede de una voz latina que significa líquido o humedad, y más concretamente la que rezuma la tierra. El hecho de que los vocablos *humor*, *humus* y *humano* compartan la misma raíz pone de relieve la importancia de regar los planteles para que prosperen. En el terreno de la educación eso significa irrigar la curiosidad de los alumnos. Estos únicamente florecerán si se lo pasan bien aprendiendo. Esa es la única receta cuya aplicación garantiza el éxito pedagógico. Tal vez tenía eso en mente Albert Einstein cuando escribió que "el supremo arte de enseñar consiste en despertar la alegría que impregna y acompaña el proceso del conocimiento". Aún recuerdo el comentario de una veterana profesora que, a la pregunta de cuál era su método, contestó: "La letra con risa entra". Y añadió con un brillo pícaro en la mirada: "Si no arranco una sonrisa a *mis monstruos* siento que he perdido el tiempo".

Hay un tipo de educador, poco ortodoxo y de carácter guasón que hace del humor su principal recurso didáctico. Bromear es su peculiar manera de combatir la pereza mental y espabilar el entendimiento, preparándolo para tareas intelectuales. Sabedores de que la risa masajea las neuronas y lubrica el proceso de aprendizaje, estos enseñantes sazonan sus explicaciones con comentarios jocosos, anécdotas hilarantes y observaciones graciosas. Así consiguen que no decaiga la atención. Ya lo dice una vieja sentencia: los maestros que se divierten enseñando consiguen que los alumnos se diviertan aprendiendo.

Resulta difícil exagerar los beneficios educativos del humor: libera las tensiones acumuladas, distiende el ambiente de clase y alivia el estrés, fortalece su motivación y estimula su espíritu de observación, creatividad y empatía, además de fomentar los vínculos personales y convertir el estudio en un juego. Pero conviene no olvidar que este tiene también una cara oscura, cáustica y agresiva. La risa puede brotar del descontento en vez de hacerlo de la alegría de vivir y usarse como un arma punzante. La mordacidad, el sarcasmo, la burla o la ridiculización dentro del aula suelen ser mal recibidas. Así como reír juntos acorta las distancias y une con los cómplices vínculos del gozo compartido, verse convertido en el hazmerreír de un profesor o un padre genera un hondo resentimiento en la víctima. Entre los docentes más odiados suelen estar aquellos que escarnecen a sus alumnos y vuelcan sobre ellos su bilis, transformándolos en el blanco de su negra ironía. Las personas satisfechas, equilibradas y bondadosas rara vez hieren con su ingenio y suelen ser más proclives a reírse de sí mismos que de otros.

Hay motivos fundados para discrepar de que el humor sea un fenómeno exclusivamente humano. Aunque a más de uno puede parecerle un sacrilegio intelectual o un mal chiste filosófico, las plantas también gastan bromas. Su vis cómica se manifiesta sin necesidad de palabras en cómo toman el pelo y manipulan sin recato a sus polinizadores, incluidos los humanos, o en cómo se burlan de sus depredadores, segregando fragancias repulsivas o irresistibles, según convenga. La inteligencia vegetal contrasta llamativamente con la del animal racional, que sucumbe al embrujo de sus flores desde tiempo inmemorial. Es más: permanecer insensibles a sus encantos es un claro indicio de depresión nerviosa, como el insomnio o la falta de apetito. Hay algo también risible, casi chistoso, en que agasajemos a alguien regalándole el órgano sexual de una planta. Esa afición humana, documentada desde la prehistoria, ridiculiza nuestra pretensión de superioridad. La sola idea de utilizar los genitales de cualquier animal con parecido propósito, sin duda, nos repelería y resultaría esperpéntica. Tampoco olvidemos que algunas plantas como el hipérico o hierba de san Juan, la griffonia o la melisa tienen efectos euforizantes y antidepresivos. Levantan el ánimo y potencian el buen humor no menos que las bromas, guasas y payasadas. El caso es que casi todos los registros de lo cómico se pueden documentar en el reino vegetal, desde la parodia hasta la sátira, pasando por la ironía.

"Si las plantas hablaran –escribió Ludwig Wittgenstein–, no las entenderíamos". Tal vez tampoco estemos preparados para comprender sus chistes. Sabiendo como sabemos que, sin tener sistema nervioso, reaccionan a las sutiles variaciones del entorno; aun careciendo de cerebro, demuestran inteligencia para adaptarse a las más diversas condiciones, y sin contar con voz, se comunican, por qué no preguntarse si poseen sentido del humor. Tal vez parezca exagerado atribuirles la capacidad de reírse, pero aún más extraño es que concilien el sueño, un fenómeno conocido como "nictinastia" ya observado por Linneo en *Somnus plantarum* (1755).

Cuando cae la noche, algunos representantes del reino vegetal repliegan sus hojas y flores y se enroscan sobre sí mismos como si retornasen a las primeras etapas de su desarrollo, otros se comportan de un modo que solo podemos calificar de burlón. Baste recordar la parietaria judaica (*Parietaria officinalis*), la alcaparra (*Capparis spinosa*) y otras plantas rupícolas que trepan por las murallas y las paredes de vetustos edificios, lejos del suelo y sin apenas tierra, poniendo en riesgo la estabilidad de construcciones históricas y mofándose irreverentemente de las pretensiones humanas de perdurabilidad. Ese humor subversivo está también presente en muchas malas hierbas que invaden cultivos, pastos y zonas marginales, donde prosperan con una envidiable capacidad de adaptación y regeneración, como la amapola (*Papaver rhoeas*), el azulejo (*Centaurea cyanus*), la caléndula (*Calendula arvensis*) y el diente de león (*Taraxacum officinale*), entre otras muchas. Un caso aparte lo constituyen las llamadas "supermalezas" (*superweeds*), resistentes a los herbicidas, como el *Amaranthus palmeri*, que amenaza los cultivos de soja y maíz en Argentina y Estados Unidos, o la *Eleusine indica*, que ha invadido los arrozales de Malasia.

La inmovilidad de las plantas ha aguzado su ingenio y las ha llevado a perfeccionar sus artimañas adaptativas. Se podría escribir un tratado sobre sus hilarantes tretas para ahuyentar a los depredadores y atraer a los polinizadores. El mimetismo en todas sus variantes ilustra a la perfección su talento para la farsa y sus dotes humorísticas. Podríamos citar aquí el ejemplo de la orquídea *Ophrys speculum*, cuyo velloso labelo o labio inferior se asemeja tanto a una avispa hembra de la especie *Campsoscolia ciliata*, que los machos intentan copular infructuosamente con la flor contribuyendo sin pretenderlo a la polinización. No son las únicas orquídeas que cultivan el equívoco. Otras añaden a la sugestión visual también la olfativa, liberando una fragancia similar a las feromonas sexuales de las hembras del insecto que quieren encandilar. La industria perfumista ha imitado los trucos que emplean algunas plantas para seducir a los polinizadores y ha comenzado a incorporar feromonas humanas como señuelo comercial a la fórmula magistral de algunas fragancias con el propósito incierto de activar la atracción sexual de una pareja.

La planta que ha llevado más lejos esa capacidad de simulación tal vez sea la liana *Boquila trifoliata*, originaria del sur de Chile. Sus hojas adoptan la forma y el color de las del árbol por el que trepa. Y por si esto no fuera ya bastante pasmoso, vuelve a mudar de aspecto cuando en su crecimiento se extiende por las ramas de un anfitrión de otra especie. Otro estilo de camuflaje no menos extravagante y exitoso es el utilizado por los cactus del género *Lithops*, que para protegerse de posibles depredadores herbívoros se hacen pasar por piedras o guijarros del suelo. Merecen un capítulo aparte las cizañas miméticas, malezas que invaden los cultivos de arroz, trigo y otros cereales, a las que dado su parecido con los anfitriones resulta muy difícil identificar y, por consiguiente, expurgar. Otro ejemplo emblemático de cómo las plantas se las arreglan para salirse con la suya es la orquídea terrestre *Epidendrum ibaguense*, que prolifera en México, Brasil y Bolivia. Sus flores de color naranja con un labelo amarillo chillón imitan las de otra planta: la asclepiadácea. Las mariposas que, engañadas por su falsa apariencia, se acercan a libar su néctar, se sorprenden cuando su espiritrompa queda atrapada. Mientras forcejean para liberarse se les adhiere el polen de la impostora y se convierten en su involuntario portador. Pero disfrazarse es solo una de tantas triquiñuelas que emplean para prendar a sus víctimas y lograr sus propósitos. El portentoso caso de la *Marcgravia evenia*, una enredadera tropical originaria de Cuba, muestra cuán sutiles y refinadas pueden llegar a ser esas mañas. Sus hojas cóncavas actúan como reflectores parabólicos, que devuelven las señales acústicas emitidas por los murciélagos, sus agentes polinizadores. Gracias a este sofisticado sistema de ecolocalización, estos pueden acudir en busca de su néctar.

Este breve apunte sobre las bromas que gastan las plantas quedaría incompleto si no mencionáramos las alergias, un modo muy suyo de tomarnos el pelo. El polen de numerosas especies vegetales, en especial las gramíneas, las oleas y las parietarias, provoca reacciones adversas a un número creciente de personas. Este es percibido por su organismo como un agente nocivo, desatando la reacción de su sistema inmunitario, que libera en el torrente sanguíneo histamina y otras sustancias químicas causantes de la inflamación de la mucosa nasal, los estornudos, el enrojecimiento ocular y el lagrimeo, entre otros molestos síntomas. Solo en España hay ocho millones de personas afectadas, lo cual representa el 17% de la población. Aun cuando no está claro por qué estas se convierten en blanco de sus chanzas y burlas, las pruebas científicas revelan que los pólenes de áreas contaminadas causan más fácilmente una respuesta alérgica.

Un buen ejemplo del grado de sofisticación que pueden alcanzar sus estratagemas manipuladoras, nos lo ofrecen los estupefacientes vegetales, capaces de quitarnos de los ojos la venda de la realidad, hacernos entrar en trance y transportarnos a otros mundos, donde no llega el lenguaje. El que sus principios activos hayan evolucionado hasta convertirse en una muy lograda imitación de los neurotransmisores cerebrales sigue siendo un misterio sin resolver, además de la poderosa razón por la que sus consumidores viven experiencias por muchos consideradas trascendentales. Hay algo profundamente irónico en que esos momentos cumbre de la existencia se deban a la ingesta de plantas. Alguien con un poco de imaginación incluso lo consideraría una broma pesada. Su poder para aclarar o enturbiar las puertas de la percepción humana solo es comparable al que poseen las plantas venenosas como la sardonia o *Ranunculus sceleratus*. La poseedora de ese sugerente nombre es un apio silvestre que contiene una toxina mortal llamada anemonina. Quien la ingiere se despide de este mundo con una sonrisa sardónica dibujada en el rostro, lo que, bien pensado, representa el no va más del humor negro.

Todo lo expuesto anteriormente nos lleva a concluir que las plantas conocen las debilidades y preferencias de sus vecinos y las explotan en su provecho. Y, por supuesto, los humanos no son ninguna excepción. Sus arteras tácticas para negociar con los polinizadores y depredadores del entorno van desde recompensar con néctar a los aliados hasta reclutar mercenarios, pasando por emplear la guerra química contra los enemigos o embaucarlos con señuelos. Las interacciones entre animales y plantas admiten todas las formas, comenzando por las asociaciones mutualistas, beneficiosas para ambas partes, continuando por un oportunismo más o menos sibilino y terminando por los mil y un tipos de parasitismo. Ese talento para estafar, mentir o burlarse habla de su inteligencia radial, descentralizada, difusa. Puede que no se mofen o manipulen deliberadamente y que su guasa, por no llamarla socarronería, sea únicamente una conducta seleccionada evolutivamente, porque representa una ventaja adaptativa que favorece el éxito reproductivo. Comoquiera que sea, se las apañan a las mil maravillas para aprovecharse de la credulidad ajena y prosperar a costa de sus ilusos interlocutores. Quizá el único cometido de sus bellas flores, fragantes aromas y virtudes terapéuticas o de otra clase sea colonizar a sus colonos.

Como adoradores de las formas que somos, los humanos profesamos por las plantas una pasión muchas veces no correspondida. Sus hojas, frutos, semillas, ramas y flores no solo nos han servido de alimento, material de construcción, medicina, ornamento y ofrenda, sino también de metáforas, símbolos y alegorías. La imaginería vegetal ha enriquecido desde siempre nuestras leyendas, mitos y ceremoniales. La flora ha sido tanto una fuente inagotable de inspiración para nuestras creaciones como un símbolo de lo más preciado de nuestra cultura. Así y todo, tendemos a verlas más como nos gustaría que fueran que como realmente son, y a llevar demasiado lejos los paralelismos y las analogías, cuando no a caer en el antropocentrismo.

Damos por sentadas muchas ideas sobre las plantas que son verdades a medias o, simplemente, falsas. Aunque las percibimos como inmóviles, crecen sin cesar. Aunque parecen guardar un silencio sepulcral, se comunican mediante señales químicas por el aire y el subsuelo. Aunque nos regalan la vista y el olfato, su belleza y encanto es una figuración nuestra y no existe más que en nuestra imaginación. Aunque nos cuesta considerarlas un ser vivo, dependemos totalmente de ellas para subsistir. Aunque ofrecen un aire serio, su inventiva no conoce límites y, a veces, excede nuestra capacidad de entendimiento. Sabiendo lo que sabemos ahora, quién puede dudar de que tienen un sutil sentido del humor. Y a pesar de no ser individuos, o tal vez por eso mismo, se burlan de nuestras ideas preconcebidas, se divierten a nuestra costa y se regodean de nuestras absurdas pretensiones.

Los antepasados de las plantas aparecieron en el fondo de los mares primigenios hace 3.000 millones de años, donde evolucionaron antes de conquistar 500 millones atrás la tierra firme. Las primeras flores se remontan a tan solo 120 millones. Cuando aparecieron los *sapiens*, hacía una inmensidad que un manto verde cubría el planeta. Desde una perspectiva geológica, somos unos recién llegados al escenario de la vida. De los 4.600 millones de antigüedad que tiene la Tierra, los humanos llevamos tan solo 200.000 años paseándonos por su superficie, 5 millones todo lo más si nos remontamos a los australopitecos. Pese a nuestra arrogancia antropocéntrica, las plantas han pasado la mayor parte de su historia solas, sin tener que hacer frente al incordio de nuestra presencia. Especular con la posibilidad de que lleven riéndose de nuestras andanzas y desventuras desde la noche de los tiempos, nos lleva también a pensar que no somos quienes creemos ser.

REFERENCIAS BIBLIOGRÁFICAS

FERNÁNDEZ-QUINTANILLA, César y GONZÁLEZ ANDÚJAR, José Luis (2017): *Las malas hierbas*, Madrid, CSIC / Catarata.

GOLEMAN, Daniel (2009): *Inteligencia ecológica*, David González Raga (trad.), Barcelona, Kairós.

JARA, David G. (2018): *El reino ignorado. Una sorprendente visión del maravilloso mundo de las plantas*, Barcelona, Ariel.

MANCUSO, Stefano y VIOLA, Alessandra (2015): *Sensibilidad e inteligencia en el mundo vegetal*, David Pardela (trad.), Barcelona, Galaxia Gutenberg.

MANCUSO, Stefano (2017): *El futuro es vegetal*, David Paradela López (trad.), Barcelona, Galaxia Gutenberg.

MAETERLINCK, M. (1987): *La inteligencia de las flores*, Barcelona, Orbis.

PELT, J.-M. (2004): *Mes plus belles histoires de plantes*, París, Fayard.

— (2001): *La historia más bella de las plantas. Las raíces de nuestra vida*, Consuelo Serra (trad.), Barcelona, Anagrama.

— (1996): *Les langages secrets de la nature. La communication chez les animaux et les plantes*, París, Fayard.

POLLAN, Michael (2008): *La botánica del deseo. El mundo visto a través de las plantas*, Raúl Nagore (trad.), Donostia, Navarrorum Tabula.

TASSIN, Jacques (2006): *À quoi pensent les plantes*, París, Odile Jacob.

PASTI, Umberto (2014): *Jardines. Los verdaderos y los otros*, M.ª Ángeles Cabré (trad.), Barcelona, Elba.

VON GOETHE, Johann Wolfgang (2020): *La metamorfosis de las plantas*, Gordon L. Miller (ed.), Isabel Hernández (trad.), Girona, Atalanta.

XIX

LOS AVANCES TECNOLÓGICOS NO SIEMPRE SIGNIFICAN UN AVANCE

> Ya no es necesario prohibir ningún
> libro, pues nadie quiere leer.
> ALDOUS HUXLEY, *UN MUNDO FELIZ*

La introducción de recursos electrónicos en las aulas está sacudiendo los cimientos de la institución escolar, modificando radicalmente las reglas del proceso de enseñanza-aprendizaje y redefiniendo la alianza entre alumnos y profesores. Los hechos no avalan la promesa de que las nuevas tecnologías mejorarían el rendimiento académico, motivarían a los estudiantes y reducirían la brecha social. Lejos de ello, se encuentran detrás de muchos de los problemas que frenan el avance educativo: las adicciones digitales, el ciberacoso, el déficit de atención, la hiperactividad y otras conductas disruptivas asociadas a la sobrestimulación y la baja tolerancia a la frustración. Y por si esto fuera poco, varios estudios demuestran que el nivel de comprensión lectora decae entre niños y adolescentes cuando el soporte es electrónico. No es lo mismo leer en una pantalla que en un libro impreso. Pese a sus indiscutibles beneficios, las innovaciones tecnológicas recompensan la inmediatez, la superficialidad y la rapidez, lo cual acaba por debilitar las habilidades intelectuales y atrofiar las cualidades morales que distinguen a las personas cultivadas.

No voy a argumentar contra la educación telemática, ni a sugerir que debamos renunciar a los libros electrónicos, las aplicaciones educativas, la formación en remoto o la gamificación del aprendizaje. Me limitaré a señalar que el alejamiento de la cultura impresa en favor de la digital está asociada a una disminución de la concentración, la paciencia, la calma, la entereza y la perseverancia. Nos hemos vuelto demasiado distraídos para escuchar con atención y ser buenos interlocutores, demasiado vulnerables para soportar la frustración y demasiado comodones para aplazar la recompensa. Son muchos los expertos que achacan la disminución de habilidades comunicativas y la pérdida de flexibilidad mental para adoptar la perspectiva del otro e intercambiar pareceres a la rápida implantación de unas innovaciones tecnológicas que sacrifican la profundidad en aras de la rapidez y, renunciando a la privacidad, nos enclaustran en una burbuja tras el espejismo de la conectividad. Se nos empuja a vivir con prisas, sin reflexión, distraídos de nosotros mismos y preocupados por naderías, se nos invita a convertirnos en espectadores de nuestra vida en lugar de sus protagonistas.

En tales circunstancias se entiende que la escuela se halle en una honda crisis y nadie sepa a ciencia cierta hacia dónde se encamina, máxime cuando su papel ha quedado reducido a preparar a las nuevas generaciones para desempeñar un oficio con que ganar dinero y alcanzar una posición social. El panorama se ensombrece aún más si tenemos en cuenta que la automatización amenaza el futuro del trabajo, y muchas de las profesiones que les tocará ejercer a los niños escolarizados en primaria todavía no existen. He aquí también una poderosa razón para refundar la escuela sobre otros planteamientos menos utilitaristas, sin dejar de ser prácticos, como una genuina formación para la vida. Cuando reducimos la enseñanza a la adquisición de destrezas, nos olvidamos de que más allá de notas, diplomas y certificaciones su función primordial consiste en lograr que los alumnos sean más dueños de sí mismos y más conscientes del mundo que les rodea. Seguramente nadie discutirá tan loable propósito. La dificultad estriba en ponerse de acuerdo sobre los medios para conseguirlo. Quién no está convencido de la importancia de una enseñanza individualizada, que ayude a potenciar los talentos de cada niño, adolescente y joven, pero esas buenas intenciones unas veces naufragan en el puerto de la utopía y otras encallan en las prioridades presupuestarias.

Son muchos los argumentos a favor de la digitalización de la enseñanza, y no es el menor de ellos el económico, tanto en términos monetarios como energéticos. Las máquinas no plantean subidas salariales, reclaman derechos, enferman, pierden la paciencia, se cansan... Sin embargo, todas esas ventajas, si así cabe considerarlas, en ningún caso eclipsan la valía de un buen docente. Aquellos que auguran una *robotlución* en la enseñanza en las próximas décadas tienden a olvidar que ninguna tecnología es comparable a una mente preparada. No serán los sistemas inteligentes los que acelerarán los cambios en la educación, sino los docentes inteligentes, capaces no solo de utilizar las herramientas digitales de la manera más eficiente, sino también de actuar con distancia crítica y cercanía empática. La introducción de innovadoras tecnologías en las aulas, lejos de convertir la figura del enseñante en un elemento accesorio u obsoleto, la vuelve indispensable para garantizar su correcto uso y lograr que el aprendizaje cumpla su misión emancipadora. Difícilmente se puede exagerar su importancia a la hora de conciliar el progreso con el bienestar, dos falsos amigos en nuestra sociedad tardomoderna.

Se equivocan estrepitosamente quienes quieren transformar la escuela en un laboratorio tecnológico y a los docentes en una mezcla de informáticos y gestores de contenidos. Olvidan intencionadamente que enseñar representa un acto de comunicación. Lo que concede valor y sentido a la práctica docente es el encuentro con el otro. De ahí que el diálogo constituya la esencia de toda educación liberadora. Existen infinidad de aplicaciones electrónicas para optimizar el aprendizaje, pero ninguna capaz de generar una complicidad como la existente entre profesor y alumno. Ese vínculo nace del encuentro con un semejante. Los enseñantes son capaces de hacer algo que está fuera del alcance del sistema informático más avanzado: servir de ejemplo e interlocutor, despertar admiración e inspirar respeto. Gracias a su influjo cristaliza el amor por el saber. Nunca se reconocerá suficiente la importancia de los modelos para movilizar los mecanismos de identificación y proyección que propician la sutil alquimia del aprendizaje. Todos somos plagiarios. Imitamos a otros. "Nacemos originales y morimos copias", como escribió Carl Jung. Pensar es ante todo descifrar los patrones que reproducimos.

La imagen de una clase magistral, donde los alumnos perfectamente alineados atienden callados el discurso del docente de turno, contrasta vivamente con la de un aula inteligente, donde se trabaja en equipo. Y, sin embargo, en ambos casos el aprendizaje puede ser igual de mecanizado e irrelevante, o todo lo contrario. No depende tanto de los medios técnicos como de la habilidad del enseñante para captar el interés de los educandos e involucrarlos en su formación. Podemos extraer una lección equivocada del hecho de trabajar en sofisticados entornos digitales y caer en la falsa ilusión de que basta con utilizar ordenadores, tabletas, pizarras interactivas y demás innovaciones tecnológicas para que la clase se torne interesante y el aprendizaje significativo. Contrariamente a lo que se nos ha hecho creer, no basta con emplear herramientas avanzadas para avanzar. Los medios electrónicos no acrecientan por sí solos las capacidades intelectuales de los alumnos, convertidos en usuarios, cuando no en clientes. Fracasaremos como sociedad si los centros educativos conceden más importancia a las aplicaciones informáticas que a los docentes y concentran sus esfuerzos en que los estudiantes adquieran destrezas digitales en detrimento de una sabiduría vital. Solo si estos metabolizan los valores de la enseñanza humanística y somatizan sus ideales éticos podrán resistir el asedio de una economía de la atención, que pone a prueba sus defensas con un bombardeo constante de estímulos. Sin "paciencia cognitiva" les resultará imposible entender pensamientos complejos y, sin estos, descifrar un mundo más y más en*red*ado. En una sociedad ideal se conjugaría la educación telemática con la socrática, las tecnologías del aprendizaje se pondrían al servicio de la formación integral y el pensamiento crítico se beneficiaría de los recursos ilimitados *online*.

Los nuevos soportes electrónicos no solo están modificando radicalmente la recepción de la palabra escrita, sino la propia relación con el lenguaje. La manera en que leemos dice mucho acerca de cómo pensamos. El tema de fondo, eludido por muchos, es si esos nuevos modos de leer y escribir nos ayudan a afinar la conciencia de nosotros mismos o, por el contrario, nos empobrecen intelectual y espiritualmente, y propician la servidumbre tecnológica. Es algo que la gente no quiere oír, pero la creciente dificultad para leer con detalle y en profundidad evidencia una preocupante atrofia de la sensibilidad, una merma del espíritu crítico y el empobrecimiento del diálogo interior. Cada vez resulta más costoso disponer de la concentración, la quietud y la fuerza de voluntad necesarias para llevar a cabo esa íntima traducción en que consiste toda lectura a fondo de una obra literaria o filosófica. La inmersión reflexiva en un texto empieza a ser una tarea intelectual demasiado exigente para muchos de nuestros contemporáneos. Mientras disminuye la cantidad de personas que prestan atención a los matices y aprecian los refinamientos estilísticos y las sutilezas del pensamiento, crece el número de los que perciben la lectura de novelas o ensayos como algo trasnochado o, simple y llanamente, una pérdida de tiempo.

La autorrealización a través del consumo frenético que dicta el espíritu de los tiempos contrasta vivamente con el recogimiento y la concentración necesarias para sumergirse en un libro. La paradoja es que la disminución del hábito de la lectura ha ido acompañada de un aumento exponencial de la producción de textos escritos. Rara es la persona que no teclea varios mensajes al día en uno u otro dispositivo electrónico. Si bien cada vez hay menos lectores de obras serias, escribimos y leemos más que nunca, solo que en diagonal, a toque de tecla y de forma fragmentaria, espasmódica y distraída. Si pusiéramos una detrás de otra en un papel las palabras que salen de los dedos de casi cualquier usuario de un teléfono inteligente, una tableta u un ordenador, nos asombraría descubrir que vivimos rodeados de grafomaníacos consumados, autores de una obra tan anodina como monumental. Es cierto que una gran mayoría nos hemos convertido en escribas digitales, pero no lo es menos que, en nuestra sociedad hipertecnificada, se puede ser a la par un escritor prolífico y un perfecto iletrado. Está por ver si llegará un día en que el libro, como creen muchos, se convertirá en una tecnología obsoleta y la página impresa en una reliquia del pasado, pero hoy en día la expresión escrita sigue plenamente vigente.

El caso es que la tecnología para almacenar y transcribir el lenguaje no se desarrolló hasta la invención del alfabeto en las primeras sociedades agrarias, lo que en nuestra dilatada historia evolutiva significa anteayer. Ese logro cultural sin parangón precipitó una revolución mental, que, a la larga, hizo posible nuestra sociedad digital. Para entender la trascendencia de pasar de la cultura oral a la escrita recordemos las reticencias formuladas por Sócrates en el diálogo platónico *Fedro*. El padre de la filosofía defiende allí la superioridad de las palabras habladas sobre las leídas como fuente de saber con el argumento de que estas últimas permanecen inalterables o, lo que es lo mismo, mudas. Expresan siempre lo mismo. "Si se les pregunta –arguye el sabio ateniense–, responden con el más altivo de los silencios".

Una mutación en la mentalidad europea no menos crucial se produjo tras la invención en 1453 de la imprenta de tipos móviles por Johann Gutenberg. Gracias a esta innovadora tecnología floreció la cultura libresca, que a la larga posibilitó la alfabetización universal y, con el curso de los siglos, llevó a la era digital. A medida que esta avanza, las pantallas suplantan al papel, y ese objeto palpable que llamamos libro se va desmaterializando por una parte y convirtiéndose en un producto por la otra. Simultáneamente, se va imponiendo un nuevo modelo de lectura no lineal, interactivo y abierto, en el que el autor cede cada vez más la soberanía del texto al lector y lo escrito pierde su carácter cerrado, sagrado, unívoco. Está por ver si la transición hacia un mundo plenamente digital nos permitirá dar un salto cuántico y extraer el máximo potencial de las capacidades humanas. O, por el contrario, nos sumiremos a alta velocidad en las tinieblas del oscurantismo y la superchería tecnológica.

Contaré una historia para ilustrar por qué no basta con emplear herramientas avanzadas para avanzar. Durante la Revolución Industrial se comenzaron a utilizar canarios en las minas de carbón para alertar de las emanaciones de monóxido de carbono, un asesino silencioso que se cobraba la vida de numerosos mineros por asfixia. Estos se acostumbraron a internarse en las galerías subterráneas pertrechados de una jaula con el susodicho pajarito de un color amarillo chillón para que les advirtiera del riesgo inminente. La idea fue del fisiólogo escocés John Scott Haldane (1860-1936), quien concluyó que estos eran especialmente idóneos para hacer el papel de centinelas, porque reaccionaban muy rápida y llamativamente a la presencia en el aire de concentraciones de monóxido de carbono: dejaban de cantar, atolondrándose y cayendo desmayados.

En la escuela las dificultades de aprendizaje, que requieren adaptaciones curriculares, son en la actualidad el cese del canto del canario. El declive de la comprensión lectora, la capacidad para escribir con corrección y claridad y pensar por uno mismo deberían ponernos sobre aviso de que algo grave está ocurriendo y podría empeorar hasta ser irremediable. Salvando las distancias entre las galerías de las minas y las de los centros escolares, hace mucho que las señales de alarma son reconocibles para el que las quiera ver. Cerrar los ojos a esos indicios, enmascarar la realidad con estadísticas y extender una cortina de humo, que trenza buenas intenciones y pésimas teorías pedagógicas, hará que el problema se torne inmanejable. Por primera vez en la historia se puede ser alfabetizado titulado y analfabeto funcional. Ni siquiera pasar por la universidad garantiza que un alumno sepa leer de manera competente, crítica y reflexiva. Y otro tanto cabría decir de la escritura o el pensamiento. Si nos negamos a ver las evidencias acaso sea porque contradicen nuestras presunciones, impugnan nuestros deseos y nos obligan a replantearnos nuestros valores. Otra posible explicación sería que llevamos demasiado tiempo respirando el mismo aire viciado y, sin casi darnos cuenta, hemos acabado normalizando lo anormal.

Son cada vez más los docentes que simplifican los contenidos, rebajan los niveles de exigencia o, simplemente, maquillan las notas para compensar la limitada capacidad de atención de los alumnos, lo que, a la larga, agrava el problema. Hay buenas razones para pensar que, llevados por el noble afán de ayudar a los estudiantes rezagados a superar sus dificultades de aprendizaje, estamos remachando su ineptitud para leer comprensivamente, contrastar informaciones y elaborar un pensamiento propio. A fuerza de abaratar el conocimiento y dar facilidades en lugar de exigir esfuerzos, debilitamos su capacidad para repeler los tóxicos mentales a los que, diariamente, se enfrentan y que, como la ansiedad crónica, las expectativas ilusorias y el narcisismo, ponen en grave riesgo su bienestar biológico y emocional. Tampoco deberíamos descartar que, facilitando a los niños el acceso a dispositivos electrónicos e iniciándolos en su manejo desde una temprana edad con la intención de que adquieran competencias digitales cuanto antes, consigamos lo contrario de lo que pretendemos.

En un futuro no muy lejano a nadie se le ocurrirá poner en manos de los menores unas herramientas electrónicas tan persuasivas sin un exhaustivo acompañamiento. Y nos preguntaremos cómo pudimos exponer sus tiernas mentes, todavía en formación, a unos sofisticados dispositivos diseñados para secuestrar la atención y retenerla. No nos debería sorprender que los miembros más jóvenes de nuestra sociedad, sometidos a una avalancha permanente de información y continuas distracciones, presenten dificultades de concentración, se aburran a la mínima y desarrollen personalidades egocéntricas. Hay tantos reclamos compitiendo por su atención que, con razón, sienten que el mundo gira a su alrededor. Eso no quita para que, tan pronto como se reduzcan o cesen los estímulos, sucumban a la ansiedad.

¿Qué sentido tiene promover el empleo entre los estudiantes de nuevas tecnologías de la comunicación sin haber alcanzado antes un dominio de las viejas tecnologías como la expresión escrita, la comprensión lectora o el intercambio razonado de pareceres? ¿De qué sirve que los alumnos manejen con soltura programas, aplicaciones y dispositivos si luego son incapaces de comprender lo que leen, razonar convincentemente o intercambiar pareceres? ¿Cómo se puede considerar avance aquello que debilita la comprensión lectora, la imaginación creativa y el juicio crítico? Sin la paciencia y la quietud para leer en profundidad, pero también para dudar de las opiniones establecidas y apreciar los matices, las personas se vuelven vulnerables a la demagogia y víctimas de la manipulación; y el mundo, un lugar desapacible e ingrato. Si no hacemos nada para revertir esa situación, no solo la brecha económica y digital resquebrajará nuestra sociedad, sino también la espiritual. En la cultura de la abundancia escasea el tiempo y sobran las distracciones para tener una buena vida. Ser paciente, capaz de atender y dialogar de tú a tú son cualidades que van camino de convertirse, si no lo son ya, en las credenciales de unos pocos felices y, por ende, una marca de estatus y un signo de distinción.

Si el precio a pagar por la multitarea es la disminución de la atención; por la conectividad, el aislamiento, y por la accesibilidad, la pérdida de privacidad, corremos el riesgo de que la red se convierta en la nueva caverna platónica, un protector y confortable refugio de soñadores esclavos que no saben que lo son. Pero ¿cómo pueden los centros educativos promover la paciencia en un escenario de distracciones omnipresentes, estimular el esfuerzo en la sociedad de la inmediatez y enseñar a respetar la complejidad y apreciar los matices si vivimos aturdidos por la celeridad y el ruido informativo? Resulta urgente dar respuesta a esta cuestión a fin de que podamos concebir el modelo de enseñanza que necesitamos, y disfrutar de las promesas del futuro cada vez más digital que nos aguarda. Pero no se puede delegar una vez más en los docentes la solución de los males sociales y encomendarles en exclusiva la titánica tarea de promover valores en franco retroceso como la paciencia, la concentración o el esfuerzo. Debemos tener muy presente que son justamente esas capacidades las que nos permitirán superar desafíos como la emergencia climática y seguir aquí. Pero este tema merece un capítulo aparte.

REFERENCIAS BIBLIOGRÁFICAS

BIRKERTS, Sven (1999): *Elegía por Gutenberg. El futuro de la lectura en la era electrónica*, Daniel Manzanares (trad.), Madrid, Alianza.

CARR, Nicholas (2018): *Superficiales. ¿Qué está haciendo Internet con nuestras mentes?*, Pedro Cifuentes (trad.), Barcelona, Debolsillo.

CAVALLO, Guglielmo y CHARTIER, Roger (2001): *Historia de la lectura en el mundo occidental*, María Barberán, Mari Pepa Palomero, Fernando Borrajo y Cristina García Ohlrich (trads.), Madrid, Taurus.

HAIDT, Jonathan y LUKIANOFF, Greg (2019): *La transformación de la mente moderna. Cómo las buenas intenciones y las malas ideas están condenando a una generación al fracaso*, Verónica Puertollano (trad.), Barcelona, Deusto.

MANGUEL, Alberto (1998): *Una historia de la lectura*, José Luis López Muñoz (trad.), Madrid, Alianza.

MAYER SCHÖNBERGER, Viktor y CUKIER, Kenneth (2018): *Aprender con big data*, José Adrián Vitier (trad.), Madrid, Turner.

MIRRLEES, Tanner y ALVI, Shahid (2019): *EdTech Inc.: Selling, Automating and Globalizing Higher Education in the Digital Age*, Nueva York, Routledge.

MORA, Francisco (2020): *Neuroeducación y lectura. De la emoción a la comprensión de las palabras*, Madrid, Alianza.

VALLEJO, Irene (2019): *El infinito en un junco. La invención de los libros en el mundo antiguo*, Madrid, Siruela.

WOLF, Maryanne (2020): *Lector, vuelve a casa, Cómo afecta a nuestro cerebro la lectura en pantallas*, María Maestro (trad.), Barcelona, Deusto.

XX

LA CREATIVIDAD
NO SE PUEDE ENSEÑAR

> Todo lo que es superfluo se vuelve feo
> con el tiempo.
> ALVAR AALTO

E l edificio de la escuela es una metáfora visual de su ideario. Su arquitectura nos dice muchas cosas acerca de lo
que entendemos por una buena educación, cómo con-
cebimos el aprendizaje y la manera que tenemos de relacionar-
nos con el conocimiento. Los centros de enseñanza que edifica-
mos concuerdan con nuestros valores y aspiraciones, y traducen
espacialmente nuestros ideales pedagógicos, éticos y políticos.
Entre los muros de los jardines de infancia, escuelas, academias,
liceos, institutos y universidades ha resonado a lo largo de los
siglos la cautivadora y ambivalente melodía del amor por el saber. Podemos decir sin exagerar que la arquitectura del colegio
influye en la arquitectura mental de los colegiales. Tal y como
es la escuela, así son los escolares. Si estos pasan por término
medio unas seis horas al día, cinco días a la semana, treinta y
tantas semanas al año encerrados o guardados en sus aulas, parece lógico suponer que su diseño ejercerá un notable influjo sobre el rendimiento académico y condicionará en mayor o menor
medida sus posibilidades de éxito. Ya lo dijo Loris Malaguzzi,
el gran pedagogo italiano, fundador de las legendarias escuelas

de Reggio Emilia, allá por la década de los años cincuenta del pasado siglo: "El ambiente es un educador más".

A nadie le pasa desapercibido que ciertos entornos resultan estimulantes, invitan a explorar o propician un clima de entendimiento y fomentan la capacidad de pensar creativamente, mientras que otros, por el contrario, aletargan la curiosidad, coartan la iniciativa, adocenan el pensamiento y generan apatía. Tanto la neurociencia como la psicología ambiental están llamadas a guiar la construcción de las escuelas del futuro. A medida que vamos desentrañando la estrecha interdependencia del cerebro humano con el entorno que le rodea y del que se nutre, menos dudas caben de que la arquitectura es un aliado natural del aprendizaje. Son cada vez más los expertos que abogan por transformar el continente para mejorar el contenido. Cualquier proyecto innovador que se precie tiene en cuenta esta dimensión didáctica del espacio. La idea de que los alumnos se comportan diferente en ambientes diferentes es un elemento común a todas las pedagogías alternativas, por más que difieran en sus planteamientos y unas den más importancia al juego y otras al trabajo en equipo o al contacto con la naturaleza. De ahí que la tradicional colmena escolar, organizada según el modelo panóptico, esté siendo sustituida en muchos lugares por otros diseños más versátiles, polivalentes y modulares, que engendran nuevos flujos de aprendizaje y permiten establecer relaciones más libres, confiadas y fluidas entre sus actores, en sintonía con las nuevas exigencias del trabajo colaborativo y los ideales en vigor de la innovación y el emprendimiento.

En nuestra sociedad posindustrial y tecnocéntrica la metáfora de la escuela como una fábrica del conocimiento ha perdido su vigencia. Ese modelo, al que caracteriza una estricta distribución del espacio, articulado mediante corredores y un patio central convenientemente vigilado, y un riguroso empleo del tiempo, pautado por el sonido de timbres o sirenas, se ve muy cuestionado. Las aulas van dejando de parecer cajas cerradas, alineadas o apiladas unas al lado de las otras, para adoptar la forma de laboratorios, talleres e, incluso, granjas. Las clases magistrales empiezan a ser historia y su cada vez más anacrónica liturgia logocéntrica está siendo remplazada por el hacer juntos y el diálogo entre iguales. Otro tanto cabría decir del manoseado concepto de motivación. Se aspira cada vez más a que los alumnos aprendan experimentando. Si la vieja escuela recordaba, para los más críticos, a una factoría, un cuartel o una prisión y, para los menos, a un jardín, ordenado con mano sabia, la nueva quiere parecerse a un ecosistema equilibrado, donde los estudiantes generan las condiciones de su propio aprendizaje, en sintonía con las inquietudes medioambientales de nuestro tiempo. Paralelamente, la labor del docente ya no consiste en podar las inclinaciones naturales del alumno a fin de darles una forma socialmente aceptable, sino en proporcionar un fértil sustrato para que enraícen, germinen y fructifiquen sus innatas aptitudes.

Las escuelas alternativas se distinguen de las tradicionales, antes de nada, por su apariencia externa. Quien pone el pie en esos centros, que en no pocos casos eluden definirse como escuelas y prefieren presentarse como laboratorios de ideas, espacios *makers*, talleres experimentales, *hiperaulas* y no sé cuántos nombres más, tiene una viva sensación de tranquilidad, armonía y calidez, que emana del orden espacial y su estudiada simplicidad. Si bien se puede reconocer el ideario pedagógico vigente en cada centro por la morfología y distribución de las aulas, en todos ellos prima un diseño orgánico, modular y funcional, la utilización de materiales acogedores y naturales, con especial prevalencia de la madera en pavimentos y techos, y un mobiliario de formas suaves y redondeadas, adaptado a la altura y necesidades de los alumnos. Dentro del recinto escolar hay en algunos casos jardines, huertos o, incluso, bosques, y en otros no, pero siempre la articulación del espacio es el cauce para expresar su ansia renovadora. Sus credenciales siempre están a la vista: una pedagogía hecha arquitectura y una arquitectura hecha pedagogía.

En los colegios que siguen el modelo Waldorf-Steiner, Freinet, Montessori, Reggio Emilia, Summerhill y comunidades de aprendizaje entre otras pedagogías alternativas ya clásicas, los detalles se cuidan al máximo. Y lo mismo podría decirse de los centros que apuestan por una educación digital y la transformación de sus aulas en laboratorios o granjas. No se deja nada al azar a la hora de favorecer el proceso de enseñanza-aprendizaje, de la iluminación a la acústica o la climatización, pasando por el color de las paredes, la ergonomía de los equipamientos o la presencia de plantas o árboles. Los pequeños detalles marcan las grandes diferencias entre escuelas, que más allá de sus diferencias filosóficas o más acá de sus afinidades estéticas intentan persuadir de sus virtudes visualmente. Que los alumnos y los profesores reciban una buena acogida y se sientan a gusto entre los muros de la escuela puede parecer un objetivo trivial de puro simple, pero no hay nada más importante. Lo que está en juego es algo fundamental: el sentimiento de pertenencia al centro y los vínculos de la comunidad escolar, que a su vez favorecen la participación y mejoran la asimilación de los conocimientos. Difícilmente se puede sobrestimar el papel del apego para movilizar nuestros dones escondidos. Los adultos que recuerdan con añoranza la escuela de su infancia saben algo que el resto ignora. La emoción es el cemento con el que se fraguan los aprendizajes, y no hay emoción más poderosa que el amor. Todo lo que amamos nos acaba pareciendo hermoso y a la inversa.

Es fácil compartir la idea de que la educación debe cambiar, pero resulta más complicado ponerse de acuerdo acerca de qué y cómo enseñar. La escuela no debe limitarse a preparar empleados para el mercado laboral; está claro para una inmensa mayoría, pero son muchos menos aquellos para los que es una necesidad social apremiante armonizar la enseñanza humanística, científica y técnica. El debate sobre la importancia de una nueva cultura no es nuevo, pues ya formaba parte de los objetivos de la Bauhaus, la primera y más influyente escuela de diseño de la época moderna, fundada en 1919 por el arquitecto Walter Gropius en la ciudad alemana de Weimar. Tras su clausura en 1933 por las autoridades nazis, muchos centros de artes aplicadas y diseño industrial europeos y norteamericanos se declararon sus herederos e intentaron seguir sus revolucionarios métodos de enseñanza activa y, en coherencia con su filosofía de "aprender haciendo", transformaron las aulas en laboratorios de aprendizaje. Su didáctica guardaba notables similitudes con los rompedores procedimientos introducidos durante la misma época por los representantes de lo que se ha dado en llamar la Escuela Nueva: John Dewey, Maria Montessori, Adolphe Ferrière, Rudolf Steiner, Célestin Freinet..., que se apartaron de los métodos tradicionales, basados en el castigo y la imitación repetitiva, y plantearon un giro copernicano en las relaciones con los alumnos, basadas en el afecto, la cooperación y la camaradería en lugar de la disciplina y la imposición. Términos como espíritu creativo, espontaneidad, autonomía, experimentación, descubrimiento, sentido de comunidad, se incorporaron al discurso educativo y precipitaron el cambio de paradigma. Frente a la recepción pasiva y la reproducción mecánica de los conocimientos, estos pedagogos abogaban por una enseñanza que tuviese en cuenta los intereses y las necesidades de los educandos. Estos se convertían en protagonistas de su formación, que se concebía como un proceso.

271

Resulta asombroso comprobar cómo dos universos tan aparentemente dispares como la pedagogía alternativa y el arte de vanguardia coinciden a la hora de entender la creatividad como la expresión espontánea de la individualidad, una de las más genuinas fuentes de gozo y el medio más eficaz para transformar la sociedad. El anhelo de modernizar las instituciones para perseguir un nuevo ideal de persona resonaba tanto en la renovación pedagógica como en la utopía estética de los "ismos". Ambas beben en las mismas fuentes del pensamiento tardorromántico y buscan liberar las fuerzas creativas del individuo. Existen afinidades entre los juegos de construcción y dibujo sólido, formados por prismas de madera, y otros materiales didácticos utilizados por las nuevas corrientes pedagógicas con el propósito de desarrollar la sensibilidad plástica y espacial de los niños y las técnicas empleadas por los creadores de vanguardia. Sin ir más lejos, las composiciones de Piet Mondrian guardan un extraño parentesco con los bloques psicométricos diseñados por la educadora italiana Maria Montessori, y que todavía se utilizan en las más de cuatro mil escuelas que se declaran herederas de sus ideas a lo largo y ancho del planeta. La técnica del *collage*, muy apreciada por Matisse, Picasso y Braque entre otros, parece continuar la tradición de los libros ingleses de recortes o *scrapbooks*. Y el cubismo y su perspectiva múltiple, así como el constructivismo y su racionalidad geométrica, llevan a pensar en los puzles didácticos de piezas poligonales, inspirados a su vez en el juego chino del tangram.

Las mejores obras de pintores como Kandinski, Klee, Moholy-Nagy y otros eminentes profesores de la Bauhaus tienen algo de esbozos infantiles. Su poder de fascinación deriva precisamente de su informalismo y su factura elemental voluntariamente primitiva. Eso no quita para que, en su actividad docente, concediesen gran importancia a la adquisición de habilidades técnicas y el conocimiento de los materiales. Alcanzar la destreza en un oficio, lejos de constreñir la inspiración, abre cauces para que el niño interior dé rienda suelta a su vitalidad creadora. No parece exagerado decir que un auténtico artista es alguien que se ha convertido en maestro sin dejar de ser un aprendiz, que combina el placer del juego con la pericia artesanal. Pocos son conscientes, sin embargo, de la ironía inherente al hecho de que el arte no figurativo o abstracto revalorice la idea de pintar como pintan los niños, cuando estos aún no han alcanzado el grado de madurez intelectual del pensamiento *abstracto*.

Tal vez explique esta paradoja el hecho de que ser creativo se ha convertido en el lema de nuestra adocenada época. Cuanto más homogéneos se hacen nuestros deseos, mayor es el prestigio del que goza la *creatividad*, una palabra a la que envuelve un aura casi mágica. Hoy por hoy constituye la panacea de todos los males y el ingrediente esencial de todas las fórmulas del éxito material y la realización espiritual. Se diría que realza cualquier talento y disculpa todos los defectos. Los avances tecnológicos al igual que los descubrimientos científicos y los logros artísticos le rinden tributo. Pero ¿cuál es su verdadera naturaleza? Por más que no se pueda responder fácilmente a esta pregunta, acostumbramos a llamar creativa a una persona capaz de realizar asociaciones inéditas, establecer conexiones reveladoras o llevar a cabo síntesis originales, que amplían nuestro horizonte mental y modifican definitivamente nuestra perspectiva de los hechos. Ese don es privativo de los individuos cuya imaginación se ha resistido a la domesticación. Los genuinos creadores suelen ser, por definición, unos inadaptados con un pensamiento divergente, muy al contrario de las personas integradas, que rara vez encuentran motivos para hacerse preguntas incómodas, cuestionar el sistema de creencias de sus mayores, desobedecer las reglas y aventurarse más allá de los límites del sentido común. Si bien se piensa, la creatividad puede resultar incompatible con la institución escolar, que es un órgano de reproducción y control social, que estandariza los aprendizajes y, por lo general, rechaza todo aquello que no se puede medir, clasificar o cuantificar.

La educación ha abrigado siempre el doble propósito de contribuir al adiestramiento social y la formación de la identidad personal. Dos objetivos que parecen incompatibles en nuestra época, lo que acaso explique la actual crisis de la institución escolar. Esta trabaja, por una parte, para domesticar al individuo y persuadirle de seguir las reglas sin cuestionarlas y, por la otra, para que razone por sí mismo y llegue a ser todo lo que podría ser. Castrar la creatividad en nombre de la creatividad forma parte de la dinámica normalizadora de la escuela. Además, ¿cómo podrían enseñar a sus alumnos a ser innovadores, críticos y autónomos docentes que no lo son? He aquí la gran cuestión. La creatividad tampoco constituye una materia curricular. Su desarrollo es necesariamente autodidacta, puesto que nadie puede aleccionar a otro en lo que todavía no existe, ni dirigir su aprendizaje en una dirección desconocida. Walter Gropius debía tener eso en mente cuando escribió: "El arte no se puede enseñar". Si bien a los seguidores de la Escuela Nueva les gusta pensar lo contrario, que la creatividad se puede potenciar en las aulas o, al menos, no echarla a perder. Están convencidos de que esta es un reflejo instintivo de los niños. Reconocen el talento a todo el mundo. Y consideran que la labor del docente consiste en buena medida en contribuir a que esta aflore.

Es proverbial la habilidad del capitalismo para desactivar los gestos de insubordinación, fagocitar su rebeldía, monetizar la desobediencia y rentabilizar las intuiciones de artistas visionarios. No nos engañemos. Nada escapa a la voracidad mercantilista, ni siquiera las pedagogías supuestamente alternativas.

Buena prueba de ello es que términos como innovación, espíritu emprendedor o inventiva se han incorporado en los últimos tiempos a la retórica educativa que busca convertir la crisis de la enseñanza en una oportunidad de negocio. Conceptos tan potentes conviene no manosearlos hasta desgastarlos y, por otro lado, hay sobradas razones para pensar que no son las facilidades y la libertad lo que sirve de acicate a la creatividad, sino las penalidades, los obstáculos y las prohibiciones. Sea como fuere, el deseo de convertir a los genios incomprendidos en *beaux sauvages* integrados resurge con cada generación. Digan lo que digan unos y otros, todos somos autodidactas en el aula sin paredes del mundo, aunque a medida que cumplimos años nos arriesgamos a perder la apertura mental y el gusto de probar, e incluso a acabar aceptando con resignación que las cosas son como son. Quien no quiera terminar siendo una sombra de sí mismo, un superviviente en lugar de un viviente, debe aspirar a hacer visible la realidad en lugar de reproducirla, en palabras del creador y carismático profesor de la Bauhaus Paul Klee. El capítulo podría acabar aquí, pero permítanme que les ofrezca un poema a modo de coda final:

MALEDUCAR

Embotamos sus jóvenes mentes
con fantasías románticas y expectativas ilusorias.
Aletargamos su curiosidad con absurdas exigencias.
Les quitamos el apetito de saber,
sometiéndolos a la bulimia de engullir y vomitar
conocimientos que no alimentan su espíritu,
ni acaban de digerir.
Les enseñamos a no confiar en su naturaleza

y a desoír su verdadero yo
para llegar a ser algún día alguien.
Les inculcamos la perniciosa estupidez
de compararse constantemente y creerse superiores a otros
con el argumento de prepararlos para la vida adulta.
Y cuando han contraído nuestra enfermedad
y adolecen de nuestros mismos males,
consideramos que ya están listos
para ocupar nuestro lugar en la rueda.

REFERENCIAS BIBLIOGRÁFICAS

BARKER, Roger G. y GUMP, Paul V. (1964): *Big School, Small School, High School and Student Behavior*, Standford, Stanford University Press.

CABANELLAS, Isabel y ESLAVA, Clara (coords.) (2005): *Territorios de la infancia, diálogos entre arquitectura y pedagogía*, Barcelona, Graó.

DE BOTTON, Alain (2008): *La arquitectura de la felicidad*, Mercedes Cebrián (trad.), Barcelona, Lumen.

DOMÈNECH, Joan y VIÑAS, Jesús (2007): *La organización del espacio y del tiempo en el centro educativo*, Barcelona, Graó.

DUDEK, Mark (2000): *Architecture of Schools: The New Learning Environments*, Oxford, Architectural Press.

FÍGOLS, Miquel (2017): *La arquitectura al servicio de la pedagogía. Los espacios educativos en las escuelas Waldorf, Montessori y Reggio Emilia*, Barcelona, Pau de Damasc.

GARCÍA, Almudena (2017): *Otra educación ya es posibl., Una introducción a las pedagogías alternativas*, Albuixech, Litera.

GARDNER, Howard (1997): *Arte, mente y cerebro. Una aproximación cognitiva a la creatividad*, Gloria G. M. de Vitale (trad.), Buenos Aires, Paidós.

LEFEBVRE, Henri (2013): *La producción del espacio*, Emilio Martínez (trad.), Madrid, Capitán Swing.

MacCARTHY, Fiona (2019): *Walter Gropius. La vida del fundador de la Bauhaus*, Miguel Marqués (trad.), Eva Duncan e Irene de la Torre (trads.), Madrid, Turner.

MALAGUZZI, Loris (2011): *La educación infantil en Reggio Emilia*, Alfredo Hoyuelos Planillo (trad.), Barcelona, Octaedro.

MAZALTO, Maurice (coord.) (2007): *Architecture scolaire et réussite éducative*, París, Éditions Fabert.

PALLASMAA, Juhani (2012): *La mano que piensa. Sabiduría existencia y corporal en la arquitectura*, Moisés Puente (trad.), Barcelona, Gustavo Gili.

PIAGET, Jean (1936): *La construction du réel chez l'enfant*, Neuchâtel, Delachaux et Niestlé.

ROBINSON, Ken (2016): *Escuelas creativas. La revolución que está transformando la educación*, Rosa Pérez Pérez (trad.), Barcelona, Debolsillo.

– (2010): *El elemento. Descubrir tu pasión lo cambia todo*, Mercedes Vaquero Granados (trad.), Barcelona, Debolsillo.

STEINER, George (2001): *Gramáticas de la creación*, Andoni Alonso y Carmen Galán (trad.), Madrid, Siruela.

TRILLA, Jaume (2000): *Ensayos sobre la escuela: El espacio social y material de la escuela*, Barcelona, Laertes.

CUARTA PARTE

LOS FRUTOS
O LAS SEMILLAS DEL GOZO
DE APRENDER

XXI

DE PROFESIÓN APRENDIZ

> La persona en que te conviertas, la persona que llegues a ser, es quien siempre has sido. Ha estado en ti desde el principio.
>
> TARA WESTOVER, *UNA EDUCACIÓN*

> La perla dentro de la ostra podría ser el emblema de la resiliencia. Cuando un grano de arena entra en una ostra y es tan irritante que, para defenderse, la ostra tiene que secretar una sustancia nacarada, la reacción defensiva produce un material duro, brillante y precioso.
>
> BORIS CYRULNIK

Nos sentimos atraídos por el heroísmo, la grandeza o el talento de perfectos desconocidos de los que hablan las noticias, las revistas o los libros, pero estamos poco dispuestos a reconocerlos en personas cercanas, y mucho menos si estas son menores de edad y están a nuestro cargo. Pero solo un mal profesor no aprendería de sus alumnos. Ha llegado la hora de contar algunos episodios que tienen como protagonistas a adolescentes de diferentes edades que, sin ellos pretenderlo, me enseñaron valiosas lecciones sobre la valentía, la humildad, la paciencia, el espíritu de superación y otras cualidades no menos importantes para vivir. Esos recuerdos de incalculable valor brillan, tras la criba del tiempo, como pepitas de oro embarradas en el cedazo de la memoria y resumen por sí solos los trabajos y los días de mi vida como docente. En algunos casos han transcurrido muchos años, incluso décadas, en otros no tanto. Todos esos ejemplos tienen algo en común: desbarataron mis presunciones, trastocaron mis esquemas y me dieron un baño de realidad. Esos chicos, a los que hago llegar desde aquí mi gratitud y cariño, hicieron que me replanteara mi trabajo. No sería el mismo profesor sin haberlos conocido. Por respeto a los protagonistas de estas historias he cambiado sus nombres. A ellos dedico este capítulo en el que traté de inventar las cosas tal y como fueron.

NORA O LA ENTEREZA

El primer día de clase Nora cruzó el umbral del aula con andares vacilantes, tambaleándose como si en cualquier momento sus pies pudieran fallarle y su cuerpo medir el suelo. Era una quinceañera de baja estatura y facciones agraciadas, con una melena negra, enfundada en una camiseta de baloncesto de la NBA que aún le hacía parecer más menuda y frágil. A pesar de ser el centro de todas las miradas, o tal vez debido a eso mismo, parecía encerrada en una urna de cristal. Todos sus compañeros sabían quién era, si bien muy pocos habían hablado con ella. Seis meses atrás había sido atropellada al cruzar una calle y el desalmado conductor del vehículo se había dado a la fuga sin auxiliarla.

Pasó los siguientes tres meses en coma inducido antes de recuperar el conocimiento y salir de peligro, eso sí, con ciertas lesiones neurológicas de pronóstico reservado que exigían sesiones de rehabilitación semanales y cuya evolución ningún especialista se atrevía a predecir con seguridad. El suceso había merecido los titulares en la prensa local, y sobra decir que había provocado una profunda conmoción en el instituto. Nora se incorporó a las aulas estando todavía convaleciente. Además de trastabillar al caminar, padecía lagunas de memoria, fuertes migrañas y pesadillas recurrentes. La chiquilla vivaracha, poco estudiosa y bastante respondona que había sido no sobrevivió a la traumática experiencia del atropello; resucitó transformada en una chica más responsable y menos atolondrada.

Ni aunque viva mil años olvidaré la imagen de Nora explicando a sus compañeros sin inmutarse cómo era estar muerta. Todos los alumnos estaban obligados a realizar una exposición pública de un tema de su elección para aprobar la asignatura de filosofía y Nora escogió el estrés postraumático. Después de desnudar su alma en clase, se abrió un profundo silencio, que aprovechó un chico para levantar la mano y preguntarle a bocajarro:

—¿Odias a la persona que te atropelló? ¿Qué le harías si supieras quién es?

Nora se quedó callada, esbozó una sonrisa triste y soltó sin pensárselo dos veces:

—¿De qué me serviría que fuera a la cárcel? Es mejor tomarse las cosas como vienen.

Luego sonó el timbre y pasó mucho tiempo. A lo largo de ese curso, vi cómo aprendía a convivir con las secuelas de la tragedia y transformaba la adversidad en una oportunidad de crecimiento. Un buen día se quedó a hablar conmigo después de clase y, para mi sorpresa, me anunció su intención de matricularse al siguiente curso en otro instituto, donde no supieran de su desgracia y no la identificaran como a una víctima inocente. Harta de ser siempre la chica del atropello y despertar compasión, quería dejar atrás su pasado y seguir con su vida. En el curso de aquella conversación que sonaba a despedida pronunció una frase que todavía resuena en mis oídos: la ausencia de certezas no justifica nuestra cobardía. Marchó a otra ciudad y le perdí de vista, pero aún hoy me admira su coraje y determinación. El mayor acto de rebeldía consiste a veces en aceptar la realidad.

ZETA O LA VALENTÍA

Se bautizó a sí misma como Z y así la llamaban sus amigos aun cuando en la lista y en los expedientes académicos figuraba como Clara. No era la inicial de su nombre de pila, sino un apodo para eludir las marcas de género. Ofrecía un aspecto andrógino, que contribuía a realzar su corte de pelo y su indumentaria deportiva. Habían tenido que pasar más de dos décadas antes de que uno de mis tutorizados se declarase públicamente transexual. Sería estúpido por mi parte decir que no me impresionó saberlo cuando me lo confesó. Tampoco resultó fácil que sus padres, más bien chapados a la antigua, entendieran la situación. Pero el valor para dar esos pasos fue poco comparado con el que se necesitaba para confesar, como lo hizo, su orientación sexual delante de sus compañeros a fin de salir al paso de chascarrillos y habladurías. No era la primera ni sería la última vez que asistiría a las dificultades a las que se enfrentan los adolescentes que no tienen cabida en los moldes de género establecidos. Había podido comprobar cómo ellas y ellos tropezaban al salir del armario con los prejuicios de sus familiares y amigos, muchas veces no reconocidos o, lo que todavía les resultaba más doloroso, con su condescendencia o insensibilidad.

Me parece que estoy viendo a Z explicando sin tapujos en clase, con una desarmante naturalidad, que no se sentía ni hombre ni mujer, que tampoco era una bollera y que no estaba en sus planes someterse a una intervención quirúrgica para cambiar de sexo. No sabría decir qué me impresionó más, si su valentía o su honestidad consigo misma.

Algunas personas no reúnen en toda su vida el coraje para plantar cara a los prejuicios ajenos y se condenan a una existencia de secretismo y callada desesperación o, algo peor, a no verse a sí mismas como dignas de afecto. Con apenas diecisiete años recién cumplidos, Z nos estaba dando sin pretenderlo una lección sobre el respeto a las diferencias del que habíamos hablado largo y tendido en clase, y lo que significa ser libre hablando sin complejos ni falsas seguridades de una de las realidades más complejas de la existencia. De pocos momentos me he sentido más orgulloso como docente que de haber sido testigo privilegiado de aquella escena. No puedo evocarla sin que me invada un hondo sentimiento de admiración. Si aquella o aquel adolescente, tanto da, podía enfrentarse a los estereotipos, encararse con el mundo y reivindicar su derecho a ser aceptada fuera de las coordenadas heterosexuales, qué excusa tenía alguien como yo, que le triplicaba en edad, para no atreverse a ser él mismo.

Si bien la cara que ponían algunos alumnos era un auténtico poema, nada en Z revelaba su profundo nerviosismo, que, por ensalmo, se había contagiado a los oyentes entre los que me encontraba. Me preocupaba la reacción de sus compañeros y, a qué ocultarlo, temía haberme equivocado permitiéndole hacer pública su orientación sexual. Muy pronto todos mis temores se disiparon y comprendí con una mezcla de satisfacción y asombro que aquellos chicos pertenecían ya a otra época, no cargaban con los prejuicios de mi generación y podían tener muchas carencias y defectos, pero el sexismo no era uno de ellos. Resulta curioso el modo en que se desarrollaron los acontecimientos.

–Pero ¿cómo no vas a ser ni un hombre ni una mujer? –soltó sin contemplaciones uno de sus compañeros, que no se había distinguido a lo largo del curso precisamente por ser respetuoso–. Eso no existe.

–Te lo explicaré de otro modo para que me entiendas –le replicó Z sin ocultar su desgana. E hizo un vívido relato de lo que podríamos llamar su educación sentimental, y que sería muy largo reproducir aquí.

–¿Sabes una cosa? –le espetó el mismo compañero cuando ya casi había acabado. Y, como si buscase las palabras adecuadas, añadió zanjando la cuestión–. Eres la persona más valiente que he conocido.

No había mucho más que decir. En apenas cincuenta minutos los alumnos habían aprendido más sobre el respeto a la diferencia y la libertad interior que en todas mis clases anteriores. El coraje llama al coraje en todos los lugares y ocasiones. Z se marchó a estudiar a la Universidad de Bilbao y le perdí la pista.

LAURA O EL ESPÍRITU DE SUPERACIÓN

Se requiere a veces más fuerza psicológica y determinación para superar el infortunio de una infancia desgraciada o vencer los fantasmas de un pasado traumático que para triunfar profesionalmente. Laura había sido diagnosticada como una alumna con necesidades educativas especiales, una etiqueta con la que, en el eufemístico lenguaje del departamento de orientación escolar, se designa a los chicos que no pueden seguir con normalidad las clases y requieren adaptaciones, apoyos u otro tipo de facilidades para alcanzar los objetivos propuestos. Podría escribir páginas y páginas analizando las múltiples causas que provocan las dificultades de aprendizaje, pero me limitaré a señalar que la desatención emocional suele ser la principal razón por la que un chico o una chica se descuelga de los estudios. Los sentimientos enfrentados que pugnan en su interior y que, por lo general, no encuentran el modo de encauzar o expresar les impiden concentrarse en las tareas escolares, consumen sus energías y distraen su atención. Este mismo razonamiento sirve también para explicar por qué sus antagonistas académicos: los alumnos etiquetados como talentosos, de altas capacidades o superdotados, se dan con mucha mayor frecuencia en familias estructuradas que cuentan con padres solícitos y hogares acogedores. Y no es infrecuente tampoco que estos suelan tener asimismo progenitores nacidos en el país, con un buen nivel educativo y hablantes de la lengua vehicular de la escuela. Más adelante nos detendremos en este punto, pero ahora volvamos al caso de Laura.

Es la mayor de cuatro hermanos. Sus padres se habían divorciado abruptamente después de que confesara a una amiga de clase que había sufrido abusos sexuales por parte de su progenitor desde hacía años, quien puso el hecho en conocimiento de la tutora y esta a su vez dio parte a los Servicios Sociales. Acababa de empezar un nuevo curso cuando, tras un juicio rápido, la juez dictó una sentencia condenatoria contra su padre, que dio con sus huesos en la cárcel provincial. Por si la situación no fuera ya bastante terrible, esa condena dejó a la familia sin otros ingresos que el subsidio mínimo para personas en grave riesgo de exclusión social. Y la madre, forzada a buscar un medio de subsistencia, se vio obligada a trasladarse con toda su prole a casa de una hermana.

No podré olvidar el día en que, con voz trémula y entre sollozos, intentaba explicarme, como tutor de su hija, las penalidades que estaba atravesando. Se lamentaba de que la desgracia se había cebado con ella. Uno sentía su indefensión con solo mirarla. Abismada en su dolor, avergonzada por la humillación sufrida y sedada por los tranquilizantes, se olvidaba de que la auténtica víctima de ese drama era la chiquilla de poco más de quince años que le cogía la mano. La madre, por quien empezaba a sentir un creciente resquemor, no solo había sido incapaz de protegerla de un padre abusador, sino que tampoco podía hacerse cargo de la situación actual. Mis sospechas quedaron confirmadas cuando Laura interrumpió el monólogo gimoteante de su madre para decir con una seguridad más impostada que real:

–Ya verás cómo saldremos de esta, mamá. No te angusties... Buscaré trabajo. Por la tarde me ocuparé de mis hermanos.

Sentí una punzada de angustia al oírle decir eso. Había algo ruin en que la víctima no tuviese más elección que convertirse en la protectora. Me asaltó el temor de que se convirtiese en el sostén familiar y, sintiendo que así cumplía con su deber, renunciase a sus propósitos. No era la primera vez que veía cómo un menor asumía la responsabilidad de un adulto negligente, demasiado inmaduro o ensimismado para ocuparse. Aquella era una manera de salvarse a la par que condenarse: sacrificando su infancia o adolescencia se convertían en mayores antes de tiempo.

A trancas y barrancas superó el último año de la ESO y, al curso siguiente, se matriculó en un módulo profesional de peluquería. Antes de obtener el título, contribuía a mantener la economía familiar cortando el pelo de ancianos y niños a domicilio. Hoy regenta una peluquería en un barrio de mala muerte con un nombre no por cursi menos profético: Arco Iris Salón.

El camino para llegar a ser una modesta peluquera puede ser más largo, tortuoso y exigente que el que lleva a convertirse en un investigador de reconocido prestigio, un próspero empresario o un eminente catedrático. Tendemos a valorar a las personas por las metas que alcanzan y no por el trayecto recorrido. Un hecho en el que no se insistirá suficiente es que en la carrera hacia el éxito el punto de partida no es el mismo para todos. No son equiparables los logros de unos y otros sin tener en cuenta las dificultades que han superado a lo largo de su itinerario vital. Laura es un ejemplo revelador de cómo llegar a tener una existencia normal y corriente puede exigir más talentos y resultar más ardua que alcanzar un estatus social elevado u obtener las titulaciones más exigentes.

NELSON O LA LIBERTAD DE PENSAMIENTO

El veredicto de los profesores que le habían dado clase los cursos anteriores era unánime. No malgastes energías, no hay nada que hacer, céntrate en los que todavía pueden aprobar y cosas por el estilo, me comentaban mis compañeros cada vez que sacaba a relucir su nombre. Todos lo tenían conceptuado como un caso perdido y no se lo reprocho. Seguramente no se equivocaban cuando vaticinaban que, tan pronto como cumpliese dieciséis años y tuviese edad de trabajar, abandonaría el instituto para buscar un empleo. A la espera de que eso sucediera, Nelson *tripitía* el último curso de la ESO en un grupo de 32 alumnos, del que yo acababa de ser nombrado tutor. Era dos años mayor que la mayoría de sus compañeros. Su tez morena y su espesa mata de lacio pelo negro delataban sus orígenes ecuatorianos. Le gustaba llevar pantalones vaqueros ajustados y camisetas de bandas de *heavy metal* sin mangas para dejar ver unos bíceps trabajados en el gimnasio. Se sabía apuesto y le gustaba pavonearse delante de las chicas. A pesar de impostar aires de duro, tenía más de caballero andante que de robacorazones. El descaro, atenuado por unos suaves modales, brillaba en sus oscuros ojos de intensa mirada. O así me lo pareció cuando, durante la primera entrevista personal, le interrogué acerca de sus intenciones para este curso. Se encogió de hombros y, poniendo cara de pronto-te-librarás-de-mí, esbozó una sonrisa insolente pero no irrespetuosa.

Después de aquella entrevista tuve ocasión de comprobar por mí mismo más de una vez lo irritante que podía ser su pico de oro, pulido en las sesiones del culto evangelista. Aunque no se tomaba la molestia de poner su nombre en los exámenes, no eludía el duelo verbal cuando se planteaban discusiones en clase. Más de una vez nuestro abrupto diálogo había continuado tras sonar el timbre. Algo me decía que aquel chico estaba ansioso por hacerse valer y que, si le daba la ocasión, me demostraría sus méritos.

Vi la oportunidad que había estado esperando un día que se enzarzó conmigo en una interminable controversia sobre si se debía o no aplicar la pena de muerte a un asesino. En lugar de enfadarme le propuse que preparara una charla sobre el tema. Se sorprendió cuando, dándole un poco de coba, le comenté que estaba convencido de que alguien con sus dotes oratorias lo haría muy bien. Me lanzó una mirada esquinada, como si no se creyese del todo mis palabras. Y tanteando hasta dónde estaba dispuesto a llegar, me preguntó si le serviría para aprobar la asignatura. "Solo si es excelente", le repliqué con una sonrisa, y le ofrecí la mano extendida para sellar el trato, mientras le retaba diciendo: "Demuéstrame de lo que eres capaz". Así fue como se comprometió a exponer sus argumentos delante de sus compañeros en el plazo de dos semanas y yo a no catearle si daba la talla. El tiempo se encargaría de demostrar que había tomado sin saberlo una decisión que cambiaría su vida.

El día acordado llevé al grupo al salón de actos para darle el mayor relieve posible a la charla de Nelson, que, justo es decirlo, apareció vestido con sus mejores galas. Aunque su discurso tenía un vago aire a sermón y sus ademanes eran los de un niño predicador, las palabras fluían por su boca con una inusual facilidad para ser un repetidor recalcitrante. A medida que pasaban los minutos, sus compañeros se fueron rindiendo a su verbo florido. Puede que su tono fuera más persuasivo que sus argumentos, pero supo meterse a la audiencia en el bolsillo y demostró tener un talento fuera de lo común para hablar en público. A modo de colofón, recitó unos versículos de poética belleza, tras lo que la clase estalló espontáneamente en aplausos y yo con ella.

Su rostro traslucía la incomparable satisfacción de quien, acaso por primera vez, recibía el halago público y la aprobación unánime. Ese premio, con el que jamás se hubiera atrevido a soñar, significó tanto para él que empezó a trabajar por parecerse a la imagen que había visto reflejada en los ojos de sus compañeros. Al día siguiente, glosé delante de ellos las virtudes de aquella charla, que supuso un antes y un después en la trayectoria escolar de Nelson. Este, que hasta entonces no había demostrado el más mínimo interés por los estudios, empezó a enmendar su actitud, buscar la camaradería de otros alumnos y la aprobación de los profesores. En los meses que siguieron se esforzó por recuperar el tiempo perdido. Probablemente alguien más soberbio o menos tenaz que él no hubiera sabido aprovechar la oportunidad que le brindaba el destino, se hubiera resistido a mudar de piel y renunciar a la imagen de revoltoso incorregible que se interponía entre él y su futuro. Por propia experiencia sé que no es fácil dejar atrás el que creemos ser para ir tras los pasos del que nos gustaría ser.

No menos los profesores que los alumnos estamos necesitados de ejemplos de que se puede cambiar el curso de los acontecimientos para poder seguir creyendo en el poder liberador de la educación. Con el correr de los meses llegó a convertirse en un alumno aplicado y, quién lo iba a imaginar, un lector empedernido. Aprobó con buenas notas el bachillerato y marchó a cursar la carrera de Filosofía y Derecho a Madrid, donde obtuvo la doble licenciatura al cabo de los años. Tal y como lo veo ahora, si no estamos dispuestos a que los alumnos nos sorprendan, jamás nos sorprenderán. Y esto es extensible a otros muchos ámbitos de la vida.

AURORA O LA PERSEVERANCIA

Las aspiraciones de algunos son poca cosa para otros. La grandeza no siempre ofrece un aspecto grandioso y los héroes no tienen por qué parecerlo. A veces ser como cualquier hija de vecino puede resultar una proeza titánica y cumplir una elevada meta carece de épica y lírica. Este es el caso de Aurora, una gitana de cuerpo esmirriado y ojos vivaces y saltones, que le dan un inconfundible aire de pilla. Tiene el rostro picado de viruela y una pierna más corta que la otra, lo que le obliga a calzar una prótesis ortopédica y apoyarse en una muleta para caminar. Una apariencia tan poco agraciada hubiera lastrado las ambiciones de otra persona menos decidida y valiente, pero en su caso fue todo lo contrario.

La falta de pretendientes le salvó de verse casada a una temprana edad; sus limitaciones físicas de tener que ocuparse de la casa familiar y sus hermanos pequeños. Muy pronto entendió que en la escuela compraba su libertad y se volcó en los estudios con una entrega que rayaba en la desesperación. El deseo de una vida mejor que la de su madre, quien apenas sabía leer y escribir su nombre y estaba siempre a la sombra de un hombre malcarado y violento, su padre, la empujó a hincar los codos.

Se había permitido soñar con un futuro diferente, al que parecía destinada, y no estaba dispuesta a renunciar a él. Sin perder fuelle, con una tenacidad que le honra, fue aprobando año tras año hasta llegar al último curso del instituto. Para entonces se había convertido en una extraña para sus padres, quienes, como algunos de sus profesores, no acababan de acostumbrarse a que fuera una buena estudiante. Su madre se debatía entre el orgullo y el descontento cada vez que venía a recoger las notas de su hija y los tutores ponderaban sus méritos y alababan sus esfuerzos. Había también un brillo ambiguo en sus ojos cuando ocultaba esos elogios a su marido.

El año que Aurora cursaba segundo de bachillerato me convertí en su tutor. Aunque ha pasado más de una década, me acuerdo a la perfección de dos escenas protagonizadas por ella en los momentos estelares del curso: el viaje de estudios y la fiesta de graduación. Esos emotivos acontecimientos, o mejor sería llamarlos ritos de paso, marcan el final de una trayectoria escolar que se inició en las aulas de preescolar doce o más años atrás, y celebran el ingreso en la vida adulta de los hasta entonces considerados menores. Ese nuevo capítulo comenzaba en muchos casos al irse de casa para acudir a la universidad, cosa que estaba por ver si Aurora podría hacer.

Aún no me he olvidado de la noche en vela que, durante el viaje de estudios, pasé en un hospital de Madrid acompañándola mientras le practicaban un lavado de estómago. Aunque estaba poco acostumbrada a beber alcohol, no había querido quedarse atrás y, burlando la vigilancia de los profesores acompañantes, se las ingenió para empinar el codo como la que más. Cuando quisimos darnos cuenta, ya no se sostenía de pie y farfullaba incongruencias, y tuvimos que llamar a urgencias.

Aquel episodio no hubiera pasado de ser una simple anécdota sin mayor trascendencia si no fuera porque Aurora se fue de la lengua y me hizo un relato sin tapujos, entrecortado por las arcadas y los quejidos, de su corta y vapuleada existencia. Mientras vaciaba su estómago y purgaba su corazón, quedó patente que, si bien habíamos compartido espacios y tiempos, vivíamos en realidades paralelas. No voy a contar todo lo que me refirió aquella interminable noche, pero describió las penurias que habían rodeado la infancia y adolescencia de la cuarta de seis hijos de una familia gitana, para más inri "tullida", por usar sus propias palabras. El alcohol hablaba por ella, así como la rabia social y la nostalgia de la mujer que nunca sería. Esa confesión, que jamás hubiera llegado a mis oídos si no hubiera estado borracha, cambió mi percepción y me conmovió profundamente. Si tuviera que resumir cuatro horas largas de intermitente conversación etílica en una sola frase, sería seguramente esta: "Tengo lo que doy". Amanecía cuando le venció el agotamiento y cayó en un profundo sueño.

Dos meses y pico después de ese incidente tuvo lugar la tan esperada ceremonia de graduación. Como venía siendo costumbre, convocamos en el salón de actos a todos los alumnos y sus familias para hacer entrega de un diploma honorífico a los que habían aprobado el curso. Ese acto festivo, que incluía discursos de agradecimiento por parte de los delegados de clase y los tutores correspondientes y diferentes actuaciones musicales, se cerraba con un refrigerio servido en el vestíbulo de entrada y los pasillos del centro. Me costó Dios y ayuda convencer a la madre de Aurora para que su familia acompañara a su hija en un momento tan señalado como aquel. Cuando llegó el día anunciado, una tarde de finales del mes de junio, me alegré al verla vestida con sus mejores galas y peinada como si fuera a una boda entrando en el salón escoltada por sus padres, visiblemente satisfechos pese a sentirse extraños a la circunstancia que allí se celebraba.

Una vez más Aurora volvió a darnos una lección de entereza cuando le tocó salir a recoger su pliego de manos de la directora del centro. Nada más oír su nombre se alzó como impulsada por un resorte y, muleta en mano, se dirigió renqueando hasta el estrado. Padecí mientras ascendía trabajosamente los tres escalones alfombrados que comunicaban la platea con el escenario. No quiero ponerme sentimental, pero vi en ellos simbolizados los escollos que había superado para poder llegar hasta allí. A diferencia de sus compañeros, que habían salvado ese desnivel sin mayores dificultades, ella debía mirar dónde ponía los pies y calcular cuidadosamente cada uno de los pasos que daba, a riesgo de besar el suelo. Tan pronto como recibió su diploma estalló espontáneamente una atronadora ovación, que se prolongó como ninguna otra, y le acompañó mientras deshacía lo andado con paso vacilante y ocupaba de nuevo su asiento. Aquellos aplausos intentaban hacer justicia y compensar los ultrajes de un injusto destino.

Los años siguientes nos seguimos viendo de tanto en tanto, hasta que le perdí la pista. Hasta donde sé, cursó un módulo profesional de grado superior de Atención Sociosanitaria y entró a trabajar como asistente social, primero haciendo sustituciones y luego con plaza fija. Dondequiera que se encuentre, confío en que continúa siendo su propia tutora. Su recuerdo aún acude a mi rescate cada vez que me flaquean las fuerzas y tengo la tentación de autocompadecerme.

BÉLA O LA RESILIENCIA

Mi primer recuerdo del "ruso", como lo apodaron con una mezcla de cariño y respeto sus compañeros, es la imagen de un chico poco mayor que un niño vestido como si fuera a entrar en combate. Vestía un chaleco con múltiples bolsillos y un pantalón de camuflaje con un cinturón portaherramientas del que colgaba entre otras muchas cosas un *walkie talkie* y calzaba botas militares de cuero negro. Pronto descubrí que no se trataba de un disfraz, sino de su indumentaria habitual. A pesar de todo aquel equipamiento, o tal vez a causa de ello, uno experimentaba su indefensión con solo mirarlo. Se veía a un kilómetro de distancia que se sentía desvalido. Y que fuera preparado para solventar cualquier contingencia o vivaquear a la intemperie, no hacía más que subrayar esa primera impresión.

Béla, que era su verdadero nombre, era oriundo de Eslovaquia. Tras el suicidio de su progenitor, se había trasladado a nuestro país en compañía de su madre, atraída por la posibilidad de cambiar de aires y encontrar un empleo. A finales del curso anterior, el colegio en que llevaba escolarizado dos años había interpuesto una denuncia por malos tratos ante las autoridades competentes. Por lo visto, había tenido una trifulca con la nueva pareja de su madre, quien le había propinado una paliza. Bastó una visita del asistente social, acompañado de una policía, para que ordenaran su inmediato ingreso en el centro de menores. Entró en aquella institución pensando que pasaría unas pocas semanas, hasta que se arreglara todo y volviera a casa, pero no fue así. Cuando yo lo conocí ya llevaba internado seis meses largos, y cada vez parecía más lejana la hora de salir. Para entonces su madre había regresado a su país natal abandonándolo a su suerte.

Se aferraba a la engañosa ilusión de que más pronto que tarde volvería para llevárselo a vivir con ella. Pero con el correr de los meses empezaron a reconcomerle las dudas y sus esperanzas se fueron desplomando. En ocasiones se apoderaba de él una tristeza antigua y otras le invadía una oleada de rabia y culpa. Si exceptuamos esas explosiones de ira y autocompasión, Béla poseía un buen carácter y un temperamento cordial. Pese a haber padecido muchas privaciones, no andaba escaso de recursos, y no era el menor de ellos su don de gentes y su capacidad de adaptación. Aun cuando caía bien a todo el mundo, le faltaban motivos para confiar en los adultos y le sobraban razones para sentirse desarraigado. Sus seres queridos más cercanos se encontraban a dos mil y pico kilómetros de distancia, y lo más parecido a una familia eran los monitores del centro, su tutora y yo, su profesor de ética.

Cuando echo la vista atrás intentando comprender en qué momento dejé de ser el profesor de Béla para convertirme en otra cosa, revive en mi memoria un conmovedor episodio acontecido durante una de las primeras visitas que Montse, mi pareja, y yo hicimos al centro de menores, no recuerdo si para sacarlo a dar una vuelta en coche, ir a comer fuera o ver una película. Antes de despedirnos de los monitores de guardia y ponernos en camino, Béla quiso enseñarnos la cabaña que, con ayuda de un amigo, había levantado en el patio trasero con tablones, trozos de chapa, plásticos y otros materiales de desecho, y de la que, con toda razón, se sentía enormemente orgulloso. Aquel cuchitril, amueblado con trastos viejos, hacía pensar en el hogar que no tenía. Con una sonrisa de satisfacción dibujada en el rostro, abrió el candado y franqueó la puerta invitándonos a pasar dentro y tomar asiento en unas sillas medio desfondadas, mientras nos ofrecía un picapica y un refresco que sacó de una nevera portátil.

Recuerdo que Montse le dio las gracias por aquel improvisado piscolabis e, intentando ser simpática, comentó: "¿Una especialidad eslovaca?". Aquella alusión le tocó la fibra sensible y despertó en su cabeza amargas asociaciones. Los ojos se le humedecieron y, abandonándose a la tristeza, comentó con voz quejumbrosa: "Me pregunto muchas veces qué hago aquí, tan lejos de mi país". Montse sintió impulsos de abrazarlo, pero se contuvo. Se le quedó mirando con callada ternura y le espetó tratando de infundirle ánimos: "Me lo imagino, pero de otra manera no nos hubiéramos conocido". Béla afirmó con la cabeza y se abrió un silencio, subrayado por el ulular del viento que se colaba por las rendijas de los tablones. Cuando abandonamos aquella cabaña, sabíamos que algo había cambiado para siempre. Nos habíamos convertido en su familia de acogida.

Luego cayó la noche y pasó mucho tiempo. A ese curso le siguió otro y otro, y pronto Béla se reveló como un aplicado estudiante y un superviviente nato. Va ya para diez años que Montse y yo lo tratamos como a un hijo. Y, como es fácil imaginar, a lo largo de este tiempo nuestra relación ha atravesado etapas muy diferentes. Las cosas no siempre han sido fáciles. Su miedo al abandono era tan grande que necesitaba poner a prueba constantemente nuestra lealtad hacia él. A veces asumía una actitud huraña y distante, que hubiera podido confundirse con la frialdad, pero que, en realidad, era su manera de mendigar cariño. Le costaba tanto verse como digno de afecto que rehuía las atenciones. Intentamos transmitirle la idea de que podía contar con nosotros soportando sus desplantes y desaires pacientemente. El saber que hay un camino invita a recorrerlo. Si consiguió derrotar sus demonios internos, recobrar la fe en las personas y encauzar su vida, fue porque ya no temía perder nuestro cariño. Ayudar a curar sus heridas nos ha ayudado a curar las nuestras.

IRENE LING O LA ASTUCIA

A su corta edad Irene ya había vivido más vicisitudes que la mayoría de sus profesores. Era una chica alta, de huesos finos y una engañosa apariencia de fragilidad. Había cumplido los dieciocho años, pero aparentaba dos o tres años menos. Sus caderas y sus pechos apenas se marcaban bajo la holgada ropa deportiva que solía llevar puesta. Su melena negra y brillante, peinada con la raya en medio, enmarcaba un rostro de facciones suaves y agraciadas, donde destacaba su limpia sonrisa. Había crecido sabiendo que una de sus mayores intimidades quedaba al descubierto tan pronto como la vieran u oyeran. Su aspecto la delataba allá donde fuera. Nadie tenía dudas de que era una niña adoptada. Para todo el mundo era la china. No solo atraía las miradas ajenas, sino que suscitaba preguntas en casi todos los interlocutores. Las formularan o no. Y que hablara con soltura y sin acento no hacía sino picar aún más su curiosidad. Sentirse incomprendida o un bicho raro era un lujo que no se podía permitir una adolescente como ella. Enfrentarse a los padres, rebelarse contra las normas establecidas o enamorarse perdidamente quedaba para quienes todavía no han experimentado el abandono e ignoran el valor de lo que ponen en riesgo. Pero una persona que ha renacido con otra familia, otra lengua y otro país está más interesada en pasar desapercibida que en afirmar su identidad.

Su exótica belleza no estaba reñida con un talento especial para las matemáticas. Cuando yo la conocí, era una hija modelo y una alumna ejemplar. Sus profesores tenían una elevada opinión de Irene, pero ninguno sospechaba que era víctima de *bullying* y yo, su tutor de segundo de bachillerato, menos que nadie. Bien sea porque envidiaban sus notas, su atractivo físico, el afecto de sus padres adoptivos o alguna otra causa que no alcanzo a comprender, cinco compañeras de su edad se habían confabulado para hostigarla a través de las redes sociales sin descanso desde hacía meses e intimidarla con amenazas si lo contaba. Le insultaban llamándole empollona, lameculos, cara pomelo, chinorri y otras lindezas por el estilo, cada cual más cruel y ofensiva. Se burlaban descarnadamente de su aire de buena chica, le gastaban bromas pesadas a cuenta de sus ojos rasgados y la calumniaban de forma gratuita y soez.

Entre las acosadoras había tanto adolescentes consentidas, malcaradas y narcisistas, acostumbradas a salirse siempre con la suya e imponer sus caprichos, como pobres desgraciadas, desatendidas por sus padres, disconformes con lo que les había tocado en suerte y ávidas de protagonismo. Unas se habían visto arrastradas por las otras. Es posible que las miembros de esa jauría se hubieran hecho una idea equivocada de Irene y no calibrasen en su justa medida la fortaleza psicológica de alguien que había pasado los seis primeros años de su vida en un orfanato de Pekín y había conseguido salir adelante sin aparentes secuelas. Su larguirucha figura y su temperamento callado pudo llevarlas a pensar que era retraída y complaciente, pero se equivocaron estrepitosamente. Pagarían muy caro el precio de su estupidez y crueldad.

Le hicieron la vida imposible, hasta que un día no pudo más. Siento un escalofrío de angustia y un ramalazo de culpabilidad mientras lo escribo. Me reprocho no haber estado más atento. Si no lo vi venir, seguramente fue porque yo también la prejuzgué con ligereza. El coraje y la determinación con que puso fin al acoso que sufría por parte de algunas compañeras me dio una inolvidable lección sobre cómo los prejuicios nos ciegan. También al profesorado. Una inmensa mayoría de profesores, y no creo que sea una sorpresa para nadie, ignoramos muchos de los motivos inconscientes y asociaciones inmediatas que condicionan nuestros juicios sobre los alumnos. Por una deformación profesional sentimos la necesidad de tener respuesta para todo y, si no somos capaces de ofrecerla, nos cuesta enormemente reconocer nuestra ignorancia. Nos disgusta pensar que somos parciales, pero peor suele ser creer que somos objetivos. Aun cuando la habilidad para leer el pensamiento y las emociones de los alumnos puede ser muy útil para un docente, lo cual exige extraer conclusiones rápidas e intuitivas a partir de unos pocos datos significativos basándonos en la experiencia acumulada, cometeríamos un error si creyésemos que nuestras primeras impresiones resultan infalibles, en vez de dejar siempre un margen a la duda y estar dispuestos a que los alumnos nos sorprendan una y mil veces. Cómo Irene dejó fuera de combate a sus acosadoras es algo que no olvidaré jamás.

Aun hoy recuerdo perfectamente la cara de pasmo y santa indignación con que una de ellas irrumpió en la sala de profesores buscando al tutor de Irene Ling. La creí a medias cuando, con lágrimas de cocodrilo asomándole en los ojos, la acusó de haber publicado en redes sociales ultrajantes informaciones privadas, incluidas fotos comprometedoras. Antes de que el escándalo fuera a más, se imponía una intervención rápida para aclarar lo acontecido. Me faltó tiempo para poner en conocimiento de la jefa de estudios ese desagradable asunto, quien, tras convocar por teléfono en su despacho a la directora y al psicólogo escolar, ordenó a los profesores de guardia que sacaran a las implicadas de las aulas y las condujeran a su presencia. De ir a buscar a Irene me ocupé yo. Me sorprendió que no me preguntase la razón ni se alterase lo más mínimo cuando le conminé a acompañarme a la prefectura. Una vez allí, tomó asiento en la única silla libre frente a sus compañeras y supuestas víctimas, esperando pacientemente que le tocara el turno de hablar. Cuando le llegó el momento de responder a las preguntas de la jefa de estudios y todas las miradas se volvieron hacia ella, deslizó suavemente encima de la mesa una carpeta que llevaba consigo diciendo: "Aquí está explicado todo lo que quieren saber".

Las instigadoras se llevaron la sorpresa de su vida cuando, tras ese golpe de efecto que parecía ensayado, se irguió sin pedir permiso y, dando la espalda a los asistentes, abrió la puerta y se largó por donde había venido. Se dieron cuenta demasiado tarde de que Irene no estaba dispuesta a dejarse intimidar. Habían supuesto erróneamente que ocultaría lo sucedido por temor, vergüenza o pura timidez, pero, contrariamente a lo que sucede la mayoría de las veces, la víctima no mendigó la indulgencia de sus verdugos, sino que les dio a probar su propia medicina. Iban a pagar muy caro meterse con alguien que juzgaron más débil. Con la minuciosidad y el rigor que le caracterizaban como alumna, había grabado con el móvil sus amenazas e insultos, y documentado hasta el último detalle el acoso sistemático al que se había visto sometida.

Las pruebas recogidas en aquel sumario de agravios y ofensas eran tan demoledoras que el centro se vio obligado a tomar cartas en el asunto e imponer una sanción ejemplar a las implicadas. Tres de ellas fueron expulsadas un mes a su casa, lo que, a la postre, les costó repetir el curso. Y a las dos cabecillas se les obligó a cambiar de instituto y ser tratadas por un psicólogo durante lo que restaba del año escolar. Ese fue a grandes rasgos el desenlace de una historia cuya versión oficial no acababa de creerme. Tenía la sospecha de que Irene se las había ingeniado para que sus hostiles compañeras se retrataran como acosadoras y, sin darse cuenta, se pusieran la soga al cuello. No seré yo quien la culpe por ello. No sabría decir qué me producía más admiración, si su astucia o el coraje con que se había deshecho de sus agresoras. El nombre de Irene Ling seguramente quedó grabado a fuego en su memoria. Su relación con ella iba a desempeñar un papel decisivo en quién serían a partir de entonces, pero eso forma parte ya de otra historia.

JANA O EL ENCANTO

Las personas de buen ver gozan del dudoso honor de atraer las miradas, recibir elogios u agasajos inmerecidos y ser objeto del deseo y la envidia ajenas. Es fácil perder el sentido de la realidad cuando no pasas desapercibido y tampoco debes esforzarte para hacerte valer. De ahí también que algunas personas bien parecidas vayan por la vida como si se les debiera devoción y que otras, en cambio, se comporten como si hubieran de hacerse perdonar su embrujadora presencia. Aunque Jana había sido agraciada con el regalo envenenado de la belleza, no quiso ejercer el papel de guapa en el gran teatro del mundo.

Al leer en la crónica social la noticia de su compromiso matrimonial con el rico heredero de un grupo empresarial, acudió a mi mente un episodio que había dejado una profunda huella en mi memoria. Nadie hubiera imaginado, viendo la fotografía de aquella atractiva joven del brazo de su flamante marido, el camino de espinas que había recorrido antes de llegar allí. Nada revelaba en su rostro que era una experta en segundas oportunidades. Estaba curtida en desengaños sentimentales, en abandonos y resurrecciones. Más que una versión posmoderna del cuento de la Cenicienta, su historia recordaba un célebre verso de Vicente Aleixandre que comentábamos en clase: "Eres hermosa como la dificultad de respirar en un cuarto cerrado".

A lo largo de su trayectoria escolar se había desvivido por demostrar que no era solo una cara bonita. Por eso mismo cuando empezó a fumarse las clases y suspender materias me preocupé como tutor suyo que era. Antes de que colgara los libros y echara por la borda su merecido prestigio de buena estudiante, le pedí que viniera a hablar conmigo. Así fue como me enteré de que, con diecisiete años recién cumplidos, se había convertido en la novia del propietario de varios conocidos locales de ocio nocturno que se hacía llamar Fran y le doblaba la edad. Mientras sus compañeros del bachillerato trampeaban para colarse en la discoteca, ella recibía un trato vip como acompañante del jefe, quien le agasajaba en los mejores restaurantes y tiendas de ropa y la paseaba en un deportivo descapotable. Sin acabar de salir de mi asombro le pregunté qué pensaban sus padres de todo aquello. Se encogió de hombros y guardó un silencio lleno de recovecos. Y cuando insistí en saber la opinión de su madre, a la que conocía de una reunión escolar, se limitó a decir:

—Fran le parece un buen partido. Me insiste en que no sea tonta y me case. Pero me enfada oírle que ya tengo una buena excusa para dejar los estudios.

—¿Y tú? —inquirí—. ¿Qué quieres hacer?

—No lo tengo claro. Mejor me voy de casa y les ahorro una preocupación.

Cuando le oí hablar así, comprendí lo sola que se sentía.

—Si de verdad sabes lo que te conviene, sigue estudiando, fórmate —me vi diciendo. Y, tras una pausa, volví a la carga—. Así no dependerás más que de ti misma. Piensa en ello.

—Fran quiere que me vaya a vivir con él —susurró sin mucha convicción—, que nos casemos y me tome un tiempo para saber qué quiero hacer con mi vida.

—Cásate si quieres, pero no abandones el bachillerato.

Esa frase puso término a la conversación. Insistir de nuevo en que no cometiera la estupidez de contraer matrimonio con alguien como Fran no hubiera servido de nada. Así que me abstuve de ofrecerle más consejos que nadie me había pedido. Además, no era de mi incumbencia. No sabía cómo decirle que sus padres anteponían su comodidad a su bienestar, que por más que su pretendiente le colmara ahora de atenciones acabaría seguramente aburriéndose de ella y que ser bien parecida no le salvaría de sí misma. La belleza, el dinero y el poder son divisas intercambiables que cotizan en un libre mercado global, donde todo se compra y se vende. El atractivo físico ayuda a llegar más lejos en la vida, pero también a perderse por el camino, sobre todo si careces de apoyos emocionales y medios económicos como Jana. La sola idea de que aquel individuo se aprovechase de su desvalimiento me producía náuseas y cargo de conciencia.

Mis peores augurios se confirmaron. En los meses que siguieron a aquella conversación, las notas fueron empeorando y acabó por echar a perder el curso. Y para colmo de males anunció para el verano su boda por todo lo alto con Fran, al que tuve ocasión de conocer un día a la salida del instituto. Se trataba de un treintañero bien vestido, con una sonrisa postiza, que afectaba aires de distinción y se las daba de emprendedor. Jana tuvo la deferencia de invitarme a la ceremonia y el posterior banquete en un restaurante de postín. Excusé mi presencia alegando que tenía un viaje programado para esas fechas, pero le envié un regalo de bodas, un lote de libros con una tarjeta que rezaba: "Las chicas buenas van al cielo, las malas a todas partes".

Quizá por eso mismo acudió a pedirme consejo cuando pasado el tiempo se le cayó la venda de los ojos y descontenta de la vida que llevaba decidió retomar los estudios. Con tristeza y alivio al mismo tiempo escuché sus penas. Lamentaba haberse dejado embaucar con falsas promesas y medias verdades por un tipejo como Fran, que resultó ser un canalla de cuidado, no por posesivo menos picaflor, un perfecto farsante y un machista empedernido. Jana había perdido el corazón para salvar la cabeza, y había pasado de estar perdidamente enamorada a encontrarse simplemente perdida. Un poso de amargura realzaba aún más, si cabe, su belleza, lo que la exponía a tropezar nuevamente en la misma piedra o, acaso, a buscarla con ahínco, como así sucedió. De ahí en adelante las cosas se sucedieron más o menos como sigue.

En los años sucesivos me buscó unas cuantas veces coincidiendo casi siempre con sus encrucijadas vitales o cuando atravesaba alguna época borrascosa. En cierta ocasión me confesó, bordeando el llanto, que se había sometido a un aborto. Otra me contó que estaba decidida a abandonar la universidad y seguir los pasos de su novio hasta Hong Kong. También se puso en contacto conmigo antes de someterse a una cura de desintoxicación, y en algún que otro momento difícil. Si acudía a hablar con su antiguo profesor no era porque no tuviese a nadie más a quien consultarle sus dudas o porque buscase mi aprobación, sino para rencontrarse con alguien que sabía quién era y de dónde venía.

Casi llegué a olvidarme de ella, hasta que me tropecé con su imagen en aquella revista. Seguía igual o más atractiva que en sus años mozos, pero no era su reposada belleza lo que resaltaban en el pie de foto, sino su profesión: ingeniera medioambiental. En ese momento tuve la certeza de que, por fin, Jana había logrado que su atractivo no se interpusiese entre ella y sus interlocutores. No sé si por eso o por qué, me sentí particularmente orgulloso. Me admiraba cómo había esquivado las trampas que le había tendido su apuesta figura, roto con los estereotipos y forjado una carrera profesional. Ser una chica como otra cualquiera le había costado un esfuerzo descomunal. La única manera de tomarse en serio el oficio de vivir consiste en no darse demasiada importancia.

Jana, Irene, Béla, Aurora, Nelson, Laura, Z y Nora son tan solo algunos de los muchos nombres de la larga nómina de alumnos que han dejado una impronta en mi carrera y a los que guardo una profunda admiración. Podríamos sumar a esa lista otros muchos casos de chicas y chicos que afrontaron adversidades con un coraje fuera de lo común. Sin ir más lejos, Valentín superó una leucemia sin colgar los libros. A Carla haber sido víctima de una violación múltiple no le impidió aprobar los cursos; por no hablar de Leo, testigo de cómo su padre había apuñalado a su madre, que obtuvo matrícula de honor en el bachillerato, y Gloria, aquejada de psicosis, y Touffik, llegado como polizón en una patera, y Serguei y Malú y tantos, tantísimos otros.

El valor y la determinación con que plantaron cara a las mayores dificultades y superaron amargos trances me trae a la memoria un conocido episodio de las divertidas aventuras del barón de Münchhausen, en que este personaje de ficción logra sacarse a sí mismo junto a su caballo de la ciénaga en la que han caído, tirando de su propia coleta. Salvando las distancias, esas mujeres y hombres, demasiado jóvenes para considerarlos adultos y demasiado maduros para tratarlos como adolescentes, se las ingeniaron para salir del atolladero gracias a sus recursos. Sus particulares gestas no tienen nada que envidiar a la supuesta hazaña del barón.

Me enorgullece haber sido su profesor y me gustaría pensar que contribuí en algo a que se transformaran en los protagonistas de su propia novela. Siempre he creído que contraje con todos ellos una deuda de gratitud. No es falsa modestia afirmar que sus particulares gestas me pusieron delante un espejo en el que mirarme, me forzaron a replantearme mi profesión y me brindaron un ejemplo a seguir. Recibí de esos chicos una valiosa lección: no rendirse. Siempre nos damos cuenta demasiado tarde de lo que de verdad importa. Han tenido que pasar muchos años para comprender la respuesta que me dio un venerado profesor, que había pasado más de cuatro décadas impartiendo clase inmune al desaliento, cuando le pregunté cuál era el truco para no quemarse y mantener vivo el entusiasmo. Le creí a medias cuando con una sonrisa oculta tras los ojos me respondió: "Aprender con ellos". Iluso de mí, pensé que chocheaba un poco. Por aquel entonces no acababa de entender que esa sencilla respuesta, que juzgue erróneamente como una muestra de voluntarismo, era todo menos simplista. Si alguien está en condiciones de enseñar a otro, es porque también se halla dispuesto a aprender.

Compartir el gozo del saber constituye el elixir de la eterna juventud para un docente. Enseñar sin dejar de aprender viene a ser la piedra filosofal de la educación. Entendámoslo de una vez, no se puede educar sin educarse a todas horas. La formación permanente o, si se quiere la mejora continua o *kaizen* en japonés, representa una manera de estar en el mundo, que tiene menos que ver con la necesidad de actualizar los conocimientos que con metabolizarlos, conocerse a sí mismo y mantener prendida la llama de la curiosidad. La mejor profesora o el mejor maestro no es tanto alguien que sabe mucho como alguien que ha encontrado un procedimiento para contagiar el ansia de querer saber más a sus alumnos, que jamás lo habrían experimentado de no haberlo visto reflejado en ella o él. Formar es ante todo compartir el gozo del conocimiento, para lo cual es imprescindible humildad, la de saber qué no se sabe para continuar queriendo aprender, acercándose así a ese ideal de didáctica sin didactismo encarnado por los viejos filósofos.

XXII

¿PUEDEN LOS ALUMNOS CAMBIAR
LA VIDA DE SUS PROFESORES?

> La solución de los problemas que ten-
> drán los adultos mañana depende en
> gran medida de la forma en que nues-
> tros niños crecen hoy.
>
> MARGARET MEAD

Me parece que lo estoy viendo sentado delante de mí: larguirucho y miope, con aquel aire suyo de orgulloso desamparo, como si actuara para una cámara invisible. Recuerdo a la perfección el momento en que dejó de ser un alumno más para convertirse en Andrés. Llevaba una hora larga leyendo con cierta desgana las redacciones de un grupo de estudiantes de primero de bachillerato cuando una de ellas pulsó un resorte desconocido y desencadenó en mi interior una corriente de amarga ternura. Han pasado más de dos décadas, pero aún conservo la cuartilla: "Al final siempre hay alguien, mirando a cualquier sitio, viendo amanecer en sus uñas, sintiendo la vida por sí mismo. Al final siempre hay alguien, recordando, triste, con el silencio de las goteras entre los dientes, siempre alguien, a punto de nacer o de morir. Hay, esto es todo, mucha vida por sí misma, mucha tristeza en los miércoles, mucho sueño interrumpido. Hay, al cabo, la vida libremente en cualquier sitio, dando su dolor de cada día, a quien sufre entre sábanas, dándose, a quien duda de ella, al que rompe su decisión en la ventana, o permanece callado largo tiempo, a quien se aparta". Esas frases formaban parte del escrito con que había respondido a la pregunta "¿Quién soy?", planteada durante la clase de filosofía de la que yo era responsable.

Leí de un tirón aquella hoja de papel cuadriculado, arrancada de una libreta escolar, sin salir de mi asombro y con creciente admiración. Su caligrafía redondeada y casi infantil contrastaba vivamente con la poética crudeza de su contenido. Al llegar al punto final de aquel relato testimonial, escrito con descarnada honestidad pero también con un inusual pulso literario, sabía que había perdido a su madre siendo todavía muy niño por culpa de un cáncer, y su abuela paterna se había hecho cargo de él y su hermana pequeña mientras su apenado progenitor superaba el duelo. Más por lo que se adivinaba entre líneas que por lo que ponía en el texto, comprendí que pasaba los días sin hablar con nadie, recluido en sus pensamientos, a solas en su cuarto o cuidando del jardín de la casa familiar. Aunque su ortografía dejaba mucho que desear, no respetaba la sintaxis y hacía un uso muy suyo de la puntuación, poseía un talento fuera de lo común para enhebrar palabras. Ahora que lo pienso, aquel curso pedí a los alumnos más tareas escritas de lo que acostumbraba, probablemente para tener la oportunidad de leerle. Durante aquel otoño e invierno me aficioné a sus escritos.

Sus palabras resonaban en mi interior con más fuerza de lo que estaba dispuesto a reconocer. Me recordaban cómo veía el mundo a su edad. Era como si, emboscado tras su desmañada caligrafía, me acechara el fantasma del que un día fui. Todavía no lo sabía, pero aquel adolescente estaba desandando el camino de la realidad para pedirme cuentas. Merced a los textos de Andrés empecé a revivir episodios que no había contado a nadie, coloreados por emociones encontradas de una rara intensidad. Un día me dio un vuelco el corazón al leer una de sus redacciones titulada "El paraíso de mi abuela". No acababa de entender por qué me sentía tocado en lo más profundo. Dos o tres horas discurrieron antes de que se me pasara la congoja y se disiparan de mi cabeza los ecos de una época que creía ya superada. El abracadabra de sus palabras trajo a mi mente imágenes del jardín de la casa donde había fallecido mi madre. Pasé mi adolescencia y juventud añorando ese vergel, que era una extensión de su cariño. He tenido que escribir varios libros sobre el tema y convertir unas cuantas parcelas en arcadias particulares para entender por qué los jardines eran uno de los pocos lugares donde no me asaltaba el sentimiento de orfandad. Mi padre mandó tapiar aquel chalé, creyendo ingenuamente que podría emparedar el dolor de su pérdida, y nos llevó a vivir con su madre, nuestra abuela. Aunque el jardín de aquella severa anciana estaba hecho siempre un primor, a mí me parecía desenfocado e irreal.

Tampoco comprendí hasta mucho tiempo después que uno no elige a sus maestros, sino que estos aparecen en el camino de la vida cuando menos se los espera. Y contrariamente a lo que nos gusta pensar, no tienen por qué ser personas de edad que han adquirido su sabiduría tras atesorar experiencias a lo largo de una dilatada existencia. Basta que alguien, joven o mayor, logre vencer tus resistencias y poner a prueba tus seguridades para que pueda enseñarte algo valioso sobre tus miedos y limitaciones. Desde la perspectiva que dan los años veo claro que, sin él pretenderlo ni yo saberlo, aquel melancólico chico desempeñó el papel de Virgilio en mi particular descenso a los infiernos. Bien sea porque algunas coincidencias biográficas propiciaron que me identificase con Andrés, bien sea porque sus angustias y ambiciones me resultaban familiares, dejó de ser un alumno más para convertirse en mi *alter ego*. Verlo cada mañana en clase no hacía más que ahondar mi confusión. De todas formas, muy probablemente hubiera seguido guardando las distancias y evitando preguntarle por cosas ajenas a los estudios si no hubiera sucedido algo que lo cambió todo.

Me acuerdo como si fuera ayer que debatíamos en clase acerca de si solo existe lo que percibimos, cuando la directora llamó con los nudillos a la puerta y, tras entreabrirla suavemente, me hizo una señal con la cabeza para que saliera al pasillo. Así fue como me enteré de que habían hospitalizado a Andrés a causa de un intento frustrado de suicidio. Afortunadamente se hallaba ya fuera de peligro y no tardarían en darle el alta. Aún hoy en día, me basta con entornar los párpados para ver su silla vacía delante de mí. Si no hubiera estado tan ensimismado batallando con los fantasmas de mi pasado, con toda seguridad me hubiera percatado de que necesitaba ayuda. Me reprochaba haber permanecido ciego a las señales de alarma y más pendiente de mis aflicciones que de las suyas.

Cómo se me había podido pasar desapercibido que, durante los últimos meses, había perdido varios kilos y se había encorvado bajo el peso de un fardo invisible. Últimamente los omoplatos se le marcaban debajo del jersey y un velo de tristeza empañaba su mirada. Incluso su letra, cada vez más crispada, delataba un profundo malestar. No sabría decir qué me desazonaba más, si mi falta de sensibilidad o de gratitud con quien, poco importa si involuntariamente, me había permitido mirar a través de sus ojos conflictos postergados durante años y poner palabras a emociones reprimidas por las continuas exigencias del trabajo y las urgencias del día a día. No me libraba de la amarga sensación de haber incumplido con mi deber y, lo que todavía era peor, traicionado su confianza.

Cuando Andrés se reincorporó a las aulas al cabo de varias semanas, me propuse protegerle y contribuir en la medida de lo posible a que sacara el curso adelante. Aun sin saber muy bien cómo prestarle ayuda, busqué una ocasión propicia para hablar con él de tú a tú. Empecé expresándole lo contento que me hallaba de volverle a tener en clase y terminé diciéndole sin decirlo que no estaba tan solo como creía. Entremedias le confesé mi admiración por sus escritos e insistí en que tenía madera de escritor. La idea de convertirse en uno seguramente relampagueó en su cabeza por primera vez. Como todavía no era el famoso novelista en que llegaría a convertirse con el paso de los años, me miró incrédulo pero orgulloso. En aquel preciso momento tuve la impresión de que bajaba el puente levadizo de su fortaleza interior, en la que se había encastillado en busca de protección y corría el riesgo de quedar preso.

Aquella fue la primera de una larga serie de conversaciones, en las que fue anudándose algo parecido a una amistad. Tenía edad para ser su padre, pero no es menos cierto que disfrutaba de nuestras charlas. En circunstancias normales hubiera mantenido una prudencial distancia, me hubiera abstenido de hablar con él de según qué cosas y jamás hubiera entablado una relación tan estrecha. Si bien no soy ni he sido el tipo de profesor que se hace colega de sus alumnos o adopta un papel paternal con ellos, me sentí aliviado al comprobar que el esfuerzo de vivir comenzaba a pesarle cada vez menos, recuperaba las ganas de estudiar y encarrilaba el curso. A veces solo se necesita que alguien nos mire para que el mundo cambie, como dice un viejo verso de Octavio Paz, y podamos salir adelante. Y eso es justamente lo que ocurrió. Andrés aprendió a no llevar demasiado lejos lo que pensaba para poder seguir creyendo en la realidad, y yo liquidé los restos del pasado e hice las paces conmigo mismo.

Desde siempre los profesores se han proyectado en los alumnos y estos los han tomado como modelos. Los adultos vislumbran lo que podrían llegar a ser los niños y adolescentes a su cargo, y estos en quiénes les gustaría convertirse andando el tiempo. Todos conservamos en la memoria el recuerdo de una o un docente que nos marcó. Ocupan un lugar destacado en esa ficción biográfica que llamamos nuestra identidad, porque vimos por sus ojos las maravillas de la biología, la literatura o la matemática, y nos enamoramos para siempre de esas materias. Su figura conserva un aura mítica porque está asociada a algunos descubrimientos que transformaron para siempre nuestras vidas. No seríamos los mismos sin esos encuentros. Buena prueba de ello es la siguiente historia, la cual dice más sobre el valor de la educación que un grueso tratado y resume por sí sola la impronta que algunos docentes han dejado en sus alumnos.

Una vieja amiga me contó que, hasta el final de sus días, su padre había llevado en la billetera la foto de su maestro de primaria. Nunca olvidaría el nombre del señor que había sido el responsable de que, según acostumbraba a repetir a todo el que se interesaba por el tema, estudiara y se convirtiera en un hombre de provecho. En cierta ocasión solicité a su hija que me mostrara esa reliquia familiar, que guardaba en el fondo de un cajón junto a otras pertenencias de su progenitor con más valor sentimental que económico. Desde hacía tiempo deseaba poner cara a ese personaje que me parecía encarnar las promesas de la instrucción pública. En esa desvaída y mugrienta instantánea en blanco y negro, con los bordes historiados al gusto de la época, aparecía retratado de pie junto a sus alumnos, alineados por altura en tres filas, de una escuela unitaria enclavada en el pueblecito de montaña que viera nacer al padre de mi amiga. Su físico era el de un hombre enjuto, de cuarenta y tantos años, de rostro anguloso y expresión seria, que, vestido con un traje barato demasiado grande para su talla, miraba al objetivo con aire solemne. Tan solo evocar aquella imagen me invade un vago orgullo de ser profesor. La sola idea de que alguien conservara a lo largo de los años ese recuerdo me conmueve profundamente y me reconforta de los agravios y sinsabores de ejercer esta profesión. Me puedo imaginar al padre de mi amiga llevando ese retrato como un talismán guardado en la cartera, mientras va cambiando de traje, empleo, piso..., al tiempo que va abriéndose paso en la vida, ampliando la familia y entrando en la vejez.

Esta historia me lleva también a preguntarme acerca de lo que de verdad importa a la hora de enseñar, y a cuestionarme nuestras actuales prioridades. Muchos docentes se piensan como educadores, pero actúan como burócratas. Sienten que han cumplido con su deber si completan las programaciones, siguen la metodología didáctica en vigor, mejoran las tasas de resultados y realizan con diligencia sus obligaciones administrativas. Sin desmerecer estos loables propósitos, no hay indicativo más fiable de un aprendizaje provechoso y duradero que el cariño y agradecimiento que conservan los alumnos hacia sus antiguos maestros y profesores, y su reconocimiento de haber aprendido gracias a ellos cosas valiosas para sus vidas. Al hilo de todo esto, recuerdo un episodio de mis primeros años como docente.

Un buen día se presentó en la sala de profesores una rumbosa veinteañera, de chispeantes ojos verdes y porte elegante, preguntando por un antiguo miembro del claustro, cuya prematura muerte, acaecida algunos años atrás a causa de un fulminante ataque al corazón, no debía de haber llegado a sus oídos. Mientras buscaba sin encontrarlas las palabras idóneas para comunicarle el triste acontecimiento, la recién llegada, con satisfacción indisimulada y visiblemente nerviosa, se apresuró a contarme que estaba eternamente agradecida a su tutor de cuarto curso. Me confesó que el señor Morán le ayudó en un momento crítico de su vida a encontrar el camino.

–Sin su desinteresado apoyo no hubiera llegado a nada y me hubiera convertido en un caso perdido. Cuando mi padre se volvió a casar, me sentí como una princesa destronada. ¡Qué mal se lo hice pasar! Tuvo conmigo más paciencia que el santo Job –continuó diciendo. Y tras una pausa, precisó–: Quería disculparme con él y que supiera que sus esfuerzos no fueron en balde. Si he llegado a algo, ha sido gracias a él. La contestataria descarada que yo era por entonces no supo valorar cuánto le debía. Han tenido que pasar todos estos años para que apreciara su ayuda en lo que valía.

Cuando finalmente le expliqué lo sucedido, su rostro se ensombreció de repente y, herida en lo más profundo, sus ojos se humedecieron mientras, con la mirada perdida en el vacío, farfulló sin poder ocultar la tristeza en su voz:

–No puede ser... si todavía era joven. Ya nunca le podré decir lo agradecida que estaba.

Tratando inútilmente de infundirle ánimos, le expliqué que todos, compañeros y alumnos, habíamos sentido mucho su irreparable pérdida, que era un profesor muy querido..., pero ya no me escuchaba. El timbre rompió el tenso silencio que se había instalado entre nosotros, y que encerraba un silencio aún más profundo. Las puertas que daban al pasillo se abrieron y las voces altisonantes de los estudiantes llenaron el aire. Me dispuse a acompañarla a la conserjería, pero me dio a entender con un ademán que no hacía falta. Y sin que mediara palabra, giró sobre sus talones y enfiló sus pasos con aire abatido hacia la salida. Mientras descendía por la escalera indiferente a la algarabía ambiental, revivió en mí la imagen del señor Morán, Paco, como lo conocíamos sus colegas. Era un tipo alto, con una frondosa cabellera entrecana, de cincuenta y pico años bien llevados, atractivo sin ser guapo, de quien se decía que era un actor frustrado. De principio a fin, aquella escena había durado poco más de cinco minutos. En menos de lo que se tarda en contarlo, todo había ocurrido. El final que la antigua alumna del señor Morán había recreado innumerables veces en su imaginación nunca se producirá.

Los buenos docentes dejan una impronta en sus alumnos, no tanto porque tengan una personalidad magnética y don de gentes o se entreguen en cuerpo y alma a su trabajo como por su talento para detectar sus necesidades menos evidentes, granjearse su confianza y entusiasmarlos. Se las arreglan para establecer una corriente de simpatía y complicidad con los chicos a su cargo, saltándose las barreras sociales, culturales, generacionales e, incluso, idiomáticas. En la antípoda de esos profesores de inolvidable recuerdo, se encuentran los que pasaron por nuestra vida sin dejar más huella que sus motes. Sirva de ejemplo la flacucha, fumadora empedernida y un poco locatis señorita Carla, quien pese a tener un oído de artillero se empeñaba en enseñarnos música en sexto curso de primaria y a la que pusimos el cruel apodo de Corchea. O el profesor de latín don Eladio, un tipo de tripa y calva prominente, con un eterno aire amodorrado y una voz tan atiplada que parecía permanentemente aquejado de sinusitis, al que rebautizamos con cierta inquina Gorgorito. Podría multiplicar los ejemplos de este tipo, pero me limitaré a recordar por último a la señorita Aristegui, de genio vivo y carácter firme, con una vistosa mata de pelo rubio teñido, que lamentaba a todas horas dar miel a los asnos de sus alumnos. Nos fustigaba con el látigo de su sarcasmo, y no se cansaba nunca de proclamar nuestra ignorancia en química con un desdén que le valió el malicioso sobrenombre de La Zarina. Los estudiantes siempre han inmortalizado la ineptitud de sus profesores y maestros poniéndoles alias más o menos ingeniosos, que celebran el triunfo de la imaginación sobre la mediocridad.

La comprensión empática es la gran herramienta de las relaciones personales, también la del docente y el alumno. Ese también es el *leitmotiv* de estas historias. Las tres demuestran, si es que hubiera necesidad de tal prueba, que cuando uno enseña solo realiza la mitad de un trabajo que culminará y cobrará vida en la mente del alumno. De ahí también que ganarse su admiración sea tan importante. No basta con que alguien conozca a fondo su materia, esté familiarizado con los métodos didácticos más innovadores y cumpla con su obligación para convertirse en un buen profesor. Una cosa es acumular conocimientos y otra bien distinta saber transmitirlos. No revelo nada nuevo si digo que la misma asignatura puede resultar apasionante o insufrible dependiendo de quién la imparta. Lo que distingue a unos de otros es saber prender la llama del asombro agradecido que es la admiración, pues solo al calor de ese fuego se produce la alquimia de un aprendizaje duradero.

REFERENCIAS BIBLIOGRÁFICAS

CARBONELL, Jaume (2015): *Pedagogías del siglo XXI: Alternativas para la innovación educativa*, Barcelona, Octaedro.

CARLGREN, Frans (2002): *Pedagogía Waldorf: Una educación hacia la libertad*, Madrid, Rudolf Steiner.

CHOMSKY, Noam (2012): *La (des)educación*, Gonzalo Djembé (trad.), Madrid, Austral.

DOMÈNECH, Joan (2009): *Elogio de la educación lenta*, Barcelona, Graó.

FERNÁNDEZ ENGUITA, Mariano (2016): *La educación en la encrucijada*, Madrid, Fundación Santillana.

FREIRE, Paulo (2012): *Pedagogía de la autonomía. Saberes necesarios para la práctica educativa*, Guillermo Palacios (trad.), Madrid, Siglo XXI.

– (2009): *La educación como práctica de la libertad*, Lilién Ronzoni (trad.), Madrid, Siglo XXI.

GARCÉS, Marina (2020): *Escuela de aprendices*, Barcelona, Galaxia Gutenberg.

GARCÍA, Almudena (2017): *Otra educación ya es posible. Una introducción a las pedagogías alternativas*, Albuixech, Litera.

ILICH, Iván (2011): *La sociedad desescolarizada*, Buenos Aires, Godot.

L'ECUYER, Catherine (2012): *Educar en el asombro. ¿Cómo educar en un mundo frenético e hiperexigente?*, Barcelona, Plataforma Editorial.

LURI, Gregorio (2010): *La escuela contra el mundo. El optimismo es posible*, Barcelona, Ariel.

MONTESSORI, María (2003): *El método de la Pedagogía científica: Aplicado a la educación de la infancia*, Carmen Sanchidrián Blanco (ed.), Madrid, Biblioteca Nueva.

NEILL, Alexander Sutherland (1987): *Summerhill. Un punto de vista radical sobre la educación de los niños*, Florentino M. Torner (trad.), Ciudad de México, Fondo de Cultura Económica.

PIAGET, Jean (1991): *Seis estudios de psicología*, Jordi Marfà (trad.), Barcelona, Labor.

RANCIÈRE, Jacques (2002): *El maestro ignorante. Cinco lecciones sobre la emancipación intelectual*, Núria Estrach (trad.), Barcelona, Laertes.

VAELLO, Joan (2007): *Cómo dar clase a los que no quieren*, Madrid, Santillana.

WILLINGHAM, Daniel T. (2011): *¿Por qué a los niños no les gusta ir a la escuela? Las respuestas de un neurocientífico al funcionamiento de la mente y sus consecuencias en el aula*, Begoña Jiménez Aspizua (trad.), Barcelona, Graó.

XXIII

FLORECER POR DENTRO

> La prueba de una inteligencia de primera clase es la capacidad para retener dos ideas opuestas en la mente al mismo tiempo y seguir conservando la capacidad de funcionar.
>
> F. SCOTT FITZGERALD, *EL CRACK-UP*

> Desde que me alcanza la memoria, siempre he tenido un don para quedar mal.
>
> LUCIA BERLIN, *MANUAL PARA MUJERES DE LA LIMPIEZA*

Cualquier docente veterano ha comprobado con una mezcla de incredulidad y desconcierto cómo algunos de sus alumnos defraudan estrepitosamente sus previsiones, para bien o para mal. Adolescentes que eran un dechado de virtudes no cumplen las expectativas depositadas en ellos, no se hacen un nombre en tal o cual campo profesional conforme a lo esperado, sino que su vida privada resulta un auténtico desastre. También lo contrario es cierto. Estudiantes del montón, sin dones ni talentos reseñables, que parecen destinados a no llegar a nada, de mayores descuellan y cosechan rotundos éxitos. Quién habría imaginado que el empollón, que sumaba matrículas curso tras curso, se convertiría en un alcohólico empedernido. Nada invitaba a pensar que una alumna tripitidora, a la que se le había recomendado abandonar el bachillerato para adquirir una formación técnica, acabaría despuntando como investigadora. Tampoco era fácil prever que aquella quinceañera desgarbada e introvertida, con cara de palo, se abriría paso hasta la cima del arte escénico y protagonizaría películas y series, o que aquel niño superdotado, bendecido con un cociente intelectual de lo más alto, se ganaría la vida vendiendo seguros y con otros empleos de poca monta. Contra todo pronóstico, malos estudiantes, vagos como ellos solos, sacan a relucir en la edad adulta talentos ocultos y dejan ver el artista, el gestor o el jardinero que llevaban dentro.

Puede que, en algunos casos, su inteligencia madurase tardíamente y, en otros, se echase a perder por motivos que escapan a nuestra comprensión. Somos propensos a creer que los logros son merecidos y pensar que aquellos que sobresalen deben ser más capaces o trabajadores. Algo que sabemos, pero con frecuencia olvidamos para no perder la fe en nosotros mismos, es que la vida es injusta, ilógica e irracional. Acontecimientos fortuitos marcan nuestras andanzas en este mundo. Con toda probabilidad, nuestra existencia hubiera seguido un curso muy distinto si no se hubiera producido tal o cual encuentro, accidente, enfermedad o cualquier otra accidental circunstancia. Vistas en retrospectiva, esas coincidencias y esos repentinos golpes de fortuna o fatalidad parecen necesarios para llegar a convertirnos en quienes hoy somos. Resulta difícil determinar cuánto hay de casual y cuánto de meditado en nuestra trayectoria vital, y eso sin tener en cuenta las claves inconscientes de nuestro comportamiento.

La tentación del fracaso, la manía de la perfección, la necesidad de complacer, la tendencia a pensar en blanco y negro, la obsesiva preocupación por el qué dirán o por quedar por encima pueden arruinar una carrera prometedora si no se les pone remedio. Y lo contrario podría decirse de poseer una mentalidad abierta, no rendirse fácilmente, evitar darse demasiada importancia, alinear las expectativas con la realidad y, sobre todo, obrar honestamente. En las encrucijadas que se nos presentan en el camino de la vida, esas actitudes pueden salvarnos de caer en las trampas que nos tienden la autocompasión, la envidia, el miedo a equivocarnos o el deseo de figurar. Si bien se piensa, nada es en rigor una bendición o un castigo. Todos hemos experimentado cómo los reveses se transforman en oportunidades y viceversa. Las ideas preconcebidas que tenemos sobre quiénes somos, qué nos merecemos y cómo nos gustaría que nos vieran se convierten a menudo en profecías autocumplidas que sabotean o favorecen nuestra fortuna. No todo el mundo consigue lo que quiere, pero solo los más lúcidos aprenden a querer aquello que consiguen.

Todas las asignaturas se fundamentan en una idea: la transferencia. Suponemos que lo que aprendemos en la escuela se transfiere a la vida real, y si no, ¿por qué lo enseñamos? Sin embargo, se puede ser bueno académicamente y un completo inepto para la vida. Existe una gran diferencia entre alguien culto y alguien sabio. A muchas personas les cuesta diferenciar ambos calificativos. Mal que nos pese, las habilidades para abrirse paso en el mundo, encontrar tu sitio y gozar de la existencia no se adquieren en las escuelas, los institutos y las universidades. Las experiencias más formativas de nuestra biografía casi nunca tienen que ver con la educación formal. Por muy competentes que sean los profesores, no pueden enseñar a sus alumnos a ser felices. La sabiduría vital no se transmite ni se compra, debe ser engendrada por cada uno.

Abordando el mismo tema desde otro ángulo, cumplir años no es lo mismo que madurar. Hay que aplicarse para salir de la minoría de edad. El mundo está lleno de viejos adolescentes y niños de todas las edades. No somos lo que hemos vivido, sino lo que hemos aprendido. Una persona cultivada se distingue por su madurez, y esta por la capacidad de negociar con la realidad. Hay una palabra, cada vez más en boga, para llamar a ese don de transformar las circunstancias y emociones que imposibilitan nuestro bienestar en una oportunidad de crecimiento: *resiliencia*. Esa palabra resume por sí sola el cometido de la educación. Adquirimos conocimientos y pulimos nuestras aptitudes con vistas a ser más dueños de nosotros mismos y escribir el guion de nuestras vidas. Pocas cualidades admiramos más que la valentía para sobreponerse a las adversidades. Nos fascinan las historias de superación porque nos recuerdan que tenemos la posibilidad de cambiar. Ese es el caso de Liz Murray (Nueva York, 1980), cuya infancia estuvo marcada por la adicción a la heroína de sus padres. Su firme voluntad de estudiar le hizo merecedora de becas, hasta que consiguió graduarse en la prestigiosa Universidad de Harvard. Otro ejemplo de superación excepcional es el de Nick Vujicic (Melbourne, 1982), a quien haber nacido sin piernas ni brazos no le ha impedido practicar deportes, escribir libros, protagonizar cortometrajes y convertirse en un reconocido orador. Podríamos mencionar aquí a Malala Yousafzai (Mingora, 1997), la joven paquistaní que, tras ser tiroteada a los quince años por los talibanes cuando se dirigía a la escuela en su aldea natal, se ha dedicado a defender el derecho a la educación de las niñas, lo que le hizo acreedora del Premio Nobel de la Paz en 2014. Esta lista se alargaría más de la cuenta si seguimos recordando historias de personas de bajos recursos, sin techo o con discapacidades, aquejadas de enfermedades incurables o marcadas por una infancia desdichada, que no se rindieron a la fatalidad, se rebelaron contra su sino y encontraron la manera de salir adelante y reescribir sus vidas.

Su heroísmo nos invita a relativizar nuestras penalidades y nos previene contra el victimismo. De todas las cosas seguras, la más segura es que sufriremos. Nadie permanece inmune a la desgracia, ni se libra de padecer. Pero no es menos cierto que los reveses y contratiempos fortalecen nuestro carácter y tonifican nuestro ánimo. Las pequeñas pruebas a las que nos somete la vida nos preparan para las grandes: la muerte, la ruina, la soledad... Las calamidades en dosis tolerables son buenas para rebajar nuestras pretensiones, ajustar nuestras expectativas y valorar los dones de la existencia. Por eso mismo, sobreproteger a los menores y ahorrarles frustraciones, so pretexto de que no se aflijan, resulta contraproducente, pues los fragiliza y torna endebles y consentidos. Tutelar en exceso a alguien en proceso de maduración le causa tanto daño como privarle de cariño. Esa es una de las máximas pedagógicas: la mediación debe disminuir a medida que aumenta la autonomía; cuanta más capacidad, menos intervención.

Una educación demasiado indulgente con la irresponsabilidad, la indisciplina y la pereza transforma a los niños y adolescentes en tiranos, sordos a las demandas del otro e incapaces de dialogar sin acaparar la atención. Tal vez haya que buscar aquí la explicación al auge del populismo en nuestra sociedad, una de las secuelas más visibles de la actual crisis de la enseñanza. Dentro y fuera de las aulas los derechos imperan sobre los deberes, la imagen se antepone al mérito y la búsqueda de gratificaciones prima sobre el cumplimiento de las obligaciones. La infantilización de la ciudadanía rebaja las exigencias de rigor en los discursos públicos y favorece la tolerancia a las mentiras consoladoras. Para entender por qué los asalariados peor pagados rechazan frontalmente los valores de las élites profesionales, y prefieren votar a líderes autoritarios y representantes de las oligarquías, antes que a candidatos, en teoría, con una mayor sensibilidad social y, aparentemente, más proclives a un justo reparto de la riqueza, hay que volver la mirada de nuevo hacia los institutos y colegios.

Allí han echado profundas raíces el antiintelectualismo y el desdén hacia el conocimiento y el mérito gracias a una pedagogía que concibe a los profesores no como expertos en su materia y transmisores de una herencia cultural, sino como facilitadores del aprendizaje y tecnócratas de la enseñanza. Para no tener la sensación de privar de derechos a sus alumnos, algunos docentes han renunciado al ideal de excelencia, como si este fuera contrario al de igualdad y justicia, olvidándose de que negar la grandeza nos empequeñece a todos. Esa visión simplista y tranquilizadora del igualitarismo ha conseguido lo contrario de lo que pretendía: ahondar la brecha socioeconómica y, de rebote, avivar el autoritarismo. A fuerza de nivelar a la baja a los alumnos y disminuir las exigencias, han acabado ganando para la causa del populismo a los que están llamados a heredar nuestro mundo, poco acostumbrados a asumir compromisos, buscar la verdad y expresar su singularidad.

Si queremos corregir esa deriva demagógica y totalitaria, urge repensar el ideal de meritocracia que se supone rige el sistema educativo. Calificar a cada uno según sus logros parece una regla justa, siempre y cuando se compensen las desigualdades de partida y se brinde apoyo a quienes tienen dificultades de aprendizaje. Lamentablemente, esas políticas inclusivas, lastradas por la condescendencia y el paternalismo, suelen condenar a la indigencia cultural a los que ya padecen pobreza económica. La legislación vigente, antidiscriminatoria y bienintencionada, ha contribuido paradójicamente a invisibilizar los privilegios y blanquear la desigualdad al infravalorar la capacidad de los alumnos más desfavorecidos para aprender y el poder del conocimiento para enriquecer y dotar de sentido sus vidas.

A agravar el problema contribuye el que los mejores académicamente crean que sus logros son atribuibles solo a ellos, y resten importancia de forma interesada al papel que han desempeñado en su éxito escolar factores tales como el nivel de estudios y la renta de sus padres, su comunidad de procedencia, la lengua vehicular de la enseñanza y su entorno socioemocional. Todas esas azarosas circunstancias son a menudo más determinantes a la hora de graduarse de lo que estamos dispuestos a reconocer. Sabemos en el fondo de nuestros corazones que la idea de que si te esfuerzas suficiente lo consigues es una mentira piadosa. Lo peor no es su falsedad, sino que boicotea nuestro anhelo de igualdad desde dentro. Una verdad que no nos gusta escuchar es que, mientras algunos ascienden hacia la cima por atajos, otros han de desbrozar su propia senda sorteando numerosos y, a menudo, insalvables escollos.

La enseñanza se encuentra en el centro del debate cultural. Todo el mundo parece tener algo que decir sobre la *educación*. Esa palabra sale de la boca de políticos, economistas, tecnólogos... como un conjuro para exorcizar los más variopintos males sociales. Un desafinado coro de voces nos impide discernir la del sentido común, que anima a defender el principio de igualdad de oportunidades sin renunciar a la excelencia académica. Una buena educación debería no solo transmitir conocimientos, sino inculcar hábitos en los menores con el propósito de que desarrollen un carácter dialogante y logren convertirse en ciudadanos responsables y personas maduras. Esa visión de la enseñanza resulta más exigente y elevada de lo que pudiera parecer en un primer momento, pues implica una formación cívica y emocional, no únicamente intelectual. A la dificultad de definir en qué consisten esos "buenos hábitos" se añade la de cómo desarrollarlos. Sea como fuere, la única manera de defender los valores en que creemos es practicarlos. Ya lo dijo Aristóteles:

"Adquirimos virtudes ejercitándolas, tal y como ocurre en las artes".

Y esto nos lleva a otra cuestión no menos peliaguda: la elección y formación de los educadores. Nadie puede enseñar lo que no sabe. De ahí que la madurez psicológica y el conocimiento de la materia sean las credenciales de los buenos docentes. Los hay de muchos tipos, pero todos tienen grabado en su mente con letras de oro que trabajan por el bien de sus alumnos y no para rendir tributo a su vanidad, compensar sus complejos, revalidar sus prejuicios o difundir su catecismo. Nadie debería dedicarse al oficio de cultivar personas si antes no se ha ocupado de cultivarse a fondo, y eso incluye por supuesto pulir su carácter y resolver sus conflictos internos. Si queremos restaurar en las aulas una cultura de la confianza y el trabajo bien hecho, los profesores deben encarnar esas cualidades. A fin de cuentas, ellos son el factor decisivo a la hora de renovar y mejorar la educación. Ni las tecnologías punteras, ni las didácticas más innovadoras, ni los edificios mejor diseñados pueden rivalizar con su habilidad para despertar la curiosidad natural y contagiar las ganas de saber en los niños, adolescentes y jóvenes.

Si la educación de los menores es una de las tareas esenciales del Estado, como señaló Platón siguiendo la estela de Licurgo, el mítico legislador de Esparta, es porque la incultura de los ciudadanos amenaza su continuidad. En nuestra época la supervivencia de la democracia también depende de la madurez del electorado. Si los votantes desoyen la razón, solo piensan en su propio beneficio a corto plazo y exigen más de lo que conseguirían con su esfuerzo, la vida pública se degrada. La tarea de enseñar es demasiado importante para asignársela exclusivamente a los docentes. Corresponde a toda la sociedad, y muy especialmente a los gobernantes, que deben asumir la misión de educadores para renovar la lealtad en la democracia de los más desfavorecidos por la globalización. De lo contrario, el populismo alcanzará niveles críticos, los países se volverán ingobernables y la democracia puede peligrar de nuevo. Se da la paradoja de que alentar el conformismo mediante la alienación tecnológica acarrea el efecto indeseado de la polarización ideológica. Acaso esa reacción antisistema constituya la manera de rebelarse del creciente precariado, la clase inútil o comoquiera que llamemos a esa cada vez más extensa capa de la población que vive instalada en la incertidumbre económica.

La cultura digital ha contribuido a agravar la desigualdad y ha servido de altavoz al narcisismo populista. Los usuarios de los dispositivos electrónicos se tornan más fácilmente adictos que sabios. A los que han nacido en la era Google, pegados a una terminal con conexión permanente a internet, no les quita el sueño perder la privacidad y tampoco les incomoda convertirse en marcas o productos, sujetos a las leyes del mercado, a cambio de diversión y popularidad, pero a menudo ven como un castigo pensar. Han perdido el hábito de interrogarse y la posibilidad de cuestionarse a sí mismos les parece casi un insulto. Mientras se convierten en demasiado impacientes para prestar atención, escuchar con calma y contemplar, soportan imperturbables que extraigan sus datos, capten con malas artes su interés y manipulen sus resortes emocionales. Vivir aturdidos ante una pantalla es la divisa del necio digital. El conformismo y la apatía guardan relación con la sobrestimulación a la que están sometidas nuestras mentes, bombardeadas por reclamos de todo tipo a todas horas y expuestas a un flujo incesante de información. La excitación continua agota el deseo y acaba matando la curiosidad. A diferencia de la necedad de tiempos pasados, la nuestra se debe a la abundancia y no a la escasez.

Permítanme que, para acabar, relate uno de los episodios más desconcertantes de mi experiencia como profesor, que ilustra cómo la ansiedad social se traduce en ira populista y conflictividad en las aulas. Aquel curso impartía la asignatura de valores éticos a un grupo de segundo especialmente conflictivo, integrado por unos veintitantos alumnos de entre catorce y dieciséis años, con numerosos repetidores y, al menos, seis nacionalidades diferentes. La clase era una olla a presión que amenazaba con explotar a la mínima oportunidad. Se respiraba hostilidad. Harto de la ofensiva manera con que se trataban unos a otros y sus continuas faltas de respeto, les reté a desahogarse escribiendo insultos en la pizarra con el compromiso explícito de no censurarlos. Uno de los más lanzados no tardó en recoger el guante o, mejor sería decir, la tiza y, sin dejar de mirarme por el rabillo del ojo, emborronó una injuria. En vista de que cumplía con mi promesa y no la borraba, un segundo se atrevió a imitar su ejemplo y a este le siguió un tercero y un cuarto, y así sucesivamente. Nunca los había visto esforzarse tanto por nada. En muy poco tiempo el encerado rebosaba de improperios, tacos y groserías. Me sobrecogí al ver el resultado de aquella catarsis colectiva. Un mudo grito de ira resonaba en el aire. Y con la mirada clavada en aquel muro de la vergüenza fui repartiendo uno a uno un trozo de tiza, mientras les invitaba primero y luego les conminaba a remplazar algunas de esas palabrotas por un calificativo halagador, agradable o, al menos, apropiado para cualquiera de los presentes. Aquel intento de revertir la situación y positivar la negatividad ambiente fue más arduo de lo que había imaginado. A no pocos alumnos les costaba encontrar algo bueno que decir de sus compañeros. El timbre que anunciaba el cambio de clases puso fin a la chocante situación y me libró de tener que dar más explicaciones. Mientras los inconscientes participantes en aquel *happening* escolar abandonaban en tropel el aula, me cuidé muy mucho de dejar la pizarra nuevamente en blanco, pero nunca he podido borrarla de mi memoria.

REFERENCIAS BIBLIOGRÁFICAS

ENKVIST, Inger (2016): *El complejo oficio de profesor. Consejos para una educación de calidad*, Madrid, Editorial Fineo.

– (2014): *Educación. Guía para perplejos*, Madrid, Ediciones Encuentro.

HADOT, Pierre (2013): *La ciudadela interior. Introducción a las* Meditaciones *de Marco Aurelio*, María Cucurella Miquel (trad.), Salamanca, Alpha Decay.

LARROSA, Jorge (2020): *El profesor artesano. Materiales para conversar sobre el oficio*, Barcelona, Laertes.

MLODINOW, Leonard (2008): *El andar del borracho. Cómo el azar gobierna nuestras vidas*, Susana Martínez Mendizábal (trad.), Barcelona, Crítica.

MORIN, Edgar (2016): *Enseñar a vivir. Manifiesto para cambiar la educación*, Núria Petit Fontserè, Barcelona, Paidós.

RENDUELES, César (2020): *Contra la igualdad de oportunidades. Un panfleto igualitarista*, Barcelona, Seix Barral.

SANDEL, Michael J. (2020): *La tiranía del mérito. ¿Qué ha sido del bien común?*, Albino Santos Mosquera (trad.), Barcelona, Debate.

– (2011): *Justicia. ¿Hacemos lo que debemos?*, Juan Pedro Campos Gómez (trad.), Barcelona, Debate.

TWENGE, Jean M. y CAMPBELL, W. Keith (2018): *La epidemia del narcisismo*, Madrid, Ediciones Cristiandad.

TWENGE, Jean (2018): *iGen: Why Today's Super-Connected Kids Are Growing Up Less Rebellious, More Tolerant, Less Happy and Completely Unprepared for Adulthood*, Nueva York, Londres, Toronto, Sidney, Nueva Delhi, Atria Books.

XXIV

PARA APRENDER HAY QUE ENSEÑAR

S i no ejerciera la docencia, seguramente mi escritura sería muy diferente. Los alumnos no solo han mantenido a raya mi tendencia al ensimismamiento, sino que me han ayudado a forjar y pulir mi estilo. No puedo imaginar mi obra sin ellos. El proceso de trasmitir y ejemplificar el conocimiento a las nuevas generaciones me ha obligado a ser claro, preciso y directo, pero también a esforzarme continuamente para ganar su aprecio y que no decaiga su atención. Han sido la mejor vacuna contra el falso prestigio del hermetismo, la pedantería de creerse superior y el vicio retórico de predicar a los conversos. Los adolescentes, ebrios de hormonas y hartos de calentar la silla tantas horas, no perdonan la soberbia y el aburrimiento. Y, sin embargo, premian la coherencia, la amenidad y la valentía. Aprecian a quienes les consideran, hacen vibrar y respetan su inteligencia. Las aulas de Secundaria y Bachillerato han sido una excelente escuela de letras y un laboratorio para los experimentos literarios más variopintos. El trato frecuente con gente joven ha hecho de mí un consumado fabulador y un escritor sensible a las demandas de los receptores, pero también a sus carencias. Siempre he intentado atraer la atención de mis alumnos, no importa su edad, hacia aquello que supera su entendimiento pero estimula su imaginación y apetito de saber. En esto como en tantas otras cosas he seguido el ejemplo de los maestros y profesores que me marcaron. Es mérito suyo que nos interpelasen temas y materias que, sin su contagioso entusiasmo, jamás nos hubieran dicho nada. Cuántos de nosotros no seríamos los mismos si no hubiésemos topado con tal o cual docente que nos hizo descubrir las maravillas de la tabla periódica, las integrales, la filosofía griega o las partes de la célula, y provocó que quisiésemos saber más y más. Esos educadores ejercieron sobre nosotros un influjo tan decisivo, que no resulta raro que hayamos seguido sus pasos y encaminado nuestra andadura profesional hacia el horizonte que nos descubrieron.

En mi caso, jamás hubiera contemplado la posibilidad de convertirme en un escritor si el señor O., para más señas profesor de lengua y literatura, no se hubiera cruzado en mi camino y me hubiera ayudado a dejar de remar contra el viento y encauzar mi rabia adolescente hacia la escritura. Me había expulsado repetidas veces de clase a causa de mis insolencias y bravuconadas, hasta que, cambiando de estrategia, se tomó la molestia de hablar conmigo de tú a tú. A partir de aquella conversación, se convirtió en algo más que un profesor para mí. Empezó a alimentar mi insaciable voracidad lectora con libros sacados de su biblioteca, al tiempo que me daba buenos consejos. Los primeros cuentos y poemas que escribí fueron para demostrarle de lo que era capaz. Y cuando se consolidó mi vocación, fue él quien me presentó al primer literato que conocí en mi vida. Sin la sombra protectora del señor O. mi paso por el colegio hubiera sido aún más tortuoso de lo que fue. Y, seguramente, no hubiera entrado en mis planes dedicarme profesionalmente a la enseñanza. Su figura dejó una profunda huella en mí. He procurado honrar su recuerdo imitando su ejemplo y ayudar a otros chicos a encontrar su camino.

Hoy como entonces, muchos estudiantes reconocen que se aburren en clase y se preguntan para qué sirve estudiar. La principal causa de ese desinterés es, a mi entender, la fragmentación de los saberes y la ausencia de un relato integrador. Los conocimientos que los alumnos reciben en clase quedan muchas veces desligados los unos de los otros y fuera de contexto, como si fueran piezas sueltas de un puzle o teselas inconexas de un mosaico que no acaban de encajar en su cabeza y, por lo tanto, de cobrar sentido. Por si esto fuera poco, la gratificación inmediata que prometen las redes sociales y la publicidad contrasta vivamente con el esfuerzo continuado y la capacidad de aplazar la recompensa que reclama la escuela. En la sociedad del espectáculo en la que vivimos, el entretenimiento se ha convertido en un derecho y el aburrimiento en un castigo, poco menos que una injusta privación, cuando hasta hace poco había sido el humus fertilizante de la imaginación creativa. Actualmente la impaciencia por divertirse se alía con la dificultad para concentrar la atención, generando chicos cada vez más insatisfechos, vulnerables a la frustración y alérgicos al sacrificio. He aquí también una de las causas de la depresión que asola nuestro mundo y allana el camino al populismo.

Mientras la renta familiar y el nivel de estudios de los padres determine el éxito académico más que el esfuerzo personal y la capacidad, el sistema educativo reproducirá y perpetuará las diferencias de origen en lugar de corregirlas. Son muchos los expertos que advierten que la desigualdad comienza antes de los primeros mil días de vida e, incluso, del nacimiento. Las embarazadas en riesgo de exclusión social o sometidas a violencia doméstica soportan un estrés que puede afectar al desarrollo del cerebro del feto. Se calcula que un niño que se ha socializado en buenas condiciones y ha crecido en un entorno protector, arropado por su familia, ingresa en preescolar manejando entre ochocientas y mil palabras, mientras que otro que ha padecido desatención emocional y precariedad material únicamente dominará unas doscientas. Ese déficit lingüístico no solo le impedirá entender correctamente a la maestra o el maestro, sino que también dificultará sus relaciones con los compañeros. Algunas criaturas comienzan la partida con una considerable desventaja y, si no tienen la fortuna de encontrar maestros y profesores sensibles y competentes, quedarán rezagados para siempre en la brutal carrera hacia la cima. Ese retraso inicial se ampliará en el transcurso de las diez mil horas que, aproximadamente, pasarán en las aulas antes de culminar la ESO, con o sin diploma, y puede convertirse en una brecha insalvable. Una infancia desgraciada puede ser la peor herencia recibida por alguien, pero su destino todavía no está escrito si la escuela y el instituto cumplen con su cometido y compensan en la medida de lo posible las carencias de los menores.

Resulta difícil exagerar la importancia de los educadores en la construcción de una sociedad más justa. Eso no quita para que, a menudo, se sientan solos en la tarea de defender los valores compartidos, mientras ven cómo otros actores sociales prefieren adular demagógicamente a los ciudadanos a educarlos, y se olvidan de los ideales que dicen defender. Se habla poco de la lucha sin cuartel que se libra en las escuelas, institutos, colegios y universidades en defensa del pensamiento racional, la escucha activa, el contraste de pareceres, la toma de decisiones ponderadas, la sensibilidad a los matices y otros muchos estandartes de la sociedad abierta.

El acoso escolar es una de las tantas formas en que aflora la agresividad y el salvajismo latentes en nuestra sociedad, donde demasiadas personas llevan vidas miserables, frustrantes e insatisfactorias. En las escuelas e institutos se escenifican sus dramas y se reproducen las relaciones de sometimiento y explotación que se dan en el seno de la familia y el trabajo. Pese a la enorme casuística del acoso escolar, los agresores parecen cortados por el mismo patrón. Los niños y adolescentes que abusan de otros han sido sobreprotegidos, desatendidos o maltratados por sus padres. Crecer en un hogar disfuncional puede anestesiar la sensibilidad de los menores al sufrimiento ajeno y desatar sus impulsos sádicos. Ese horror pasa muchas veces inadvertido. Pienso en tantos estudiantes que han sido víctimas de insultos y ultrajes, bendecidos por el silencio de sus compañeros y la indiferencia de las instituciones educativas. El acosador escolar pertenece a la misma ralea que el fundamentalista, el torturador, el supremacista, el terrorista, el racista y un largo etcétera de figuras proclives a violentar a sus semejantes. Todos ellos presumen de una superioridad moral sobre sus víctimas y se escudan en la santa indignación para cometer las peores fechorías. Pero menospreciar o atormentar a un compañero puede constituir también un intento desesperado de no convertirse en víctima. Hacer a otro lo que temes que te hagan a ti perpetúa el círculo de la crueldad y te libera de la angustia de no ser digno de aprecio. El *bullying* no es un fenómeno aislado, sino un síntoma de una enfermedad que aqueja a nuestra sociedad, así como una prueba de lo ardua, laboriosa y compleja que puede llegar a ser la tarea del educador. No basta con trasmitir conocimientos, hay que formar integralmente a los aspirantes a ciudadanos, a los adultos del mañana. A este propósito las nuevas tecnologías representan más un riesgo añadido que un aliado.

A nadie se le escapa la especial dificultad que representa ejercer la docencia en una época en que buena parte de los niños y adolescentes son rehenes de las pantallas. Los maestros y profesores se ven obligados a mantener una desigual competencia con los medios digitales por captar el interés de los más jóvenes. Cuanto más adictivos resultan los videojuegos, las series, los anuncios, más aburridas parecen las explicaciones, las lecturas, las clases. No es casual que el *ciberbullying*, las conductas adictivas, el déficit de atención y el trastorno de ansiedad se extiendan como una plaga. Estas *tecnopatías*, si se me permite la palabra, irán en aumento mientras sigamos poniendo en manos de menores herramientas digitales cuyas funciones superan la capacidad de gestión de sus inmaduras mentes. Desde mi perspectiva, los estudiantes ya pasan bastantes horas delante de pantallas jugando a videojuegos, navegando por internet o participando en las redes sociales, como para que la escuela refuerce su dependencia digital *gamificando* los aprendizajes, programando contenidos *online* e incentivando el uso de *tablets*, ordenadores portátiles y *smartphones*. La educación ha firmado un pacto fáustico con las nuevas tecnologías. Demasiados docentes se han dejado fascinar por las enormes posibilidades de los dispositivos electrónicos y alientan con un fervor misionero su empleo en el aula, sin caer en la cuenta de que fabrican la horca de la que les colgarán. Por lo mismo que los libros están siendo sustituidos por los ordenadores, los profesores no tardarán mucho en serlo por los robots: optimizar recursos, abaratar costes y maximizar beneficios. Tras la retórica de la innovación se encubre a menudo la lógica mercantil.

No intento sugerir que las nuevas tecnologías sean culpables de todos nuestros males, sino destacar la necesidad de avanzar hacia el tecnohumanismo. Más importante que las herramientas digitales son las personas que las emplean. Se engañan quienes piensan que unos dispositivos más avanzados garantizan por sí solos el avance en el aprendizaje. Este no mejora por modernizar los recursos, sino por suscitar la curiosidad de los alumnos y retarles a cuestionarse a sí mismos y demostrar su talento. Y esta es una tarea que nadie puede desempeñar con más solvencia que un docente conocedor de su oficio y en plenas facultades. Además de dominar la materia, este debe tener habilidades comunicativas y sentir un amor desinteresado por los chicos a su cargo. Son estos profesores y maestros los que están llamados a liderar la revolución educativa, independientemente de si emplean o no recursos tecnológicos. Y ganarlos para la causa de la enseñanza tal vez sea la inversión más rentable y estratégica que pueda realizar un país.

El prestigio del que goza la figura del docente dice mucho de la confianza de un país en su porvenir, así como de la fortaleza de su fe democrática. Una sociedad que descuida y desoye a sus profesores es una sociedad que desoye y descuida a sus menores. Para revertir la crisis de la institución escolar no basta con apuntalar la autoridad de los maestros y profesores, se requiere también extender la idea de que su labor es crucial. La educación es la respuesta a todos los conflictos que nos afligen: la emergencia climática, la pobreza, la violencia de género, la xenofobia, el control tecnológico y un largo etcétera. El camino hacia un mundo mejor parte y culmina en las aulas. En ellas se gesta el futuro de los países, y los artífices de su prosperidad material y espiritual son sus docentes.

Es casi un tópico afirmar que el actual sistema educativo es un vestigio de la Revolución Industrial, que todavía debe adaptarse a la nueva era de la información y la economía del dato. Muchas veces hemos oído decir que nuestro modelo escolar es del siglo XIX, los profesores del XX y los alumnos del XXI. Aun cuando nadie sabe a ciencia cierta cómo será el futuro para el que se supone que la escuela debe preparar, está claro que a las nuevas generaciones les espera una larga vida de aprendizaje, donde más importantes que las destrezas técnicas específicas serán las genéricas como la reflexión crítica, una buena gestión de la frustración y las habilidades comunicativas y para el trabajo en equipo.

Son muchas las innovaciones educativas orientadas a revitalizar el proceso de enseñanza-aprendizaje y hacerlo más estimulante y provechoso para los alumnos. Bienvenidos sean todos esos proyectos (comunidades de aprendizaje *online*, laboratorios de pedagogía avanzada, hiperaulas) que intentan reescribir las reglas de la didáctica, siempre y cuando no descuiden el compromiso con una formación integral y no pretendan crear usuarios, clientes o, en el peor de los casos, adictos o fieles en lugar de ciudadanos críticos. Si hay algo por lo que todavía rezo, es por que no perdamos la fe en la duda y volvamos al redil del libre pensamiento.

Todos sabemos para qué sirve el dinero, pero no qué ganancias nos reporta razonar. Y, sin embargo, nada es más útil y rentable que ser dueños de nuestra mente en lugar de esclavos de ideas ajenas y expectativas ilusorias. Hasta la más desinformada y conformista de las personas sabe que, si no piensas, otro lo hará por ti. Si queremos recuperar la confianza en el poder liberador de la educación, no basta con enseñar destrezas. También hay que educar en el derecho a discrepar y el deber de dudar. Debemos entender que se puede estar diplomado y, al mismo tiempo, ser analfabeto funcional. Las personas a las que les cuesta leer la realidad se aferran por un puro principio de supervivencia a narrativas simplistas, que abonan el terreno a la demagogia. Sus respuestas tan facilonas como contundentes a los complejos e imbricados problemas del mundo envenenan la convivencia. Así se explica, por ejemplo, que el pueblo se rebele contra la democracia en nombre de la democracia y caiga en el absurdo de denunciar la falta de libertad votando en las elecciones a líderes autoritarios.

Estamos descubriendo con una mezcla de estupor y pesadumbre que internet, en vez de ampliar nuestro horizonte mental, nos encierra en una burbuja autocomplaciente. No menos paradójico y desconcertante resulta que más datos no signifiquen más claridad y transparencia, ni más canales de comunicación mejores interlocutores. Y para colmo, las redes sociales trasmiten la epidemia de la soledad. De igual modo que la corrupción del lenguaje propició en los años treinta del pasado siglo el triunfo del totalitarismo y exacerbó el salvajismo más allá de lo imaginable, el descrédito de la verdad propaga el populismo, del que no está libre, ni mucho menos, la escuela.

Muy pocos ven la contradicción inherente al hecho de promover el uso de tecnologías, que uniformizan el pensamiento, promueven el conformismo y homogenizan el gusto mediante mecanismos de predicción algorítmica, para estimular la creatividad, la innovación y la emprendeduría. Los dispositivos y programas electrónicos ahogan la divergencia y promueven un aprendizaje mecánico y acrítico. Resultan atractivos no porque sirvan de cauce a la inventiva o de medio de expresión de la individualidad, sino porque en ellos la gratificación es inmediata, la diversión prima sobre el esfuerzo y se sabe en todo momento lo que se espera del usuario. No hace falta ser un psicólogo para darse cuenta de que las facilidades no facilitan la creatividad ni espolean el talento, sino que empobrecen la curiosidad y promueven una mentalidad complaciente y autorreferenciada. La chispa del ingenio salta de la discrepancia con la realidad y una capacidad de asociación tonificada por la lectura y la reflexión. Si original significa volver al origen y radical ir a la raíz, la forma más radical de ser original es entroncar con la tradición subvirtiéndola.

Este último razonamiento se puede aplicar también a la cultura patriarcal. Son cada vez más las chicas, y también los chicos, que se rebelan contra las expectativas de género y, con el enojo acumulado de muchas generaciones, afirman su identidad desafiando los estereotipos machistas. No faltan tampoco quienes se exilian voluntariamente del país del amor romántico, optan por salirse de las coordenadas heterosexuales y vivir en disidencia. Según el Foro Económico Mundial no se logrará la plena igualdad entre los géneros hasta dentro de un siglo. Resultaría irónico si no fuera también terrible pensar que, de seguir así las cosas, las máquinas inteligentes alcanzarán la condición de personas jurídicas antes de que hombres y mujeres se traten como semejantes.

La apuesta del feminismo es por llegar a ser más humanos y nos concierne a todos. Unos y otros estamos llamados a participar en esa lucha en favor de una sociedad sin privilegios sexistas, que se inició hace más de tres siglos. Pero la noble aspiración a la igualdad contrasta vivamente con el respetable anhelo de destacar y diferenciarse. Me pregunto si el deseo de agradar y la necesidad de obtener la aprobación ajena pueden llegar a sabotear la posibilidad de una soberanía emocional e impedir la emancipación sexual. Comoquiera que sea, el feminismo ha supuesto una revolución mental, cuya onda expansiva se propaga a todas las esferas, incluida la de la ecología. Con independencia de si las mujeres tienen mayor vocación de cuidadoras, son más compasivas, verbalizan mejor sus sentimientos o están más dotadas para la cooperación, su voluntad de liberarnos de los estereotipos sexistas nos acerca a un mundo posandrocéntrico. Las palabras de Simone de Beauvoir en *El segundo sexo*: "Él es el Sujeto, es el Absoluto: ella es la Alteridad", cobran un nuevo y revelador significado si traducimos "Él" como animal humano y "ella" como naturaleza.

Ahora que el ecocidio parece amenazar la continuidad de la civilización humana, nuestra condición de *aprendívoros* se ve puesta a prueba una vez más. Si queremos seguir aquí, necesitamos crear un nuevo relato fundacional, que dote de sentido a los sacrificios necesarios para revertir el deterioro medioambiental. En este contexto la enseñanza humanística y el cultivo de las letras deberían ser una prioridad y adquieren, si cabe, aún más importancia. Y por lo que se refiere a los centros educativos, harían bien en imitar el funcionamiento de los ecosistemas naturales más que el de las empresas, y tomar como modelo el bosque, el jardín o el huerto, en vez de aspirar a convertirse en fábricas de conocimiento o laboratorios de aprendizaje. Así pues, en todo docente inspirador se esconde un jardinero, que siembra la semilla de la curiosidad en sus alumnos para que estos florezcan por dentro.

ABECEDARIO JARDINERO PARA EDUCADORES

> Para comer uvas o higos, hay que dar
> tiempo a los árboles, dejar que el árbol
> florezca, que dé frutos y que maduren.
>
> EPICTETO

> La jardinería posee esa cualidad envol-
> vente en el sentido de que colorea tu
> forma de mirar el mundo: todo lo que
> crece, y la manera en la que crece, llama
> ahora tu atención; tu mirada de jardi-
> nera evalúa, indaga, a veces sentencia.
> El mundo físico adquiere una nueva
> elocuencia.
>
> PENELOPE LIVELY, *VIDA EN EL JARDÍN*

A de árbol. Los árboles saben cosas que los humanos hemos olvidado, y no es la menor de ellas una paciente espera. Son un monumento a la calma que parecen simbolizar. En nuestros mitos creacionistas y leyendas fundacionales el jardín o paraíso terrenal precede al bosque, pero en nuestra historia evolutiva el bosque es, por el contrario, anterior al jardín. Acaso eso explique por qué sumergirse en una naturaleza boscosa despierta nuestros sentidos, desacelera nuestra mente y resintoniza nuestra conciencia.

343

En Japón, al final de los años ochenta, en lo más crudo de la crisis financiera, se popularizó la práctica del llamado *shinrin-yoku* o baño de bosque, consistente en dar largas caminatas por pistas forestales, acompañadas de ejercicios de respiración y contemplación meditativa, con el propósito de combatir los nocivos efectos del estrés laboral y poner freno al *karoshi* o muertes provocadas por el exceso de trabajo. La afición a buscar la serenidad en compañía de los árboles no ha hecho más que aumentar desde entonces. Son más de sesenta los parques nipones que, actualmente, ofrecen circuitos terapéuticos para mejorar la salud cardiovascular y metabólica, tonificar el sistema inmunitario, reducir los niveles de glucosa y cortisol en sangre, activar los linfocitos NK (*natural killers*) implicados en la regulación de las células cancerígenas, combatir el llamado "desorden por déficit de naturaleza", la depresión, el insomnio, la agresividad y no sé cuántos males físicos y mentales más. Otros países están siguiendo su ejemplo y han puesto en marcha iniciativas parecidas.

Las buenas escuelas son como un bosque, un frágil ecosistema donde todos sus integrantes están interrelacionados por vínculos simbióticos de dependencia mutua formando una malla. Nadie queda fuera de esa red conectiva, ni puede atribuirse su éxito o fracaso. Lo mismo que los árboles se comunican unos con los otros a través del aire mediante moléculas químicas volátiles y, a través de la tierra, gracias a los hongos y los microorganismos del subsuelo, con los que intercambian minerales como el fósforo por azúcar, los miembros de la comunidad escolar mantienen relaciones y trueques a muchos niveles. El amor y el respeto son el humus fertilizante de ese bosque escuela, que integra a todos en un todo. Desde esa perspectiva botánica, cada cual desempeña al mismo tiempo el papel de alumno y maestro. Enseña y aprende. Cultiva y se cultiva.

B de biodiversidad. Tan cierto como que asistimos alarmados a la extinción de las especies a causa del impacto de la actividad humana sobre los ecosistemas marinos y terrestres es que cada año descubrimos nuevas variedades de plantas y animales, incluidos mamíferos, aves, reptiles y peces, aparte de algas, hongos o microorganismos. Por muy extraño que pueda parecer, mientras disminuye el número de especímenes de todos los grupos de organismos, no cesa de aumentar el censo global de la biodiversidad. La Tierra alberga todavía muchos moradores anónimos y nos es más desconocida de lo que nos gusta pensar y nos inducen a creer. Los biólogos calculan que el número total de especies asciende aproximadamente a 8,7 millones, de los que tan solo han catalogado con la nomenclatura binomial unos dos. El 80% de los seres vivos siguen siendo un misterio para nosotros. Baste señalar que hay censadas algo más 6.600 especies de animales, si bien se estima que quedan 15.000 más por descubrir. Otro tanto sucede con las plantas. Se cree que existen unas 80.000 plantas con flores aún desconocidas, el 25% del total.

Más microorganismos pueblan nuestra piel que humanos se pasean por la superficie terrestre, por no mencionar los vastos jardines bacterianos que crecen en nuestro interior. Una abrumadora cifra que escapa a nuestra comprensión, pero nos recuerda que la vida bulle a nuestro alrededor y dentro de nosotros. Nuestra piel no nos encierra, sino que nos pone en contacto con el mundo. A pesar de ser organismos pensantes, o tal vez a causa de eso mismo, abundan las personas que defienden la biodiversidad, pero persiguen la pluralidad ideológica y tratan de imponer el pensamiento único, una forma artificial de monocultivo. El respeto a la vida en sus innumerables formas debe ser el objetivo prioritario de la alfabetización ecológica, orientada a promover la conciencia de la biosfera entre los estudiantes.

C de cultivar. La mejor manera de reverenciar la tierra es doblar los riñones para cultivarla. Plantar es más barato que una terapia y, además, recoges tomates, dice un viejo chiste. Bromas aparte, las cualidades necesarias para cuidar de un huerto o un jardín: paciencia, humildad, constancia, gratitud... forman parte de la receta de una buena vida, sea esta cual sea, y de las aspiraciones de una enseñanza transformadora. Se ha especulado mucho sobre las ventajas educativas y los efectos moralizantes de crear huertos y jardines en los centros escolares. Buen número de investigaciones a lo largo de los últimos años han demostrado cómo la presencia de plantas y arbolado en las escuelas, institutos y colegios reduce los niveles de estrés de los alumnos, mejora su capacidad de concentración y favorece el aprendizaje. No entraré a valorar aquí lo beneficioso y tonificante que, para su salud física y psíquica, puede ser la experiencia de cultivar, me limitaré a señalar que ni el más revoltoso ni negado para los estudios de los niños y adolescentes permanece insensible al gozo de ver crecer lo que ha plantado. Participar directamente en los procesos de siembra, germinación y crecimiento es una de las lecciones más importantes y duraderas que nadie recibirá nunca. No por nada se dice de alguien con formación que es una persona cultivada. Todos aquellos que han cuidado de un trozo de tierra saben algo que los demás ignoran.

D de dendrología (del griego *dendron*, 'árbol', y *logia*, 'discurso', 'ciencia'). Así se denomina la disciplina científica que describe y estudia las características anatómicas, morfológicas y ecológicas de los árboles, tanto vivos como fósiles. Y, más concretamente, la dendrocronología se ocupa de investigar sus anillas de crecimiento anual. El grosor de estos círculos concéntricos varía en función de las circunstancias medioambientales (más anchos cuanto más favorables), la edad (se estrechan con los años) y las especies (en los árboles de crecimiento lento son más apretados y a la inversa). Esto permite asimismo reconstruir las condiciones bioclimáticas de tiempos pasados y ofrece valiosas informaciones para esclarecer cómo el desarrollo de la civilización humana se ha visto afectado por las catástrofes naturales. Glaciaciones, olas de calor, diluvios, erupciones volcánicas, incendios, plagas y otras eventualidades dejaron huella en los troncos de los árboles, que registran como minuciosos escribas las variaciones medioambientales con su ondulante caligrafía. En el interior de las personas también quedan grabadas a fuego las penalidades y tragedias vividas. Aunque una infancia desdichada, una adolescencia conflictiva o una juventud descarriada dejan huellas indelebles, no tienen por qué marcar el destino de alguien. Porque la violencia engendra violencia y el coraje llama al coraje, la primera obligación de una víctima es dejar de serlo. A quien aspire a escribir su historia, en vez de interpretar un guion no le queda más remedio que reeducarse, bien sea para desprogramar aprendizajes limitantes, bien sea para adquirir habilidades de las que carece.

E de ecosistema. Recibe ese nombre una comunidad de organismos vivos que comparten un hábitat y mantienen entre sí relaciones que van de la depredación a la competencia, pasando por las distintas formas de simbiosis: mutualismo, parasitismo y comensalismo. Unos ecosistemas se enhebran y entretejen con otros formando un todo, la espesa urdimbre del tapiz de la vida. Ese ecosistema de ecosistemas es la Tierra o *Gaia*, como la bautizó poéticamente James Lovelock. Compartimos el ADN con animales, plantas, bacterias, hongos y arqueas. Ser conscientes de nuestra afinidad, o por qué no llamarla comunión genética, con el resto de los pobladores no humanos del planeta no solo invita al respeto y comporta una gran responsabilidad, sino que rebaja nuestras pretensiones de ocupar una posición central y ser por derecho propio los protagonistas de la historia natural. Recordemos nuestras señas de identidad. Somos vertebrados, mamíferos, pertenecientes al orden de los primates, a la familia de los homínidos y a la especie *sapiens*. Pero también podemos retornar en la cadena de los seres o del árbol de la vida más allá de la división entre el reino animal y las plantas, hasta el origen común de todo lo viviente. Se puede extraer un corolario espiritual y educativo del hecho de que todos seamos ramas de un mismo tronco y estemos emparentados filogenéticamente: el todo es mayor que la suma de las partes. Si uno lo piensa bien, una escuela o un instituto también constituye un ecosistema. Los alumnos, profesores, padres y personal no docente que integran la comunidad escolar son interdependientes y generan las condiciones de su propia habitabilidad, que se manifiesta en un estilo educativo propio e inconfundible.

F de flor. Los representantes más evolucionados del reino vegetal son las plantas con flor o angiospermas, llamadas así porque sus óvulos están encerrados en el ovario (del griego *angíon*, 'vaso' o 'ánfora', y *sperma*, 'semilla'), que posteriormente se convertirá en el fruto. Aparecieron hace tan solo cien millones de años y se han adaptado a vivir en todos los ecosistemas terrestres. Se conocen alrededor de 270.000 especies diferentes de árboles, arbustos y hierbas angiospermas, lo que representa el 75% del total de la flora terrestre. Las flores cuentan con órganos sexuales masculinos, o estambres, que producen el polen, y femeninos, o pistilos. Aunque existen plantas que se polinizan solas, la mayoría ha refinado sus estrategias de seducción para atraer a los insectos, aves y otros animales polinizadores, entre los que se encuentran los *sapiens*, ofreciéndoles néctar, carnosos frutos y otras deliciosas recompensas, como aromas y fragancias embriagadoras. Una vez fecundadas, las flores se marchitan. Su efímera belleza se ha convertido en un símbolo de la fugacidad de la vida y en el obsequio por antonomasia, al simbolizar también la gratitud que le debemos por su disfrute. Resulta tan irónico como turbador que regalemos el órgano sexual de una planta para cortejar a una pareja, agradecer un favor, agasajar a un anfitrión, infundir ánimos a un enfermo u honrar a un difunto. Pero la lección más importante que podemos aprender de las flores es que lo masculino y lo femenino coexisten en todos nosotros.

G de germinar. Como si obedecieran a una secreta llamada, los bulbos germinan tras el letargo invernal. No hay guerra ni catástrofe que pueda impedir que los narcisos, jacintos, *Crocus* y tulipanes salgan de su paciente letargo, afloren a la superficie y florezcan. Hay algo profundamente consolador y reconfortante en que, ajenos por completo a nuestros afanes y padecimientos, acudan con una alegría sin sombras a su cita anual. Si existiera un símbolo vegetal del estoicismo, seguramente este sería el bulbo. La principal lección que podemos aprender de ellos es que no hay plenitud sin recogimiento, y que tanto la una como el otro también pasarán. En suma, nos enseñan que todos nacemos y morimos más de una vez en esta vida. Soportar la espera sin malograrse podría ser también la divisa de una educación profunda. Tres universos tan aparentemente alejados como la jardinería, el magisterio y la filosofía coinciden en su manera de relacionarse con el tiempo. Se trata de actividades lentas, que practican la espera paciente.

H de herbicidas. El horizonte de una agricultura ecológica, 100% libre de herbicidas químicos, se aleja al ritmo de nuestros pasos. La incansable búsqueda por parte de la industria de plaguicidas de alta tecnología y bajo riesgo, menos invasivos y más eficientes, se ve gravemente dificultada por el activo comercio internacional de plantas y semillas. Algunas de las plagas más agresivas que afectan a los cultivos en Europa, provienen de lugares lejanos y han sido introducidas por árboles, arbustos, plantas de flor u otros vegetales importados de aquí y allá para satisfacer las necesidades de un mercado global. El ejemplo del picudo rojo ilustra a la perfección lo que venimos diciendo. Este coleóptero, originario de Asia tropical, que devora el interior de las palmeras, desembarcó a principios del siglo XXI en tierras europeas, cuando se intensificó la demanda y comenzaron a plantarse en las segundas residencias de la costa mediterránea ejemplares importados de Egipto de este árbol ornamental, muy apreciado por los miembros de las clases acomodadas como un signo visible de su recién adquirido estatus. La historia de este insidioso y voraz gorgojo tiene un vago aire de cuento moral. Y su moraleja podría aplicarse también a la enseñanza: la obsesión por aparentar puede resultar tan dañina como no saber qué se quiere. En no pocos lugares el fracaso escolar crónico se ha combatido con éxito poniendo a los alumnos desahuciados por el sistema educativo a cultivar huertos y limpiar bosques. Esas prácticas restaurativas pueden considerarse con toda justicia un tipo de fitorremediación.

H de heliotropismo. No menos que las plantas los humanos crecen buscando la luz. Los girasoles reverencian el sol y siguen obedientemente su mandato sin plantearse objeciones. Una educación digna de ese nombre debe combatir el conformismo y preparar para vivir en la incertidumbre. Demasiadas personas están dispuestas a traicionar la verdad por lealtad a sus convicciones y prefieren ser esclavos de las mentiras que dueños de sí mismos. Se necesita más valor para discrepar que para asentir. Las dudas descomponen nuestras rocosas certezas hasta convertirlas en humus fertilizante para la creatividad. Plantar nos humaniza, plantarse nos define.

I de invernadero. Esos edificios de estructura metálica u obra con grandes ventanales, destinados a albergar plantas delicadas o exóticas, recuerdan a aulas. Allí también se cultivan retoños, solo que humanos, a la espera de que llegue la hora de abandonar su encierro y trasplantarse con éxito en el jardín del mundo. Una buena escuela no debe olvidar que ese es su objetivo: la gestación social.

Cambiando de tema, pero no de término, el efecto invernadero debe su nombre precisamente a esas construcciones, conocidas también como jardines de invierno. Probablemente solo hay una cosa más importante que cobrar conciencia del calentamiento global, y es ponerle remedio. Cuánto más podremos seguir violentando la biosfera sin provocar un colapso medioambiental y, paradójicamente, una abrupta regresión al estado de naturaleza. El peor destino de la humanidad sería que la supervivencia de la Tierra exigiera nuestra servidumbre. Buscar soluciones al efecto invernadero sin renunciar al ideal de justicia social es el gran reto de nuestra época, y la tarea más importante a la que están convocados los docentes. De lo contrario, la emergencia climática podría servir de pretexto para socavar el principio de igualdad de oportunidades, ensanchar la brecha económica y avanzar hacia una nueva sociedad de clases "climática", donde la conciencia medioambiental sea una marca de estatus y los menos privilegiados arrostrasen las consecuencias de la crisis ecológica. Antes de que el problema se vuelva irresoluble, debemos volver la mirada hacia los bosques. Ninguna tecnología es más eficiente que un árbol extrayendo carbono del aire.

J de jardín. Este es una porción de naturaleza acotada, delimitada para disfrute humano, tanto da si por muros de piedra, verjas metálicas, vallas de madera, setos, fosos o marcas simbólicas. Si bien designamos con el mismo nombre a oasis de verdor muy diversos en tamaño y ambición, todos ellos comparten la vocación de clausura y refugio. En todo lo que se puede llamar jardín hay algo de educativo y redentor. La jardinería se entiende por lo general como un intento de disciplinar las plantas para deleite humano, pero su objetivo más profundo acaso sea disciplinar y fortalecer nuestro espíritu, puliendo sus virtudes. El jardín es una fuente inagotable de imágenes y metáforas que mana en el inconsciente colectivo saciando la sed de belleza de la humanidad. Ese icono sagrado responde con un discurso sensorial y simbólico a las preguntas esenciales que se hacen las personas en cada época.

K de *Kindergarten* o jardín de infancia. No por nada se llama o, mejor sería decir, se llamaba así a la educación preescolar. El que pasa por ser su padre fundador, el científico y educador alemán Friedrich W. A. Froebel (1782-1852) concedió una enorme importancia a la practica de la jardinería en la formación integral y el bienestar de los niños. Cultivar un huerto permitía a los menores vivenciar el proceso de crecimiento de las plantas e interiorizar una ética del cuidado. En 1837 abrió el primer "instituto para el juego y la atención de niños pequeños" en Bad Blankenburg, al que posteriormente bautizaría como *Kindergarten* ('jardín de niños'). Toda su filosofía se halla capturada en esta frase extraída de su magna obra *La educación del hombre*: "Respetar la actividad creadora del infante en un clima de libertad y en contacto con la naturaleza". Cada niño disponía de una pequeña parcela de cuyo cuidado se hacía responsable, y participaba asimismo del mantenimiento del huerto comunitario con el propósito de estimular la cooperación. La reconciliación definitiva de la teoría roussoniana de la bondad natural del niño, de la que bebe el pensamiento de Froebel, con la freudiana, que describe a este como "un perverso polimorfo", pasa por una visión menos moralista de las facultades de aprendizaje humanas.

L de lombrices. La biomasa de las lombrices que habitan el subsuelo podría exceder la de la materia viva de la superficie. En una nota a pie de página de la historia natural debería figurar que las lombrices, tanto o más que las hormigas, limpian, drenan, renuevan y ventilan la tierra, lo que a su vez favorece el crecimiento de la vegetación. Y gracias a esta aumenta el régimen de precipitaciones y, consecuentemente, la fertilidad. No por nada Aristóteles las llamó "el intestino del mundo". Sus túneles favorecen la penetración del agua y el aire, y sus deyecciones o coprolitos, ricas en nutrientes y colonizadas de microorganismos, crean un humus fertilizante (vermicompost). Pese a su discreta y humilde apariencia y su ciega laboriosidad, las lombrices desempeñan un papel decisivo en la formación de los suelos que pisamos y cultivamos. Si algo podemos aprender de ellas, es que hasta lo más insignificante es de suma importancia para que funcione el ecosistema escolar.

M de madera. Las plantas y árboles de tallo leñoso producen madera, un abundante recurso renovable utilizado desde siempre como materia prima para la fabricación de muebles, utensilios y estructuras y, por supuesto, combustible. La fuente energética de las sucesivas revoluciones industriales ha sido la biomasa de tiempos pasados, metamorfoseada en el subsuelo en sustancias de gran contenido calorífero como el carbón (materia vegetal fosilizada), el petróleo (formado a partir del fitoplancton y zooplancton) y el gas natural asociados a los yacimientos de ambos. El primero alimentó las calderas de las máquinas de vapor e impulsó el desarrollo de la mecanización, el ferrocarril y la navegación transoceánica, y el segundo serviría de carburante del motor de explosión que impulsó la aeronáutica y la industria del automóvil. Ahora que la civilización de los combustibles fósiles cede el terreno a la de la inteligencia ecológica debemos volver la mirada a los árboles. En esta ocasión no para extraer fuentes energéticas o materias primas, sino ideas acerca de cómo convertir los residuos en recursos y generar riqueza sin esquilmar el suelo, tomándolos como modelo de una economía circular. Si educar tiene más que ver con encender una llama que con llenar un recipiente, la escuela debería enseñar a los alumnos, por seguir con la metáfora, a apilar la leña ordenadamente y dejarla secar antes de hacerla arder. Preparar a las personas para sean dueñas de sus mentes, en lugar de esclavas de muchos amos, es el verdadero cometido de la educación. El tiempo es el aliado de una enseñanza de calidad. Es sabido que la madera seca no solo prende mejor y suelta menos humo, sino que calienta más. Como dice un viejo dicho, caldea dos veces: cuando se corta y cuando se quema.

N de *naturcepción*. Necesitamos desarrollar un séptimo sentido: la naturcepción, complementario de la propiocepción, que nos permita cobrar conciencia de nuestra posición en la biosfera, nuestra segunda piel, y de las complejas relaciones de interdependencia que nos unen a todo lo viviente. Del mismo modo que cultivamos la vista, el oído, el tacto, el gusto y el olfato, podemos y debemos educar la naturcepción. En la escuela del mañana esa será una de las principales tareas encomendadas a los docentes.

Ñ de ñora, un pimiento pequeño, redondeado y de color rojo intenso cultivado para consumo culinario. Junto al ñorbo (una fragante flor peruana), el ñandubay (un árbol americano de madera roja, dura e incorruptible), la ñapindá (una leguminosa trepadora originaria de Argentina y Uruguay), el ñire (un árbol de los bosques andino-patagónicos) o la ñipa (un arbusto de origen chileno) y el ñame (una planta herbácea de grandes hojas y rizoma comestible originaria de las regiones tropicales), pertenecen a la exclusiva familia de los vegetales cuyo nombre comienza en la lengua española con la letra *ñ*. Son siete entre una treintena de voces, lo que supone el nada desdeñable 25% del total. Aun cuando sea significativamente menor el porcentaje de vocablos relacionados con la flora recogidos en el *Diccionario de la lengua española*, da medida de la importancia y riqueza del reino vegetal, cosa que, dicho sea de paso, a nadie debería extrañar, pues nuestra dependencia de las plantas no puede ser mayor.

Sin ellas, nos extinguiríamos, mientras que la repentina desaparición de nuestra especie, lejos de turbarlas, contribuiría a su propagación. Una educación medioambiental digna de ese nombre debería tener entre sus prioridades corregir el antropocentrismo imperante, promover una conciencia de la biosfera libre de prejuicios zoocéntricos y extender la idea de que nuestra posición en la historia natural es más frágil y menos central de la que nos gustaría y presumimos.

O de olivo. Una rama de olivo, un árbol sagrado para judíos, musulmanes y cristianos, es el símbolo universal de la paz, razón por la que aparece representada en la bandera de Naciones Unidas. Este árbol, que llega a vivir siglos y hasta milenios en condiciones óptimas, se ha convertido en un símbolo viviente de la cultura mediterránea y la quintaesencia por sí solo de la nostalgia del sur. La imagen de sus monumentales troncos, labrados por el tiempo, está asociada en el imaginario colectivo a los placeres de la vida descansada e *il dolce far niente*. Lamentablemente, la agresiva plaga de *Xylella fastidiosa*, apodada por los medios de comunicación "el ébola de los olivos", amenaza con diezmar las poblaciones de estos emblemáticos árboles. Los ejemplares infectados por este patógeno procedente de Norteamérica, que obstruye el flujo de savia, acaban irremisiblemente secándose. Carteles en los aeropuertos y estaciones marítimas de las ciudades ribereñas del Mediterráneo, en las que se pueden ver fotografías y dibujos de ejemplares enfermos, advierten a los viajeros que está terminantemente prohibido sacar o introducir plantas a riesgo de verse sancionado por cometer un delito contra la salud pública. Mucho antes de que la pandemia de coronavirus se abatiera sobre nosotros, los olivos nos estaban avisando de los riesgos de una globalización sin aranceles éticos.

P de permacultura. Este neologismo, resultado de la contracción de las palabras inglesas *permanent* y *culture*, fue acuñado en 1978 por los ecólogos y activistas australianos Bill Mollison (1928-2016) y David Holmgren (1955). Pretendían utilizar la rica experiencia agrícola de las sociedades tradicionales para hacer sostenibles los cultivos en la sociedad moderna. Lo que empezó siendo una técnica de cultivo alternativo, pronto se convirtió en una filosofía de vida, que promovía el reciclaje de los desechos, el respeto a la biodiversidad, el empleo de energías renovables y una racional gestión del agua. La idea original de tomar como modelo los ecosistemas naturales se tornó revolucionaria al aplicarse a los ámbitos de la economía, la salud, el urbanismo, etcétera. Sus principios de autorregulación y retroalimentación deberían inspirar asimismo una genuina educación liberadora, que también podría adoptar su preferencia por las soluciones lentas y a pequeña escala y hacer suya la voluntad de integrar y no separar. La importancia que concede la agricultura regenerativa y biodinámica a la preparación y fertilización del suelo con compost, el tratamiento de las malas hierbas o el ahorro de energía pueden ayudarnos a responder la crucial cuestión de qué y cómo enseñar. Ni qué decir tiene que la cultura de la permanencia es la única solución a la emergencia climática, que anuncia el final de la civilización de los hidrocarburos.

Q de quincunce (del latín, *quincunx*) o tresbolillo. Se llama así a un patrón o secuencia de plantación de árboles o arbustos en un huerto o un jardín que reproduce la disposición de los cinco puntos en la cara de un dado. Cuatro se sitúan en los vértices de un cuadrado o rectángulo imaginario y el quinto en el centro. La jardinería y la escritura comparten una misma vocación de ordenar el mundo en hileras y renglones, trenzando una malla para atrapar la esquiva belleza. Esa afición por alinear es compartida también por la escuela. Baste recordar las filas de pupitres, los listados y las orlas. En relación con esto y a modo de curiosidad, señalaremos que los virólogos han aconsejado la disposición en tresbolillo de las mesas dentro de las aulas para prevenir el contagio del coronavirus entre los alumnos. El gremio de la mano verde, los letraheridos y los docentes saben que el orden espacial genera seguridad interior y los límites favorecen la libertad creativa.

R de raíz. Mientras que los animales resuelven muchos de sus problemas cambiando de sitio, las plantas solventan las contrariedades adaptándose. Dado que están ancladas al suelo, su supervivencia depende de su capacidad de encontrar soluciones imaginativas a los retos medioambientales. Ser sedentarias ha agudizado su instinto filosófico. No está de más recordar que los miembros del reino vegetal se definen como autótrofos (del griego *autós*, 'por sí mismo', y *trophé*, 'comida'). O para decirlo más claramente, producen su propio alimento y, por consiguiente, no dependen de otros seres para sobrevivir. Así se podría describir también el ideal de vida del sabio, de quien Platón dijo: "Es de todos los hombres el que menos necesita". Comoquiera que sea, todos nos debatimos entre la necesidad de encajar y el anhelo de ser nosotros mismos. Enraizar o desarraigarse. Esa es la cuestión.

S de simbiosis. Resulta difícil exagerar la importancia de la simbiosis entre plantas, bacterias y hongos radiculares. Los hongos micorrízicos (del griego *mykos*, 'hongo', y *rhiza*, 'raíz') forman redes subterráneas que conectan las raíces de la mayoría de los árboles, arbustos y hierbas, incluso de especies diferentes, creando una asociación simbiótica que engloba también a bacterias y otros microorganismos. Sus delicados filamentos o hifas micóticos se extienden como una telaraña por el subsuelo creando un tapiz conectivo continuo, que favorece el trueque de agua y nutrientes a cambio de carbono y azúcares provenientes de la fotosíntesis. Esa frágil retícula, que se oculta a nuestros ojos, es el auténtico cimiento de la vida vegetal y hace posible el milagro de los bosques. Se podría decir de la escuela lo que Alexander von Humboldt dijo de la naturaleza: "Todo es reciprocidad e interrelación". La alfabetización ecológica de los menores pasa por trascender el antropocentrismo imperante y avanzar hacia una comprensión sistémica de la vida. La escuela debe corregir la tendencia general a olvidar lo evidente. No estamos solos. Compartimos el planeta con muchos otros seres vivos, más del 90% de los cuales son plantas. Todas las formas de vida están emparentadas. Mantienen un incesante diálogo entre sí, del que no podemos decir que sabemos lo suficiente. Con estas mismas palabras se podría definir el aprendizaje cooperativo en el contexto escolar, un microcosmo en el que se refleja el macrocosmos social.

T de tutor. Los humanos no menos que las plantas necesitan tutores que les sirvan de guía y apoyo. Nadie crece solo. He aquí la razón de ser de la educación: ayudar a otro a desarrollarse. Llegar a ser el que uno podría ser es el cometido de la vida. Ahora bien, es difícil florecer por dentro sin despertar las envidias de los que traicionan su propia naturaleza.

U de utensilios. Cada oficio tiene o, mejor sería decir, tenía sus útiles característicos. La panoplia de herramientas del gremio jardinero incluía tijeras podadoras, rastrillos, azadas, regaderas y demás; y la de los que profesan el magisterio, pizarras, tizas, cuadernos, libros, bolígrafos y demás. Las innovaciones tecnológicas están suplantando muchos de esos utensilios o haciéndolos innecesarios, de paso que desnaturalizan las profesiones. Puede que la de docente y jardinero resistan mejor que otras a la robotización, pero muchas de sus funciones han empezado ya a digitalizarse. Puede que un día lleguemos a ver una escuela sin profesores y un jardín sin jardineros.

V de verde. A los ciudadanos de las sociedades tecnocráticas nos fascina lo verde, pero participamos activamente en su destrucción. La verdolatría imperante intenta conjurar el temor a un desastre anunciado. No podemos seguir creciendo al ritmo actual sin acercarnos al horizonte de un colapso medioambiental. El creciente temor a un ecocidio alienta tanto la conciencia de la biosfera como el culto consumista de la naturaleza, y pone de manifiesto la dificultad de conciliar convicciones y acciones. Quizá algún día lleguemos a considerar esta devoción por lo vegetal el primer indicio de un cambio de mentalidad trascendental y el anuncio del mundo posantropocéntrico que nos aguarda.

Y de yo. Las plantas perciben las amenazas y los peligros y son conscientes de las variaciones de luz, temperatura y demás, pero no cuentan con un yo. Carecer de cerebro y sistema nervioso no les impide ser inteligentes a su modo, adaptarse a las cambiantes condiciones del entorno y buscar soluciones innovadoras para sobrevivir. Pero una cosa es que resuelvan problemas y otra muy distinta que posean una identidad individual. La noción de un yo desconectado e independiente es una de las más tenaces fantasías de la cultura moderna, que impugna la visión de la vida como una trama sin centro ni final. Nos debatimos entre el deseo de encajar y la necesidad de distinguirnos, entre la añoranza grupal y el temor a ser como todos los demás. Somos únicos y parte de la unidad de todo lo viviente: una densa maraña de conciencias humanas interconectadas formando un macroorganismo *sapiens*, que habita en ese ecosistema de ecosistemas que es la Tierra, en una galaxia de incontables sistemas solares, en un multiverso en expansión.

X de xerojardinería (del griego *xeros*, 'seco'). Se denominan así las técnicas de jardinería destinadas a simplificar el mantenimiento, disminuir el consumo de fitosanitarios y racionalizar el consumo de agua plantando especies vegetales autóctonas y con pocas necesidades hídricas, adaptadas a las condiciones bioclimáticas del terreno. Otro de los elementos característicos de este tipo de cultivos es el empleo de sistemas de riego eficiente (goteo, microaspersión, aguas regeneradas, etcétera) y la cobertura del suelo con mantillos o acolchados de cortezas de pino, gravas, áridos o materia orgánica triturada a fin de limitar la evaporación y evitar la compactación de la tierra. Estos procedimientos podrían guiar también la praxis educativa. Resulta fácil traducir los principios rectores de la xerojardinería al leguaje pedagógico: adaptación, optimización de recursos, planificación rigurosa y una selección exhaustiva. Exigencia y cariño es la regla de oro de la educación. O por decirlo de una forma más natural: el ojo del jardinero hace florecer las plantas.

W de Walden. *Walden o La vida en los bosques* (1854) de Henry David Thoreau (1817-1862) es un libro único en su género, en el que este escritor trascendentalista expone la utopía poética de una vida silvestre. *Walden dos* (1948) es el título de una novela de ciencia ficción escrita por Burrhus Frederic Skinner

(1904-1990), donde este prestigioso psicólogo experimental expone sus ideas de ingeniería social basadas en la modificación de la conducta a través de técnicas de refuerzo positivo y negativo. *Walden tres* está aún por escribir, si bien podría llevar ese título la *paideia* para nativos del antropoceno.

Z de zen. Los jardines zen, también conocidos como secos o minerales, están formados por rocas, arena, grava de colores y, en ocasiones, algún arbusto de lento crecimiento y hoja perenne. A fuerza de despojar el espacio de cuanto es accesorio y reducirlo a lo elemental, logran captar el aliento intemporal de la naturaleza y transmitir el carácter efímero de este mundo, en el que todo se transforma y cambia sin cesar. Ese es su reto: representar la fugacidad sin recurrir al movimiento, hacer visible el infinito valiéndose de contados elementos y crear un jardín sin plantas ni agua. Esos cuadros en tres dimensiones están destinados a la contemplación y la meditación con el propósito de despertar una conciencia superior y encontrar la paz interior. Una escuela también debería aspirar a ser una isla en tierra firme y un refugio del ruido ambiental. Irónicamente, el silencio es la condición de posibilidad del diálogo con uno mismo, y este del diálogo con los otros. Algunos centros escolares han comenzado a introducir prácticas de *mindfulness* y relajación en la jornada escolar a fin de fomentar la concentración en uno mismo y la escucha activa, para así sustraerse a la celeridad del siglo y propiciar un ambiente de aprendizaje.

APT RUSSELL, Sharman (2002): *Anatomía de una rosa. La vida secreta de las flores*, Carmen Font Paz (trad.), Barcelona, Paidós.

BURBANK, Luther (2019): *Crescere come cresce una pianta. Piccolo trattato sul mondo vegetale e le società umane*, Domenico Giusti (trad.), Sansepolcro, Aboca Edizioni.

BRUNON, Hervé (2014): *Jardins de sagesse en Occident*, París, Éditions du Seuil.

ČAPEK, Karel (2009): *El año del jardinero*, Esteve Serra (trad.), José J. de Olañeta (ed.), Palma de Mallorca, El Barquero.

CHAMOVITZ, Daniel (2019): *Lo que las plantas saben. Un estudio de los sentidos en el reino vegetal*, Gemma Deza Guil (trad.), Barcelona, Ariel.

CLÉMENT, Gilles (2019): *Una breve historia del jardín*, Cristina Zelich (trad.), Barcelona, Gustavo Gili.

DANON, Marcella (2019): *Clorofillati. Ritornare alla Natura e rigenerarsi*, Milán, Feltrinelli Edizioni.

DICKINSON, Emily (2020): *Herbario & Antología botánica*, Eva Gallud (trad.), Madrid, Ya lo dijo Casimiro Parker.

FREINET, Célestin (1994): *Parábolas para una pedagogía popular*, Elisenda Guarro (trad.), Barcelona, Planeta DeAgostini.

GAGLIANO, Monica (2018): *Spoke the Plant: A remarkable journey of groundbreaking scientific discoveries & personal encounters with plants*, Berkeley, North Atlantic Books.

GOÑI, Juan (2016): *Los bosques que llevo dentro*, Castellón, Tundra.

HALLÉ, Francis (2016): *Elogio de la planta. Por una nueva biología*, Lander Rentería (trad.), Bilbao, Libros del Jata.

– (2011): *La vie des arbres*, París, Bayard Éditions.

LANE FOX, Robin (2010): *Thoughtful Gardening: Great Plants, Great Gardens, Great Gardeners*, Londres, Particular Books.

MORTON, Oliver (2007): *Eating the Sun: The Everyday Miracle of How Plants Power the Planet*, Londres, Fourth Estate.

PELT, Jean-Marie *et al.* (2001): *La historia más bella de las plantas. Las raíces de nuestra vida*, Consuelo Serra (trad.), Barcelona, Anagrama.

STAFFORD, Fiona (2018): *The Brief Life of Flowers*, Londres, John Murray.

SERRES, Michel (2013): *Biogée*, París, Le Pommier Poche.

– (2004): *El contrato natural*, José Vázquez Pérez y Umbelina Larraceleta (trads.), Valencia, Pre-Textos.

WOLFE, David W. (2019): *El subsuelo. Una historia natural de la vida subterránea*, Javier Calvo (trad.), Barcelona, Seix Barral.

AGRADECIMIENTOS Y DESPEDIDA

L a naturaleza no es solo una maestra de vida, sino también una fuente de inspiración pedagógica.

No está de más recordar que el nombre del padre de la humanidad, Adán, procede de la voz hebrea *adama* que significa suelo o arcilla. La arraigada creencia de que los humanos provienen de la tierra explica asimismo la afinidad etimológica entre las voces latinas *homo* y *humus*. Ambas derivan (proceden) de la misma raíz indoeuropea *dhghem* ('tierra').

Acabé de escribir *Aprendívoros* mientras se desarrollaba la pandemia de coronavirus y entrábamos en un túnel del que nadie sabe a ciencia cierta cuándo ni cómo saldremos. El pasado reciente parece ahora remoto y el futuro ya no es lo que era. Como todos los libros, este tiene también su biografía secreta, en la que ocupa un lugar destacado Cristina de Asenjo. Sin la cariñosa insistencia y el contagioso entusiasmo de esta amiga del alma, dudo de que me hubiera embarcado en la redacción de esta obra de difícil clasificación. Ambos fuimos unos Mowglis durante nuestra etapa colegial y todavía conservamos un temperamento algo asilvestrado. Hay algo profundamente irónico y al mismo tiempo revelador en que, andando el tiempo, nos hayamos convertido en docentes y escritores.

Mi pasión por las letras se la debo al señor Ororbia, mi profesor de lengua y literatura cuando era un adolescente insolente y desnortado. Se podría decir que fue él quien encauzó mi inconformismo hacia la escritura. Seguramente no se sorprenderá de que haya seguido sus pasos e imitado sus gestos con los estudiantes ahora a mi cargo. He contraído también una deuda de gratitud con numerosos compañeros de fatigas académicas, cuyos nombres sería muy largo enumerar aquí, quienes, en el curso de los años, me brindaron aliento en circunstancias difíciles, mantuvieron viva mi fe en la enseñanza con su actitud y compartieron conmigo sus experiencias. He aprendido también mucho de los alumnos. Sus preguntas, reclamaciones y comentarios desbarataron a menudo mis presunciones y no pocas veces me llevaron a replantearme mi oficio. La posibilidad de confrontar mis ideas con las reacciones de los estudiantes, un público cautivo y, por eso mismo, poco complaciente, ha sido de gran utilidad para mí. Sus exigencias de claridad, precisión y coherencia han representado un gran estímulo y, sin duda, me han ayudado a refinar y modelar mi estilo. Para despertar su interés y, lo que resulta más difícil, retenerlo aprendí a bajar a la realidad y elevarme sobre las circunstancias.

Mi hermano Fermín ha sido muy generoso con su tiempo y talento, leyendo y corrigiendo varios borradores. Este libro se ha beneficiado de sus inteligentes aportaciones y consejos, por lo que le estoy enormemente agradecido. Tras su aspecto serio y su aire de sabio distraído se encubre otro Mowgli, además de un lector empedernido y un auténtico librepensador, actualmente una de las especies en peligro de extinción más valiosas. Durante los dos largos años que he invertido en la escritura de esta obra, han sido muchas las personas que me han obsequiado con recuerdos de su etapa escolar y anécdotas de sus profesores más admirados. De forma muy especial quiero dar las gracias a Lola Martín por regalarme, entre otras muestras de confianza y apoyo, uno de los episodios más entrañables que se narra en estas páginas.

El arduo ejercicio de introspección que ha supuesto escribirlas únicamente ha sido posible porque contaba a mi lado con Montse Pongiluppi, quien me ha acompañado en los buenos y malos momentos, prodigándome lo que más necesita un escritor: estabilidad, arraigo y alegría en su vida cotidiana para poder ser audaz, apasionado y original en su escritura. Por último, quisiera dar las gracias a mi editora, Fernanda Febres-Cordero, pedagoga de formación y a quien la educación le interpela tan profundamente como a mí, por su complicidad, apoyo y entusiasmo, y a Carina Pons, mi agente literaria y una espléndida interlocutora con mano verde. Este libro es, en suma, el resultado de muchas conversaciones mantenidas con diferentes personas durante más de tres décadas, así como de un extenso e intermitente diálogo con uno mismo sobre uno de los temas que nos concierne a todos sin excepción: qué significa ser una persona cultivada.